| 이론과 실제 |

어린이 교육과 전도

박영호 지음

기독교문서선교회

기독교문서선교회(Christian Literature Center: 약칭 CLC)는
1941년 영국 콜체스터에서 켄 아담스에 의해 시작되었으며
국제 본부는 영국의 쉐필드에 있습니다.
국제 CLC는 59개 나라에서 180개의 본부를 두고, 약 650여 명의
선교사들이 이동도서차량 40대를 이용하여 문서 보급에 힘쓰고 있으며
이메일 주문을 통해 130여 국으로 책을 공급하고 있습니다.
한국 CLC는 청교도적 복음주의 신학과 신앙서적을 출판하는
문서선교기관으로서, 한 영혼이라도 구원되길 소망하면서
주님이 오시는 그날까지 최선을 다할 것입니다.

Child Education and Evangelism

Written by

Young-Ho Park

Korean Edition
Copyright © 2015 by Christian Literature Center
Seoul, Korea

교사의 철골 1

나의 왕좌는 강단이다.
나는 예수 그리스도 대신에 그 강단에 선다.
나는 통로요, 도구요, 매개체이다.
나의 메시지는 하나님의 말씀이다.
나의 언어, 행위, 삶은 67번째의 메시지이다.
불멸의 영혼들이 나를 에워싸고 있으며
내 눈에 보이지 않는 구세주께서 내 곁에 서 계신다.
성령님께서 어린이들 머리 위에 임재하시며
천군천사들이 이 장면을 지켜보고 있는 가운데
천당과 지옥이 결말을 기다리고 있다.
아! 얼마나 장엄한 공경이냐.
아! 얼마나 막중한 책임이냐.

교사의 철골 2

나의 소명은 하나님께서 나를 하나님께로 부르셨기에
나의 존재 전체(지,정, 의),
나의 행위 전체(언어, 비언어),
나의 소유 전체를(시간, 지식, 재능, 기술, 은사, 물질)
특별한 헌신과 역동성(힘, 활발)으로
하나님의 부르심에 응답하여
어린이를 섬기는 데 아낌없이 봉사한다.

교사의 철골 3

나는 성경 본문의 배경에 관련하여
역사적, 문법적, 문자적, 신학적으로
연구하여 발굴하고 알아낸 성경적 개념,
즉 하나님의 생각을 전달하는 교사로서
먼저 성령을 통해서
나의 전 인격과 경험에 적용하여
정신화 된 진리를
다시 나의 어린 양들에게 적용한다.

저자 서문

오늘날 교회학교의 '어린이 교육과 전도'는 파산위기에 처해 있습니다. 신앙양육의 방법으로써 어린이 교육이 건전하지 못하며 생명력을 잃어가고 있습니다. 어린이 교육이 파산위기에 이르렀다는 것이 비록 교회교육의 무가치성을 의미하는 것은 아니라 할지라도 훈육과 양육방법으로서 기대하고 있는 만큼의 역할을 해내지는 못하고 있다는 것입니다. 교회학교 어린이 교육이 그 존립을 위해 단지 형식만을 유지하고 있으며, 다양한 사역이 있기는 하나 분명한 목적의식이 결여되어 있습니다.

어린이들이 텔레비전을 보고, 컴퓨터와 스마트폰을 사용하지만 그 도구들의 작동 원리에 대해서는 관심이 없습니다. 무언가의 결핍이 더 이상 삶의 동기가 되지 못하는 물질적 풍요의 시대에 살고 있는 어린이들은 삶의 목적, 방향, 의미 그리고 신앙에는 관심이 없습니다. 또 가정, 학교, 사회와 같은 전통적인 기관들의 영향을 받지 않으려고 합니다. 이제는 오히려 기존 교회가 가지고 있던 교회교육의 준거의 틀(frame of reference)마저 흔들리며 무너져 가고 있는 형편입니다.

제가 왜 '어린이 교육과 전도'에 관해 깊은 관심을 갖고 이 보잘 것없는 책을 저술했는지 아십니까? 여기에는 여러 가지 이유가 있는데 그 중에 가장 중요한 이유는 한국교회의 미래와 세계선교가 '어린이 교육과 전도'에 달려 있기 때문입니다. 또 급격한 사양길에 놓여 있는 어린이 교육의 상황을 직시하면서 깊은 책임을 통감하고 성찰하기 위해서입니다.

제가 교사로 섬기던 시절에는 장년 성도가 100명이면, 주일학교 유초등부 학생은 150-200명 정도가 되었습니다. 그러나 요즘에는 장년 성도가 100명인 교회에는 일반적으로 어린이가 25-30명, 학생회가 15-20명 정도에 머무르는 수준입니다. 심지어 개척교회는 교회학교를 운영하지도 못하고 있는 실정이며, 교회학교 자체가 심각한 도전을 받고 있습니다. 우리 교회의 앞날이 암담하고 걱정스럽지 않을 수 없습니다.

제가 스코틀랜드 글라스고우장로교회에서 교회학교 교사 일을 하였을 때 많은 성도와 어린이들이 있었으나 지금은 교회조차 문을 닫았습니다. 그토록 아름답고 웅장한 교회의 파이프 오르간 소리가 제 귀에 쟁쟁한데 문을 닫았습니다. 그 이유는 '어린이 교육과 전도'의 실패에 있다고 자인하고 있습니다.

한국교회의 20-30년 이후의 모습도 영국교회의 재판이 될 것 같아 보입니다. 우리 모두는 교회학교가 점점 시들어 가고 교회의 미래가 암담해져도 그저 먼 산만 바라보며, 현재의 장년 목회에만 만족하고 있습니다. 한국교회는 분명히 '어린이 교육과 전도'의 중요성에 대해 망각해 가고 있습니다. 어린이들이 자라서 미래의 아버지, 어머니가 되고 교회 지도자와 주인이 되리라는 것을 망각하고 있는 것 같습니다. 이러한 사실을 보고만 있을 수 없어 간절히 간청을 해 보고 나팔을 불어 봅니다.

 제가 이 부족한 책을 교회학교 교사님들께 꼭 드리고 싶습니다. 사실, 이 책은 저의 창작집이 아닙니다. 영국어린이전도협회의 '교사양성훈련교제와 강의' 내용을 간추리고 많은 책을 참조하여 교사들의 실정에 조금이나마 도움이 되도록 임시로 꾸며 보았습니다. 이 책의 내용 중 일부는 「기독신보」에 "어린이 전도와 내일의 교회"라는 제목으로 40회를 약 1년 동안 연재했던 것을 보완한 것입니다. 또 한국성서대학교의 "어린이 교육" 강좌의 강의안으로 사용했던 내용을 첨가했습니다. 앞으로 '어린이 교육과 전도'의 이론과 실제를 연구하여 부족하고 미비한 점을 보완하고 개정판을 출간하도록 노력하겠습니다. 이 부족한 작은 책이지만 하나님께 영광을 돌립니다.

한국성서대학교 연구실에서
박 영 호 識

어 린 이 교 육 과 전 도

| 차 례 |

저자 서문 _ 6
서론 _ 11

제1부 | 어린이 교육 _ 20

    제1장 어린이 교육과 전도의 관계 _ 21
    제2장 어린이 교육의 성경적 원리 _ 31
    제3장 신앙공동체-문화화 패러다임의 교육 _ 78
    제4장 교사의 자격과 소명 _ 82
    제5장 교사와 커뮤니케이션 _ 101
    제6장 어린이 교육의 문제 _ 119

제2부 | 어린이 전도 _ 177

    제1장 어린이 전도의 정의와 목적 _ 178
    제2장 어린이 전도의 중요성 _ 188
    제3장 어린이 전도의 이론과 실제 _ 194
    제4장 어린이 전도의 상담이론과 실제 _ 213
    제5장 어린이 새 신자 양육 _ 242
    제6장 어린이 전도와 세계선교 _ 296

참고 문헌 _ 309

어린이 교육과 전도

서론

세계의 많은 어린이들이 어질고 선하신 목자를 알지 못하여 방황하고 있습니다. 어느 나라를 가보나 인구 폭발로 인하여 생존 경쟁은 갈수록 심해지고 어린이들은 방향 감각을 상실해 가고 있습니다. 한국교회 교회학교의 영아부, 유초등부 어린이 교육이 매우 중요한 시점에 처해 있습니다. 어린이들이 애정결핍, 가정불화, 가족해체, 빈곤, 학교폭력 등으로 방황하고 있으며 이러한 것들이 심각한 사회 문제로 대두되고 있습니다.

저는 세계의 뒤안길이 영적, 도덕적으로 열병을 앓고 있음을 직접 보고 느꼈습니다. 서구사회의 기독교적 전통이 무너지고, 세속주의와 허무주의에서 동양의 신비주의로 빠져 들어가고 있습니다. 사단의 세력인 뉴에이지 운동이 기독교 시대인 물고기 시대가 끝나고 우주의 힘, 사단의 세력이 물 붓듯 쏟아지는 물병자리 시대가 도래한다고 여기저기에서 떠들고 유혹하고 있습니다. 어린이들이 초자연 현상, 좀비, 범죄 등의 TV 시청과 야구, 축구경기 등에 매료되어 교회학교 예배시간을 지키지 않고 멀리 떠나고 있습니다.

영국의 런던 뒷골목은 십대 청소년들이 알콜 중독자가 되어 휘청거리고 있으며 그들의 눈동자는 회색 잿더미 속에 파묻혀 있는 '동태의 눈'처럼 흐리멍덩합니다. 프랑스 파리의 집시 언덕을 걸어가다 보면 많은 청소년들이 알콜과 마약에 중독되어 방향 감각을 상실한 채 무리지어 흥청거리고 있는 모습을 볼 수 있습니다. 뉴욕 뒷골목의 수많은 청소년들의 영혼과 육신이 만신창이가 되어 가고 있습니다. 북한의 제비족 어린이들이 배가 고파서 쓰레기통을 뒤지는 등 영적 생활은 꿈에도 생각을 하지 못하고 있습니다.

1. 예수님의 탄식

> 예수께서 나오사 큰 무리를 보시고 그 목자 없는 양 같음을 인하여 불쌍히 여기사 이에 여러 가지로 가르치시더라(막 6:34).

참으로 영적 세계는 불안하며 흔들리고 있습니다. 그래서 오늘의 그리스도인들을 향해서 예수님은 "큰 무리가 목자 없는 양 같음을 인하여 불쌍히 여기사"라고 탄식하고 계십니다. 왜 그러실까요? 내일의 주인공인 어린이들이 방향감각을 상실하고 있기 때문입니다. 예수님은 마음속 깊이 탄식하고 계십니다. 어린이들이 가정에서 사랑을 받지 못하고 거리로 뛰쳐나오고 있으며, 학교공부와 과외수업이 어린이들을 질식시키고 있습니다. 가정도, 학교도, 사회도 그 본래의 사명을 잃고 있으니 어린이는 어디로 가야 합니까? 두말할 것이 없습니다. 하나님이 세우신 교회가 그 사명을 감당해야 합니다.

오늘의 한국교회는 내일의 한국 사회와 교회를 위해서 '어린이 교육과 전도'의 중요성을 재인식해야 합니다. 우리는 성경적 어린이 교육과 전도에 총력을 쏟아야 합니다.

1) 구원받지 못한 어린이

우리 주위에는 두 종류의 어린이가 있습니다. 한 종류의 어린이는 예수 그리스도를 개인의 구주로 영접하지 않은 구원받지 못한 어린이입니다. 이 어린이들에게 오직 예수 그리스도만이 영적 생명을 줄 수 있습니다. 그러나 수많은 어린이들이 예수 그리스도를 개인의 구주로 영접하지 못한 채 영적으로 죽어 가고 있습니다. 이러한 어린이들에게는 세상의 음식이 필요한 것이 아니라, 먼저 하나님의 말씀을 통하여 구원받는 영적 양식이 필요합니다.

오늘날 교회학교의 비극은 풍성한 영적 양식을 주지 못한다는 것입니다. 우리나라 초등학생이 전교조 교사의 영향을 받아 "예수가 위대한 공산주의자였다"라고 배우는 실정은 분명히 죽은 교육이 가르친 결과로 밖에 볼 수 없습니다. 우리 어린이들의 우상은 축구와 야구선수들입니다. 어린이 책상 앞에는 운동선수들의 사진이 줄줄이 붙어 있습니다.

2) 구원받은 어린이

또 한 종류의 어린이는 예수 그리스도를 개인의 구주로 영접한 구원받은 어린이입니다. 이러한 어린이를 우리가 중생한(거듭난) 어린이라고 말하며, 영적으로 살아 있다고 합니다. 그들에게는 영적 양식, 생명의 꼴이 필요합니다. 미국의 전도자 빌리 그래함 목사는 자기 부인과 딸이 5세 때 중생했다고 고백했습니다. 유명한 『피난처』의 저자인 화란의 코리 텐 붐 여사도 자신이 5세 때에 예수 그리스도를 영접했다고 했습니다. 그들이 어렸을 때였지만 구원을 받았고, 생명의 양식을 먹고 자라서 교회의 유명한 일꾼들이 된 것입니다.

2. 한국교회의 실상

오늘날 한국교회는 사회로부터 비웃음과 비아냥의 지탄을 받고 있습니다. 공중파 TV 방송국의 "그것이 알고 싶다"에서 여의도 순복음교회, 서초동 사랑의교회, 목동 제자교회, 화곡동 경향교회 등 대표적인 대형교회들의 극심한 분쟁과 비리를 방송하였습니다. 안타깝게도 여기에서 개신교는 부정적으로, 반면에 천주교는 긍정적으로 소개되고 있습니다.

통계청 발표에 따르면, 1995년부터 매년 전체 개신교인의 약 1% 이상에 해당하는 10-14만 명의 교인들이 교회를 떠나고 있습니다. 이제 한국교회는 사양길의 깊은 밤중에서 깨어나야 합니다. 하나님은 특히 교회들이 '어린이 교육과 전도'를 위해 기도하고 돌볼 것을 바라고 계십니다. 모든 어린이들에게 하나님의 말씀을 가르치기를 바라고 계십니다.

어린이가 예수 그리스도를 개인의 구주로 영접하고 구원받기를 바라고 계십니다. 미래 한국교회의 하나님 나라 확장의 성패가 어린이 교육에 달려 있기 때문입니다. 어린이가 예수 그리스도를 개인의 구주로 영접했다면 교사의 임무와 책임은 어린이들을 예수 그리스도의 사랑 안에서 더욱 양육시켜야 하는 것입니다.

3. 영국교회의 실상

　1960년대 영국교회의 장년부는 부흥했습니다. 그러나 교회학교의 교육과 전도는 사양길에 들어섰으며 불과 30-40년 후에는 심각한 침체상태에 빠지게 되었습니다. 문제는 어린이들에게 참 생명의 양식을 주지 않았으므로 교회학교 어린이들마저 영적 가사 상태에 빠지고 전도가 되지 않았던 것입니다. 그래서 오늘날 영국교회 지도자들이 어린이의 영적지도에 깊은 관심을 갖고 철저한 교사들의 영적 훈련에 중점을 두고 교육하고 있습니다.
　다시 말씀드리면 오늘날 영국교회가 질식 상태에 있는 이유는 교사들이 영적으로 거듭나지 못하고 책임감 없이 어린이 교육을 수행했기 때문이라는 것입니다. 어린이들이 영적 훈련을 받지 못하여 주일에 모두가 안방에서 TV 구경을 하거나 부모와 함께 야외로 나가 버립니다.
　오늘날 영국교회의 실상은 심각합니다. '어린이 교육과 전도'의 실패로 교회의 앞날에 희망이 없다고 합니다. 영국에는 1980년부터 매년 약 100개의 교회가 문을 굳게 닫았으며, 심지어는 교회를 판다는 광고를 내기까지 합니다. 이러한 현상의 원인은 물론 다른 여러 요인도 있겠으나 '어린이 전도와 교육'의 실패에 있다고 자인하고 있습니다. 영국교회를 떠나는 사람들이 지속적으로 늘어가고 있습니다.
　영국의 무슬림 인구는 지난 2007년부터 4년 동안 50만 명이 증가하여 240만 명에 달합니다. 이는 다른 어떤 공동체보다 10배 이상 빠르게 늘어난 것입니다. 같은 기간 기독교인은 200만 명 이상 감소했습니다. 2007년 7월 무슬림으로는 처음으로 파키스탄 출신 국회의원 샤히드 말릭이 국제개발 차관에 발탁되기도 했습니다. 머

잖아 영국에 무슬림 수상이 탄생할 거라는 예상도 나오고 있습니다. 영국교회가 쇠퇴하고 있으므로 이슬람의 확장에 효과적으로 대처하지 못하고 있습니다. 가톨릭, 성공회, 장로교, 감리교, 침례교 등 교단 소속 성도들이 대부분 감소하고 있습니다.

영국에서 지난 30년간 문 닫은 교회가 9,000여 곳에 달합니다. 2000년대 들어서는 매주 평균 4개, 매년 220개의 교회가 문을 닫았습니다. 영국 교인의 29%가 65세 이상입니다. 감리교회와 개혁주의 교회의 고령화 비율은 38%로 더 높으며, 40%의 교회가 아예 교회학교 프로그램이 없습니다. 잉글랜드 성공회 성직자가 1975년 15,900여 명에서 2010년에는 8,400명, 2013년에는 7,700명으로 줄어들었습니다. 영국 전체에서는 1940년에 45,000명에서 1970년에는 39,281명, 2000년에는 33,709명으로 줄었습니다. 이와 같은 추세가 앞으로 20년 동안 계속되면 전임 목사가 한 명도 남지 않을지도 모릅니다.

4. 영국 교회학교의 전통

황금기의 영국교회는 '어린이 교육과 전도'를 철저히 했다고 합니다. 다시 말해서 교회학교 교사들이 참 복음을 가르쳤다는 것입니다. 참 복음을 가르쳤다는 말은 예수를 개인의 구주로 영접하도록 증거를 했고, 열심히 교육과 전도, 양육을 했다는 것입니다. 교사들이 두 명씩 짝을 지어 거리에서 노방 전도를 하고, 가정을 방문하여 어린이들에게 복음을 전했습니다. 제가 1976년 10월 청교도들이 미국으로 떠났던 영국의 남쪽 플리머스형제교회를 방문했을 때 그 교회학교 교장인 다이아스 선생님은 이렇게 말했습니다.

> 우리 교회는 어린이 전도의 가장 핵심인 복음을 여섯 가지로 가르치고 있습니다. 이는 청교도 후예로서 지키는 불문율입니다.

지금도 플리머스형제교회 교육관의 입구에는 그 여섯 가지 어린이 전도 헌장이 적혀 있습니다.

① 하나님은 어린이를 사랑하십니다.
② 예수 그리스도는 하나님의 완전하신 외아들이시며 어린이 여러분을 위해서 이 땅에 오셨습니다.
③ 어린이 여러분은 하나님 앞에 죄인입니다. 오직 하나님만이 거룩하고 흠이 없으십니다.
④ 예수 그리스도는 하나님의 자녀인 어린이 여러분의 죄 때문에 십자가에서 귀한 피를 흘리시고 죽으셨습니다.
⑤ 예수 그리스도는 어린이 여러분을 위해서 죽음으로부터 다시 부활하셨습니다.
⑥ 어린이 여러분이 믿음으로 마음 가운데 예수님을 영접하면 구원받을 수 있습니다.

이러한 여섯 가지 핵심이 되는 복음을 교육헌장으로 가르치고 있습니다. 지극히 단순하지만 직접적으로 확신을 시키는 것입니다. 예수 그리스도를 개인의 구세주로 영접하지 않은 어린이는 영혼이 죽어 있습니다. 이 여섯 가지 교육헌장을 통해서 죽은 영혼이 살 수 있는 영적 생활의 원리를 어린이들에게 가르치고 있습니다.

5. 교회학교의 각오

　복음이 없는 교회학교에는 주일에 어린이가 없습니다. 있다고 해도 죽은 생명들 뿐입니다. 한국교회도 이러한 여섯 가지 기본적인 복음을 어린이들에게 전파해야 합니다. 옛날이야기나 동화 시간이 돌아오면 손뼉치고 좋아하는 교회학교 교육은 어딘가 잘못된 것입니다. 내일의 한국교회가 살아 움직이는 교회가 되기 위해서는 성경 주제인 "생명과 죽음의 언약", "예수 그리스도의 피로 맺은 약정"(bond in blood)의 복음을 전해야 합니다. 지금도 살아 계셔서 우주 만물을 통치하시는 하나님의 말씀을 가르쳐야 합니다. 어린이의 '영과 육'이 살 수 있는 생명의 말씀을 가르쳐야 합니다.

　제가 1974년부터 교사로 섬기던 스코틀랜드 글라스고우의 장로교회의 교회학교를 소개하고 싶습니다.

　교회학교 어린이 수는 약 120명이며, 교사는 60세가 넘는 할아버지, 할머니 부부 교사로부터 20대 교사들로 구성되어 있었습니다. 교회학교 교사직을 하나님이 주신 가장 귀한 '신적 소명'(vocation)이며 특권으로 알고 주어진 임무에 헌신적으로, 충성을 다하는 것을 보았습니다. 교회학교 부장은 글라스고우대학교 수학교수이신 62세인 맥킨타이어 박사가 30년 동안 하고 계십니다.

　부장 노부부가 교회학교 시작 1시간 전에 나와서 머리 숙여 간절히 기도합니다. 교회학교 예배순서 하나, 하나를 예수님과 기도로 의논합니다. 교사들도 자리를 잡고 기도합니다. 반 어린이 한 사람, 한 사람의 이름을 불러가며, 하나님이 인도하심과 축복을 위해 뜨거운 기도를 드립니다. 어린이들은 교회에 들어오자마자 두 손을 모으고 기도합니다. 10시 정각이 되면 반주와 함께 교가를 부릅니다. 찬송, 기도, 성경구절 외우기, 설교, 성경공부, 성적발표 등 한 순서도 빼놓지 않고 주어진 시간에 끝납니다. 매주일 예배순서는 바뀝니다. 예배시간이 끝나면 예수님을 영접할 어린이들의 손목을 잡고 기도실로 갑니다. 모든 예배순서가 끝나면 교사들의 반성회가 있습니다. 문제 있는 어린이 하나, 하나를 분석하고 교사들의 애로 사항을 메모하며 기도 제목의 순서를 정하고 합심하여 기도합니다.

제가 보조교사 2년 후에 정교사가 되어 가장 귀한 어린이 교육과 전도의 이론과 실제를 이 교회에서 배우고 체험했습니다. 그것은 모든 교사들이 오로지 그리스도의 복음만을 가르치고 실천하도록 하는 것입니다.

오늘의 한국교회는 참 복음을 어린이들에게 가르치고 있습니까? 앞으로 10-20년 후에는 영국교회를 닮아가지 않을까요? 제가 몇 번이고 묻고 싶은 질문입니다. 왜냐고요? 서울에 있는 어느 교회학교의 교육이 점점 시들어 가고 있는 현상을 보았기 때문입니다. 또 어떤 교회는 어린이들에게 무당굿을 시키는 것 같이 30분 동안이나 기도시키고, 소리 지르고, 몸을 흔들고, 방언을 하는 예배를 보았습니다. 그러한 교육을 통해서 어린이가 예수님을 인격적으로 만날 수 있겠습니까?

어린이들이 처량하고 가련해 보입니다. 교회학교 교육은 지식 주입의 학교-지식전달화 패러다임 교육이 아닙니다. 많이 외우는 암기교육을 통한 성적향상이 아닙니다. 정서교육이나 특기교육을 하는 곳도 아닙니다. 죽은 영혼들에게 하나님의 복음을 선포하고 영혼이 살 수 있는 생명의 양식을 공급하는 언약교육을 하는 곳입니다. '신앙공동체-변화화 패러다임'(faith-enculturation paradigm)의 교육을 해야 합니다.

제 1 부

어린이 교육

제1장 어린이 교육과 전도의 관계

제2장 어린이 교육의 성경적 원리

제3장 신앙공동체-문화화 패러다임의 교육

제4장 교사의 자격과 소명

제5장 교사와 커뮤니케이션

제6장 어린이 교육의 문제

| 제 1 장 |

어린이 교육과 전도의 관계

우리는 먼저 교회의 '어린이 교육과 전도' 사역 간에는 평행선적 동반자 인식을 갖는 것이 중요합니다. '어린이 교육과 전도'는 모두 하나님의 생명에 깊게 관여하고 있습니다. 교육과 전도는 성경의 주제인 '생명과 죽음'에 대한 전달방법과 아주 밀접하게 연관되어 있으며, 죽음의 현장에서 생명을 불어넣는 구원사역입니다.[1] 이런 점에서 '어린이 교육과 전도' 사역은 상호 관련되어 있으며 근본적인 차이가 없습니다. 메시지의 내용은 다를 수 있으나 메시지 전달의 매체는 동일합니다.

'어린이 교육과 전도'는 쌍방 간에 영향을 주고받는 가운데 발전합니다. 어린이 교육은 지식 추구 이상의 것이며, 지식의 전달 이상의 목적을 가지고 있습니다. 어린이 교육은 영적 성숙을 향한 계속적인 인격 수련을 포함합니다. 어린이 교육은 전도가 필요하며, 전도는 교육을 필요로 합니다. 어린이 교육은 단순히 형식적인 지식 훈련이 되지 않기 위해서 전도적(evangelistic)이어야 하며, 전도는 단

---

1 Lawrence O. Richards, *A Theology of Christian Education* (Chicago: Moody Press 1980), 66.

순히 감정적, 회상적이지 않기 위해서 교육적이어야 합니다. 효과적인 어린이 전도는 교육을 통해 제자화를 이루고, 그리스도를 닮아 가는 것을 완성시켜 나갑니다. 예수님의 제자를 삼기 위한 교육과 전도의 개념은 성경공부 이상의 의미를 함축하고 있습니다.

'어린이 교육과 전도'는 본질상 초자연적 사역이라는 점에서도 연합성을 갖습니다. 그러나 그것은 자연계 안에서 수행되고 있습니다. 교사는 내용을 전달함에 있어서 어떠한 문화에 속하든지 신조와 가치와 생명의 이해를 전달하기 위해 전달 수단을 사용합니다. 성령님은 하나님의 생명을 전달하고 양육하는 데 교육과 전도의 수단을 사용하고 계시며, 이것이 바로 초자연적 사역이 자연계 안에서 연합적 성격을 보여 주는 것이라 할 수 있습니다.[2]

어린이 전도는 성경적이고 교육적이어야 합니다. 현대사회가 지적인 사회이며 그 안에 사는 교사들도 역시 지적 혜택을 받은 사람들이므로 어린이들에게 복음전도를 위해서는 교육방법을 사용하는 것이 효과가 있습니다. 교사는 지적인 이해에 근거한 교육을 통해서 성경의 구속사역인 창조, 타락, 구속, 완성의 네 가지 기독교 세계관을 교육할 수 있어야 합니다.

어린이 교육은 전도의 보충적 수단이면서 동시에 동반자 관계라 할 수 있습니다. 성경은 교육과 전도를 불가분의 관계로 연결하며 서로에게 경쟁자도 반대자도 아닌 동반자 관계임을 분명히 가르칩니다. 교육이 전도를 필요로 하는 것과 같이 전도는 교육을 필요로 합니다. 그러기에 이 둘은 상호 보완적이며 친밀한 관계를 갖습니다. 교육과 전도는 하나님의 생명의 말씀과 관련되어 있고, 믿음

---

2 Lawrence O. Richards, *A Theology of Christian Education*, 34.

의 반응을 요청하고, 이 반응은 성령의 사역을 내포하며, 이 반응은 관계적 교육과 관계적 전도를 촉진하며 강조합니다.[3] "어린이 교육과 전도"는 잃어진 양을 찾아서 '치유'(healing), '지탱'(sustaining), '인도'(guiding)해서 하나님의 우편 그리스도의 보좌의 영화에 참여시키는 것입니다.

아프리카의 복음주의신학회 총무인 토군보 아데에모(Tokunboh Adeyemo)말입니다.

> 아프리카는 인구의 1/3이 신자라고 하지만 예수의 참 제자를 삼는 데는 실패했으며, 대부분의 개종자들이 복음의 뜻을 모른다.[4]

이런 상황은 전도는 되었으나 교육의 부재로 인해 초래된 것입니다. 따라서 성공적인 전도는 교육의 공헌이 필수적이며, 교육이 수반되지 않은 전도는 제자화에 실패하고 쉽게 무너질 수밖에 없으나, 이 두 가지 사역이 결합된 곳에서는 큰 결실을 맺을 수 있다는 것입니다.

'어린이 교육과 전도'의 총체적 관계는 예수님의 지상명령(the Great Commission, 마 28:19-20)에 분명히 나타나며 이 두 가지를 연계하는 노력을 요구합니다. 이것은 구원의 복음을 전파하는 '전도'에 대한 노력과 양육을 통해 예수님의 제자를 삼는 '교육'에 관한 노력입니다. 전도사역의 중요한 요소는 신학적인 이론과 그것을 효과적으로 전달하는 기술에 있습니다. 예수님의 지상명령은 교회가 복음

---

3 Lawrence O. Richards, *A Theology of Christian Education*, 62.
4 전호진, 『전도학』 (서울: 개혁주의신행협회, 2001), 65.

을 전파하며 사람들로 하여금 그리스도와 구원의 관계를 갖도록 인도하고 새 신자를 훈련하여 완전한 새 삶을 살도록 하는 제자화의 교육이라 할 수 있습니다. 예수님은 제자들에게 명령하신 것들을 교사들에게 "가르쳐 지키게 하라"고 분부하셨습니다.

하나님의 계획과 설계 안에서 전도와 교육은 반드시 동행해야 합니다. 예수님이 지상사역을 제자들에게 위임하실 때 교육과정에 전도사역을 포함시키셨습니다. 예수님이 "내가 너희에게 분부한 모든 것을 가르쳐 지키게 하라"고 하셨던 명령은 제자를 양육하는 과정과 그러한 과업을 달성하기 위해서 전제되어야 할 전도사역에 관한 암시가 포함되어 있습니다.[5] 이렇듯 성경은 교육과 전도에 관한 명령을 통해 교육과 전도의 관계성을 명확하게 제시해 주고 있습니다.

1. 예수님의 교육과 전도

예수님은 '어린이 교육과 전도' 훈련을 중요하게 여기셨습니다. 예수님은 열두 제자들을 파송하기까지 3년 반의 기간 동안 전도교육을 시키셨습니다(막 3:14). 예수님의 교육방법은 도제식 수업방법(apprenticeship education)으로 이루어졌습니다. 예수님은 제자들과 이스라엘 사회 안에서 공동생활을 하시는 가운데 그들과 대화하고, 설명하며, 이적을 행하시는 동시에 감독과 관찰을 수행하셨습니다. 예수님은 제자들의 세속적 바램이나 자신의 의도를 이해하지 못하는 것에 대해서도 인내하시며 그들을 강도 높게 교육시키셨습니다. 그리하여

---

5 George W. Peters, *A Biblical of Missions* (Chicago: Moody Press, 1972), 184.

자신이 승천하여 이 세상을 떠나가신 뒤에도 제자들이 이 땅에서 세계선교 사역을 지속적으로 수행할 수 있도록 예비해 주셨습니다.

예수님은 제자들에게 전도교육을 하는 데 있어 사회적 맥락에서 볼 때에는 비형식적(non-formal) 교육방법을 주요소로 삼으셨습니다. 그리고 사회성으로 인해 교사와 학생의 역할이 규정되게 하셨습니다.[6] 이 역할들은 지속성, 불가피성 등의 성격을 띠며 모두의 개인적 발달과정에 지대한 공헌을 합니다. 이러한 사역모델(마 10:1-9)은 교사 훈련에 있어 후 세대의 신앙인들에게 모범이 되었습니다. 따라서 이러한 전도와 교육의 성경적 원리를 교사들의 훈련방식들에 광범위하게 반영하고 있습니다.[7]

예수님의 지상명령은 "가라"(go), "제자 삼으라"(make disciples), "세례를 주라"(baptizing them), "가르치라"(teaching them)입니다(마 28:19-20). 여기서 "가서"(go)를 사역동사로 보지 않고 분사로 볼 수 있으며, 이것은 가서, 제자를 삼아, 세례를 주라 그리고 가르치라는 전도와 교육의 두 단계적 이해가 가능합니다. "가르치라"는 명령을 회심 후의 교육으로 해석하고 있음을 보여 주며, 이 명령은 교육과 전도의 두 가지 부분의 노력을 함께 요구합니다. 즉 구원의 복음을 전파하는 전도와 양육을 통해 제자를 삼는 교육을 의미합니다. 예수님의 지상명령은 교회가 복음을 전파하며 사람들로 하여금 그리스도와 구원의 관계를 갖도록 인도하고, 새 신자 교육을 통해 훈련하여 완전히 거듭난 새 삶을 살도록 하는 것입니다.

---

6   Ted Ward, "The teaching-Leaning Process," In *Introducing Christian Education* (Grand Rappids: Baker 2001), 117.

7   Sam Kang, "Development of Non-Western Missionaries- Characteristics of Four Contrasting Program," ICS. D. dissert (IL: Trinity Evangelical Divinity School 1995), 16.

1) "제자 삼으라"는 전도명령이다

"모든 족속으로 제자 삼으라"에서 직접 목적어는 "모든 족속"이라는 구입니다. 그러므로 지상명령의 범위는 이스라엘과 유대인을 포함하는 모든 족속입니다. 즉 이 세상에서 하나도 빠짐없는 모든 종족을 포함하며, 지구상의 모든 종족을 찾아가서 복음화해야 합니다. 이것이 전도의 목적입니다. 제자들은 세상에서 소망 없이, 하나님도 없이 사는 사람들을 초청하여 어두움을 떠나 밝은 빛 속에 들어가도록 하였으며, 그리하여 그들도 하나님 나라에 들어가고 은혜로 말미암은 구원의 선물을 받으며 영광스럽고 영원한 생명을 소망하게 하였습니다.

2) "가르치라"는 교육명령이다

예수님이 명령하신 말씀이 교과과정의 핵심내용이 되고 그 내용을 통해 그의 가르침을 터득하여 유능하게 됩니다. 이렇게 예수님의 말씀이 교육의 핵심내용이 되고, 이를 가르쳐 지키게 하는 것이 교육과정입니다. 예수님의 "가르쳐 모든 것을 지키게 하라"는 명령은 산상보훈에서 제자로서의 삶을 요구하는 드라마틱한 메시지를 포함합니다. 그리고 제자의 삶을 지킬 수 있는 방법을 계발하는 것이 구체적인 교육의 내용이라 할 수 있습니다. 비록 여러 분야에 걸치는 다양한 교육을 시키고, 기독교적 관점에 바탕을 두고 진리를 보여 주는 것이 아무리 훌륭한 것이라 할지라도, 주님의 지상명령에 초점을 맞출 수 있는 강인한 기독교인으로 양육하는 교육이 훨씬 더 중요합니다.

"가르치는 것"은 예수님의 제자들이 온전하게 그리스도의 장성한 분량에 이르도록 성장해야 한다는 것을 암시합니다. 모든 제자들이 가서, 세례를 주고, 가르쳐서 예수님의 제자를 삼는 것은 이와 동시에 가서, 세례를 주고, 가르치는 것을 통해 실천적으로 배우는 것입니다. 또 새로운 제자들이 가서, 세례를 주고, 가르칠 수 있도록 훈련하는 것을 의미합니다. 그러므로 예수님이 제자를 삼는 교육을 하신 것은 재생산(reproduction)의 과정이며, 이것 역시 철저한 교육을 통해서만 가능합니다.

맥가브란은 그의 유명한 저서 『하나님의 가교』(The Bridge of God)에서 제자삼음(discipling)과 양육(perfecting)을 구분하여 전도의 단계와 윤리적 변화를 초래하는 성숙한 양육의 단계로 해석했습니다. 그것은 전도와 교육의 관계를 매우 중요시한 것입니다.[8] 개인스 도빈스(Gaines S. Dobbins)의 말입니다.

> 전도가 없는 기독교는 가짜 기독교이며, 교육을 통해서 모든 면에서 성숙한 제자들을 만들려고 힘쓰지 않는 전도는 허울 좋은 전도다.

예수 그리스도는 교사-전도자이셨습니다. 예수님을 따르는 제자들은 교육과 전도를 분리시킬 수 없었습니다.[9] 교사는 어린이 전도의 기본원리나 가치관을 확립하고 훈련을 통하여 채득한 성경의 원리를 그 어떤 전도지역에서도 다양하게 적용할 수 있는 탁월한 교수능력의 소유자이어야 합니다.

---

8 Donald A. McGavran, *The bridge of God* (The Texas: Word Books, 1972), 35.
9 Gaines S. Dobbines, *Evangelism According to Christ* (Nashville: Broadman Press, 1999), 32.

2. 바울의 교육과 전도

기독교는 사도 바울에 의해 교육과 전도의 기초가 세워졌다 해도 과언이 아닙니다. 바울은 교육적으로 가장 훈련을 잘 받은 전도 전략가로서 그의 전도가 세계를 바꾸어 놓았습니다. 바울이 다른 지역과 민족들에게 복음을 전달하기 위해 제1차 전도여행에 착수하고, 계속하여 2차, 3차 전도여행을 수행한 것은 바로 전도와 교육을 위해서였습니다.[10]

바울의 교육은 하나님의 말씀을 가르침으로써 신생교회들을 견실하게 하기 위함이었습니다. 바울은 지역교회가 새로 세워졌을 때 설립된 신생교회를 향하여 기본적인 신앙의 훈련과 영적성장을 계속할 수 있도록 확고한 기반을 조성한 후에야 한 달 후이든지 혹은 18개월 후이든지 다음의 전도 목적지를 향해 떠났습니다(살전 3:1-5).[11]

바울의 서신서 13권은 그의 전도를 위한 노력과 교육을 강조한 것과 관련되어 있으며,[12] 또 기독교의 기본적인 원리와 생활의 문제를 다루는 교과서이며 교사로서의 심정과 원리 및 방법들을 설명하고 있습니다.[13] 특히 로마서의 여덟 장(9-16장)은 바울이 반복해서 직접 경험한 바, 틀림없이 확실한 전도전략, 세계전도 그리고 교육적 상황들을 전개하고 있습니다. 바울이 로마교회에 이신득의(justification by faith)의 주제를 전달하는 것은 숙련된 교사의 질의와 응답의 연속된 과정을 통해서 가능하였습니다.

---

10 C. B. Eavey, 『기독교 교육 원리』 (서울: CLC, 2003), 30.
11 Charles T. Bennett, "Paul the Pragmatist: Another Look at His Missionary Methods," *Evangelical Missions Quarterly*, Vol. 16. No.3 (July 1980), 138.
12 H. Cornell Goerner, *All Nations in God's Purpose* (Nashville: Broadman Press, 1979), 125.
13 신성종, 『신약신학』 (서울: CLC, 1995), 249.

따라서 우리는 전도와 교육의 창조를 위해서 바울의 사역을 연구해야 합니다. 바울은 전도전략, 전도목적, 생활방식, 일 그리고 활동을 통해서 예수 그리스도를 전했기 때문입니다. 반기독교 종교 세력들이 바울과 실라를 고소한 죄목은 "천하를 어지럽게 하는 자들" (Those who turning the world upside down) 또는 급격히 퍼져나가는 '전염병 같은 존재'라는 것이었습니다. 이것은 그가 변화의 전도사요, 새 시대를 여는 새 역사 창도의 주도적 교사였다는 뜻을 함축하는 것입니다. 조동진 목사는 『한국전도운동의 미래』에서 바울은 전도를 했을 뿐만 아니라 자신이 직접 전도에 대하여 교회에서 가르치는 교육을 훌륭하게 감당하기 위해서 전도와 교육을 네 가지 방법으로 실행하였다고 주장합니다. 바울의 전도훈련이 총체적 교사 양성의 과정이며 이는 영성훈련과 함께 견지되었다는 것입니다.[14]

1) 바울은 전도 비전을 안디옥교회 지체들과 나누었다.

성령의 지도 아래 안디옥교회는 전도를 위해 바울과 바나바를 파송하였습니다(행 13:1-3).

2) 바울은 전도사역에서 돌아온 후, 그의 전도사역과 사역적 노력에 대해 교회에 개인적으로 보고하였다.

바울은 전도여행을 한 후에 교회의 복음화 사명을 전도교육의 기회로 사용하였습니다(행 14:28-29).

---

14 조동진, *Personal Interview with Former Director of Korea International Mission* (Eui-Wang, Nov. 23, 2007) 5.

3) 바울은 전도사역을 하면서 교회들에게 편지를 보냈다.

이러한 '기도편지' 즉 서신서들의 목적은 교육에 있었으나, 그것은 교회의 성도들이 그의 전도사역에 친숙해지도록 만들어 주는 역할을 하였습니다.

4) 바울은 교회의 도움을 받았다.

교회가 도움이 필요한 사람들을 돕는 사역을 통해 그의 전도사역에 재정적으로 참여하도록 초청하였고(고전 16:3), 적어도 두 번은 빌립보 교회로부터 선교를 위한 재정적 지원을 받을 수 있었습니다(빌 4:14). 사도 바울은 단순한 신학자 이상의 사역하는 신학자(task theologian), 전도 전략가, 교육 전달자, 활동가라 할 수 있습니다. 그가 뿌린 이런 전도와 교육의 씨앗은 현대 전도운동에서도 싹을 틔우고 열매를 맺었습니다.

바울은 창조적 전도 경륜가(advocative missionary statesman), 창조적 전도 전략가(creative missionary strategist), 세계 수준의 전도 이론가(world class missiologist), 지역별 전도전문가(regional geomissiological specialist), 종말론적 전도(eschatological mission)를 위한 우주적 심정과 세계적 호흡을 가진 복음의 증인으로서의 순교 정신(martyrdom spirit)의 전도자입니다.[15] 이러한 바울의 리더십은 한국교회의 전도에 있어 새로운 역사 창조를 위해 반드시 요구되는 사항이며, 이것은 바울의 전도와 교육 원리로의 회귀(回歸)를 통해서 정립될 수 있습니다.

---

15 조동진, *Personal Interview with Former Director of Korea International Mission*, 7.

| 제 2 장 |

어린이 교육의 성경적 원리

　어린이 교육의 기본적 원리는 분명히 '하나님의 말씀' 언약에 의해서 가르치고 인도되어야 합니다. 물론 '어린이 교육과 전도'는 전문가들의 견해, 의견 그리고 이론도 중요시되어야 하지만 먼저 성경 말씀에 전적으로 의존해야 합니다.

　교사의 교육과 전도의 이론은 성경 말씀에 의해서 정확히 정리되어야 함을 강조하고 싶습니다. 물론 교육, 철학, 심리학, 상담학 등 모든 방법이 어린이 교육을 위해서 필요하게 적용이 되어야 합니다. 성경 말씀이 첫째 되는 기본으로 적용되어야 합니다. 성경 말씀에서 떠난 '어린이 교육과 전도'의 이론은 분명히 잘못된 것임을 교사는 알아야 합니다. 교사는 어린이 교육 분야를 연구하고 실천함에 있어서 성경 말씀이 어린이들에게 얼마나 많은 관심을 불러일으키고 있는지 정확히 알아야 하며, 또 가르치라는 명령을 찾아 읽어야 합니다. 그리고 성경이 가르쳐 주는 '어린이 교육과 전도의 원리를 찾아서 연구하고 적용해야 합니다.

1. 신명기의 말씀

어린이 교육을 담당하는 지도자나 교사가 구약의 신명기에 대한 배경과 환경에 대해 이해하고 기억하는 것은 매우 중요합니다. 이스라엘 백성은 40년 동안 광야에서 방황하다가 약속된 가나안 땅에 들어가게 되었습니다. 그들은 조국의 탄생에 대한 기쁨과 환희에 가득 차서 이스라엘 민족의 공동체 생활과 개인적인 새로운 삶을 함께 시작하게 된 것입니다. 이스라엘 민족은 하나님이 주신 약속에 의해 가나안 땅을 정복하고 사용할 수 있게 된 것입니다. 신명기는 가나안 땅에서 앞으로 태어나고 자라날 후손들에 대한 책임과 의무를 강조하고 있습니다. 신명기에서 보여준 어린이 교육의 성경적 원리가 우리에게 값있는 교훈이 되도록 배워야 합니다.

1) 교사에게 준 하나님의 명령

> 오직 너는 스스로 삼가며 네 마음을 힘써 지키라 두렵건대 네가 그 목도한 일을 잊어버릴까 하노라 너는 그 일들을 네 아들들과 손자에게 알게 하라 네가 호렙산에서 그들로 세상에 사는 날 동안 나 경외함을 배우게 하며 그 자녀에게 가르치게 하려 하노라 하시매(신 4:9-10).

이 말씀은 어린이를 가르치는 교사나 또 부모님들에게 주신 하나님의 명령임을 알 수 있습니다.

(1) "오직 너는 스스로 삼가며"(신 4:9).

교사는 하나님과의 올바른 관계를 갖고 교제를 해야 하며, 자기 스스로의 의지는 삼가야 한다는 것입니다. 특별히 어린이들의 영적 지도를 맡은 교사들은 하나님과 올바른 관계를 갖는 것을 계속해야 합니다. 하나님과의 올바른 관계가 없이는 만족스럽게 어린이들을 푸른 초장으로 인도한다는 것은 불가능합니다.

(2) "네 마음을 힘써 지키라"(신 4:9).

교사는 하나님과 계속적인 영적 교제를 갖도록 마음을 힘써 지키라는 것입니다. 교사들의 영적인 삶은 계속적인 예수님과의 교제의 말씀에 의해 지켜 나가야 합니다.

"두렵건대 네 생존하는 날 동안에 그 일들이 내 마음에서 떠날까 하노라"(신 4:9). 교사는 예수님이 교사들을 위하여 무엇을 하셨는지 꼭 기억해야 합니다. 이 뜻은 하나님의 말씀을 주의 깊게 그리고 계속적으로 배우라는 의미입니다. 교사는 규칙적으로 계속적으로 말씀을 읽고 영적 깨달음을 받아야지 그렇지 않으면 영적인 삶에서 떠날 수 있다는 것입니다.

(3) "너는 그 일들을 네 아들들과 네 손자들에게 알게 하라…그 자녀에게 가르치게 하리라 하시매"(신 4:9).

교사는 하나님의 말씀을, 그 진리의 말씀을 어린이들에게 꼭 가르쳐 지키게 하라는 명령입니다. 하나님의 진리의 말씀을 성실하고 신중하게 가르치라는 의미입니다. 교사는 하나님의 일(9절)과 하나님의 말씀(10절)을 가르치도록 명령을 받았습니다.

2) 교사에게 준 하나님의 약속

이스라엘아 듣고 삼가 그것을 행하라 그리하면 네가 복을 얻고 열조의 하나님 여호와께서 허락하심과 같이 젖과 꿀이 흐르는 땅에서의 수효가 심히 번성하리라(신 6:3).

신명기 6:3-9은 하나님이 교사에게 준 명령과 약속입니다. 특히 "들으라"(쉐마)는 경건한 사람들이 낭송하는 신앙고백이다.

(1) "두 가지 명령"(신 6:3)이 있습니다. '듣고'- 하나님이 무엇을 말씀하시는지 '듣고' 깨달으라는 것입니다. 삼가 그것을 '행하라.' 하나님이 말씀하신 것을 실천하라는 것입니다.

(2) "두 가지 약속"(신 6:3)이 있습니다. "그리하면 네가 복을 얻고" 하나님의 말씀을 듣고 순종하면 영적 건강과 축복을 받을 것입니다. "너희 수효가 심히 번성하리라." 교사가 하나님의 말씀을 듣고 순종하면 영적 부요와 번성을 누릴 것입니다. 모세 당시에 하나님은 그의 이스라엘 백성이 영적으로 건강하며 동시에 번성하기를 원하였습니다. 이 사실이 오늘날 우리에게도 '하나님의 뜻'으로 적용되는 것입니다.

(3) "이스라엘아 들으라. 우리 하나님 여호와는 오직 하나인 여호와시니"(신 6:4)라는 이 말씀은 모든 권세와 계시는 유일신 하나님의 명령에 의해서 이루어지므로 교사는 하나님의 말씀을 들으라는 것입니다.

(4) "너는 마음을 다하고 성품을 다하고 힘을 다하여 네 하나님 여호와를 사랑하라"(신 6:5)는 이 말씀은 교사가 구세주이신 예수 그리스도를 사랑하라는 뜻입니다. 교사에게 주어진 첫 번째의 명령은 예수님을 사랑하라는 것이 분명합니다. 예수님과 교사 사이에는 영적 사닥다리가 놓여 있어야 하며, 세상 삶에서 제일 우선적인 관계로 성립되어야 합니다. 교사가 예수 그리스도를 오직 한 분, 전지전능하신 하나님의 외아들로 믿고 사랑할 때에 교사는 어린이의 영적 지도자가 되며 진정한 교회학교 교육도 이루어지는 것입니다.

예수님이 시몬 베드로에게 묻습니다. "요한의 아들 시몬아 네가 이 사람들 보다 나를 더 사랑하느냐?" 베드로가 대답하기를 "주여 그러하외다. 내가 주를 사랑하는 줄 주께서 아시나이다"(요 21:15). 예수께서 다시 "내 어린양을 먹이라"고 하셨는데, 이 말씀은 무엇을 의미합니까? 예수님은 베드로에게 양을 먹이라고 명령하시기 전에 먼저 예수님과의 '올바른 교제'를 원하셨습니다. 그러므로 교사들은 예수님과의 올바른 영적 교제를 맺은 후에야 어린이들을 양육할 수 있습니다.

(5) "오늘날 내가 네게 명하는 이 말씀을 너는 마음에 새기고"(신 6:6)라는 말씀은 교사에게 주어진 두 번째의 명령입니다. 하나님의 말씀을 '마음의 판'에 새기라는 것입니다. 머리로 이해하고 입으로 아는 것을 어린이에게 기계적으로 전달하라는 것이 아닙니다. 교사는 하나님의 말씀으로 무장되고 생명력 있는 영적인 힘이 용솟음치도록 변화된 그리스도인으로서 어린이 교육을 담당하라는 것입니다.

(6) "네 어린이에게 부지런히 가르치며 집에 앉았을 때에든지 길에 행할 때에든지 누웠을 때에든지 일어날 때에든지 이 말씀을 강론할 것이며"(신 6:7)라는 말씀은 교사에게 주어진 세 번째의 명령입니다. 교사는 어린이들의 영혼을 위해 부지런히 열정적으로 수고와 노력을 하라는 것입니다. 시간과 장소에 구애됨이 없이 어린이들에게 생명의 말씀을 선포하라는 것입니다.

(7) "너는 또 그것을 네 손목에 매어 기호를 삼으며 네 미간에 붙여 표를 삼고"(신 6:8)라는 말씀은 교사가 개인적으로 하나님의 말씀을 깊이 깨닫고 항상 말씀과 동행하는 생활을 하라는 것입니다. 그리고 어린이 앞에서 지혜 있는 교사의 모범적인 생활 태도를 가지라는 것입니다.

3) 하나님의 말씀과 교사

신명기 11:18-21은 어린이를 가르치는 교사에게 주어진 하나님의 말씀에 대하여 기록하고 있습니다.

(1) "이러므로 너희는 나의 이 말을 너희 마음과 뜻에 두고"(신 11:18)라는 말씀은 교사가 하나님의 말씀을 영혼과 마음속 깊이 새겨야 함을 강조한 것입니다.

(2) "또 그것을 너희의 어린이에게 가르치며"(신 11:19)라는 말씀은 교사는 오로지 하나님의 말씀만을 어린이에게 가르쳐야 한다는 것입니다.

(3) "또 네 집 문설주와 바깥문에 기록하라"(신 11:20)는 말씀도 교사는 항상 하나님의 말씀을 읽고 간직하는 것을 우선시 해야 한다는 것을 가르치고 있습니다.

(4) "그리하면 여호와께서 너희 열조에게 주리라고 맹세하신 땅에서 너희의 날과 너희 어린이의 날이 많아서 하늘이 땅을 덮는 날의 장구함 같으리라"(신 11:21)라는 말씀은 교사가 하나님의 말씀을 마음 속 깊이 새기고 그 말씀만 가르치고 성경을 잘 보존하면 하나님이 교사와 어린이를 축복하시겠다는 약속의 말씀입니다. 얼마나 귀하고 값있는 약속입니까! 그렇습니다. 교사는 하나님의 말씀만을 가르쳐야 합니다. 어린이들에게 옛날이야기 선생님이 되어서는 안 됩니다. 성경 말씀의 줄거리를 재미있게 꾸미는 성경 동화 선생님이 되어야 합니다.

영국의 교회학교에서는 매주일 성경 한 구절씩을 어린이들에게 암기시키고 있습니다. 성경 구절을 암기시키는 것이 얼마나 중요한가를 영국 교사들이 깨닫고 있습니다. 교사가 어린이에게 성경 구절을 암기시키는 것이 얼마나 중요한가를 한국 교사들도 깨달아야합니다. 교사와 어린이가 성경 구절을 외우고 마음에 새기는 것을 하나님은 기뻐하십니다. 하나님과의 올바른 관계는 말씀이 입으로 암송되고 말씀대로 생활할 때에 이루어지는 것입니다.

4) 하나님의 목적과 교사

"곧 백성의 남녀와 유치와 네 성안에 우거하는 타국인을 모으고 그들로 듣고 배우고 네 하나님 여호와를 경외하며 이 율법의 모든 말씀을 지켜 행하게 하고"(신 31:12-13)라는 말씀은 어린이를 가르치는 교사에게 대한 하나님의 목적이 있음을 알 수 있습니다.

(1) "그들로 듣고"

교사의 첫째 목적은 어린이로 하여금 생명의 말씀을 듣게 하는 것입니다. 교사가 가르치는 말씀을 어린이가 들으므로 말씀의 능력이 성취되기 때문입니다. 사도 바울이 "그런즉 저희가 믿지 아니하는 이를 어찌 부르리요 듣지도 못한 이를 어찌 믿으리요"(롬 10:14)라고 하셨습니다.

(2) "배우고"

어린이가 말씀을 듣고 이해할 수 있도록 해야 합니다. 어린이가 듣기만 하는 것으로는 충분하지 않습니다. 들은 후에는 그 '진리의 말씀'을 깨닫고 이해해야 합니다. 모세는 벌써 수천 년 전에 교회교육의 방법을 우리 교사들에게 제시해 주고 있는 것입니다.

(3) "네 하나님 여호와를 경외하며"

어린이의 '마음 밭'에 그리스도의 사랑을 체험하고 하나님을 사랑하고 영광을 돌리게 하는 것이 교사의 세 번째의 임무입니다. 하나님의 말씀을 어린이가 귀로 듣고 배우고 마음 판에 새기도록 하는 것도 중요하지만 가장 중요한 사실은 어린이가 하나님의 은혜를 체험하고 마음속 깊이 하나님을 경외할 수 있도록 하는 것입니다. 교사의 목표는 어린이가 말씀을 듣고 배우는 데서 그쳐서는 안 됩니다. 어린이들이 하나님을 사랑하고 믿으며 모든 소망을 예수님께 두고 예수님을 닮아가도록 하는 것입니다. 교회교육에서 "하나님을 경외하는" 목표에 닿지 못하는 어린이 교육은 하나님 앞에서는 실패작이 되는 것입니다.

(4) "이 율법의 모든 말씀을 지켜 행하게 하고"

교사가 해야 할 네 번째 중요한 목표는 어린이가 하나님의 말씀에 전적으로 순종하도록 하는 것입니다. 어린이가 진리의 말씀을 듣고 이해하고 마음속에서부터 우러나오는 하나님의 사랑에 대한 감사를 드리면, 그 어린이는 하나님의 말씀에 항상 순종할 수 있습니다. 하나님은 교사가 어린이를 그렇게 가르치고 양육하는 것을 바라고 계십니다. 예수님은 어린이가 순종하는 것을 귀하게 여기시고 사랑하십니다.

(5) "이 말씀을 알지 못하는 그들의 어린이로 배우게 할지니라"

교사는 어린이가 구원을 받고 그 기쁜 소식을 다른 친구들에게 입으로 전하도록 가르쳐야 합니다. 이것이 교사에게 부탁하신 하나님의 다섯 번째 목표입니다. 교사는 어린이가 말씀으로 양육되어 성장하고 다시 그 후손이 예수님을 영접하는 세대 간에 '계보'로 이어지는 교회교육과 가정교육의 중요성을 강조해야 합니다.

2. 시편의 말씀

시편 78:1-8에서는 어린이 교육의 중요성을 교사들에게 제시해 주고 있습니다. 시편 기자는 영원불변한 하나님의 말씀을 교사와 어린이가 들어야 한다고 강조합니다. 시편 기자는 "내 백성이여 내 입의 말에 귀를 기울일지어다"(시 78:1)라고 하셨습니다.

1) 교사의 특권

(1) 시편 기자는 "이는 우리가 들은 바요, 아는 바요, 우리 열조가 우리에게 전한 바라"(시 78:3)라고 하였습니다. 이 말씀은 교사도 예수 그리스도가 인류의 구세주라는 복음을 듣고 예수님을 개인의 구주로 영접한 것을 말합니다. 죄 가운데 죽을 수밖에 없는 죄인을 복음을 듣게 하여 그리스도인이 되게 하신 하나님의 사랑은 너무나 귀한 것입니다. 예수님을 개인의 구주로 영접할 수 있는 특권! 그 무엇과 비교할 수 있습니까? 더구나 어린이를 지도할 수 있는 특권은 얼마나 귀한 일입니까? 이 특권에 대해 하나님께 감사를 드리고 어린이를 양육하도록 부여받은 귀한 특권을 성공적으로 완수해야겠습니다.

(2) 시편 기자는 "우리가 이를 그 자손에게 숨기지 아니하고 여호와의 영예와 그 능력과 기이한 사적을 후대에 전하리로다"(시 78:4)라고 하셨습니다. 시편 기자는 하나님 앞에 복음을 선포할 것을 약속합니다. 그가 알고 또 들은 말씀을 혼자 알고 있지 않고 이 진리를 어린이들에게 숨기지 않고 전하겠다는 약속입니다. 시편 기자는 어린이들을 볼 때에 그들이 진리의 말씀을 배워야 함을 깨달았습니다. 이 말씀이 오늘의 교사에게는 어떤 의의를 줍니까? 시편 기자와 마찬가지로 오늘의 교사도 교사가 알고 있는 '생명의 진리'를 주위에 있는 어린이들에게 전할 수 있는 마음과 하나님 앞에 이 귀한 약속

을 해야 한다는 것을 뜻합니다.

2) 하나님의 명령

> 여호와께서 증거를 야곱에게 세우시며, 법도를 이스라엘에게 정하시고 우리 열조에게 명하사 저희 자손에게 알게 하셨으니(시 78:5).

이 말씀은 교사가 하나님 말씀을 전하고 가르치는 사역은 교사의 자유의사가 아니고, 하나님이 주신 명령이며 특수사명(Special task)이라는 의미입니다.

> 또 가라사대 너희는 온 천하에 다니며 만민에게 복음을 전파하라(막 16:15).

하나님의 명령은 교사의 직분은 분명히 만민 속에 있는 어린이를 가르치는 것입니다.

(1) 어린이에게 하나님의 말씀을 가르치는 일차적인 책임은 부모들에게 있기에 가정교육이 중요합니다. 바울은 "네 아비들아 너희 어린이를 노엽게 하지 말고 오직 주의 교양과 훈계로 양육하라"(엡 6:4)고 하셨습니다.

(2) 어린이들에게 전문적으로 하나님의 말씀을 가르치는 책임은 지역 교회에 있습니다. 바울은 "그가 혹은 사도로 혹은 선지자로 혹

은 복음 전하는 자로 혹은 목사와 교사로 주셨으니 이는 성도를 온전케 하며"(엡 4:11-12)라고 하셨습니다. 또 하나님이 시몬 베드로에게 "내 어린양을 먹이라"고 하셨습니다. 오늘의 교사에게도 예수님은 "내 어린양을 먹이라"(요 21:15)고 말씀하십니다.

(3) 어린이들에게 하나님의 말씀을 가르치는 책임은 모든 그리스도인 교사에게 주어진 것입니다.

> 어떤 사람이 양 일백 마리가 있는데 그 중에 하나가 길을 잃으면, 그 아흔 아홉 마리를 산에 두고 가서 길 잃은 양을 찾지 않겠느냐, 진실로 너희에게 이르노니 만일 찾으면 길을 잃지 아니한 아흔 아홉 마리보다 이것을 더 기뻐하리라(마 18:12).

그렇습니다. 모든 그리스도인 교사는 만천하에 다니며 잃은 양 한 마리를 찾아야 합니다. 한 어린이의 영혼을 찾아서 복음을 전하여야 합니다. 그 어린 양은 매우 귀한 존재입니다.

3) 하나님의 계획

> 이는 저희로 후대 곧 후생 자손에게 이를 알게 하고 그들은 일어나 그 자손에게 일러서(시 78:6).

교사가 하나님의 말씀으로 어린이를 양육시키면 어린이들이 자라서 교사가 되어 다음 세대를 가르치게 되며, 또 자손들을 말씀으로 양육시키면 그 다음 세대의 자손들에게는 '복음의 혈통'이 이어지게 되는 것입니다. 선지자는 "너희는 이 일을 너희 자녀에게 고하고 너희 자녀는 자기 자녀에게 고하고 그 자녀는 후시대에 고할 것이니라"(욜 1:3)고 부모와 교사들에게 교훈하고 있습니다. 부모와 교사들인 그리스도인들이 자녀의 양육에 책임을 다하지 못한다면 자손 대대에 영적 궁핍이 올 것이나, 말씀으로 양육을 할 때는 하나님의 축복이 임하실 것입니다.

4) 하나님의 목적

> 저희로 그 소망을 하나님께 두며 하나님의 행사를 잊지 아니하고 오직 그 계명을 지켜서(시 78:7).

이 말씀은 시편 78:1-8의 클라이막스입니다. 시편 기자가 1-6절의 교훈의 전승 과정을 기록한 말씀이 7절에서 하나님의 목적을 강하게 설명하기 위함입니다. 교사의 어린이 양육의 목적은 무엇입니까? 어린이 양육의 책임을 맡은 교사에 대한 하나님의 목적은 무엇입니까? 시편 기자는 다음과 같이 해답을 제공합니다.

(1) "저희도 그 소망을 하나님께 두며"

교사의 목적은 어린이가 성경과 하나님에 대하여 더 잘 알도록 가르치는 것입니다. 그러나 더욱 더 중요한 교사의 목적은 어린이가 하나님 안에서 소망을 갖게 하는 것입니다. 교사는 어린이가 예수 그리스도의 사랑 안에서 영적 체험을 할 때까지는 결코 만족할 수 없는 것입니다.

(2) "하나님의 행사를 잊지 아니하고 오직 그 계명을 지켜서"

교사는 어린이들에게 하나님이 어린이를 위해서 무엇을 이루어 주셨으며, 또 무슨 말씀을 하셨는가를 잊지 않고 기억하도록 해야 합니다. 그리고 소망을 하나님께 두고 고하면 그 결과로 어린이의 삶이 변화되고 하나님의 말씀에 순종하게 됩니다. 어린이가 그 소망을 하나님께 두는 것은 예수님과 만남의 체험을 통해서만 가능합니다. 그러므로 말씀의 지식보다 더 높은 단계가 예수님을 영접하는 체험의 단계입니다. 하나님께 순종할 수 있는 것은 구원받은 중생의 체험이 있어야 가능합니다.

어린이에 대한 하나님의 목적은 분명합니다.

① 믿고-어린이가 소망을 하나님께 두는 것이다.
② 기억하고-어린이가 하나님의 행사를 잊지 아니하는 것이다.
③ 순종-어린이가 하나님의 계명을 지키는 것이다.

3. 마태복음의 말씀

마태복음에서도 '어린이 교육과 전도'에 대하여 깊은 관심을 갖고 있음을 볼 수 있습니다. 마태복음 18:1-14은 두 가지 중요한 부분으로 나누어져 있습니다.

첫째, 제자들 자신의 관심에 대하여 어린이가 모델이 되고 있는 사실입니다(마 18:1-4).

둘째, 어린이들에 관한 귀한 약속과 권고가 있으며 교육과 전도의 대상으로서 어린이의 중요성을 말해 줍니다(마 18:5-14).

1) 질문과 답변

마태복음 18:1-4 말씀 중에서 예수님과 제자들의 질문과 대답을 들을 수 있습니다.

질문

"그 때에 제자들이 예수께 나아와 가로되 천국에서는 누가 크니이까?"(마 18:1) 제자들은 누가 가장 중요한 임무를 맡았으며 또 가장 큰 자인지에 대하여 알기를 원합니다(막 9:33-34). 성경에 기록은 없으나 아마도 베드로, 요한, 유다가 가장 큰 자라고 했을지 모릅니다. 지금 예수님은 가버나움에서 제자들을 위해 대답해 달라는 질문을 받고 있는 것입니다. "천국에서 누가 크니이까?"

답변

첫째 답변 - "예수께서 한 어린이를 불러 저희 가운데 세우시고"(마 18:2). 예수님의 답변에서 어린이가 실례(實例)가 되고 있습니다. 가버나움 집은 베드로의 집인 것 같습니다(막 1:29-33; 2:1; 마 17:24-25). 예수님이 이 집에 자주 오셨으므로 어린이를 잘 알았을 것입니다. 그러므로 다정한 음성으로 그의 이름을 불렀을 것입니다. 예수님이 어린이를 팔에 안으시고 12제자들을 쳐다보시며 말씀하시는 장면은 매우 주목할 만한 사실입니다.

둘째 답변 - "가라사대 진실로 너희에게 이르노니 너희가 돌이켜 어린이와 같이 되지 아니하면 결단코 천국에 들어가지 못하리라"(마 18:3). 예수님은 천국에 들어갈 수 있는 자격에 대하여 말씀하십니다. 예수님은 누가 천국에서 가장 큰 자인지에 대하여는 답변을 하지 않습니다. 천국에 들어가는 자격에 대하여 말씀하십니다. 예수님이 아마도 가룟 유다에 대하여 생각하신 것 같습니다. 유다가 "누가 큰 자입니까?"라고 물을 때 예수님이 그를 쳐다보셨을 것입니다. 가룟 유다는 아직 천국에 있지 않습니다. 예수님이 천국에서 누가 큰 자인지를 설명하기 전에 더 큰 문제가 있었습니다. 천국에 들어갈 수 있는 자격에 관해서 말씀해야만 했습니다. 왜냐하면 거듭나지 않고는 천국에 들어갈 수 있는 다른 길이 없었기 때문입니다.

셋째 답변 – "그러므로 누구든지 이 어린아이와 같이 자기를 낮추는 이가 천국에서 큰 자니라"(마 18:4). 예수님이 천국에서 가장 큰 자의 자격에 대하여 말씀하십니다. 아이를 안아 본을 보이시며 천국에 들어갈 수 있는 상태와 천국에서 가장 큰 자의 자격은 어린아이와 같이 순진하고 '겸손한 자'라야 한다고 설명하셨습니다. 예수님은 어린이를 실례로 들어 설명하시며 그리스도인의 표상으로 말씀하셨습니다. 그리스도인은 천국에서 큰 자가 되기 위하여 어린이와 같이 순진하고 겸손해야 합니다. 제자들의 질문에 대한 답변은 주어졌습니다. 예수님이 제자들의 질문에 더 언급하지 않습니다. 어린이에 대하여 계속 말씀하셨습니다. 교사는 어린이에 대한 예수님의 말씀에서 큰 진리를 발견할 수 있습니다.

2) 약속과 권고

마태복음 18:5-14에서 예수님의 약속과 권고를 볼 수 있습니다.

또 누구든지 내 이름으로 이런 어린아이 하나를 영접하면 곧 나를 영접함이니(마 18:5).

(1) 약속 : 어린아이를 영접하는 것은 예수님을 영접하는 것과 같다.

어린이를 환영하여 복음을 전하는 것을 예수님은 기뻐하십니다. 참 놀라운 약속입니다. 교사가 예수님의 사랑의 이름으로 어린이를 환영하면, 그것은 교사가 예수님을 영접하는 것이 됩니다. 얼마나 놀라운 약속입니까? 교사가 예수님의 이름으로 어린이를 교사의 품안에 영접할 때 예수님을 영접하는 것과 같다는 말입니다. 어린이들을 영생의 길로 인도하는 교사의 책임은 놀라울 만큼 큰 사건입니다.

(2) 권고 : 교사는 어린이들을 영접하라는 권고(advice)를 받았다.

예수님이 친히 어린이를 품에 안으시고 어린이를 영접하는 본을 보여 주셨습니다. 어린이가 내게 오는 것을 막지 말라고 하셨습니다. 교사는 이제 더욱 더 어린이를 영접하여 말씀으로 양육해야 하는 사명감을 불러 일으켜야 합니다. 어린아이처럼 겸손한 교사가 천국에서 큰 자가 된다는 것을 예수님이 가르쳐 주셨습니다.

3) 사실과 경고

> 누구든지 나를 믿는 이 소자 중 하나를 실족케 하면 차라리 연자 맷돌을 그 목에 달리우고 깊은 바다에 빠뜨리우는 것이 나으니라(마 18:6).

(1) 사실 : 어린이도 예수님을 믿을 수 있다.

어린이들의 중생 문제에 대하여 많은 질문이 있습니다. 어린이가 중생할 수 있습니까? 이 질문에 어떤 사람은 중생할 수 있다고 긍정을 하고 또 어떤 이는 부정합니다. 이 질문의 가장 중요한 답변은 예수님이 어린이에 대하여 어떻게 말씀하셨는지를 깨닫는 것입니다. 예수님이 한 어린이를 그의 팔에 안으시고 하신 말씀은 나를 믿는 이 소자(little one) 중, 즉 예수님을 믿는 어린이를 강조하셨습니다. 바울도 간수들이 "내가 어떻게 하여야 구원을 얻으리이까 하거늘 가로되 주 예수를 믿으라"(행 16:30-31)고 하셨습니다. '믿으라'는 단어는 예수님이 사용한 단어와 동일한 단어입니다. 그러므로 예수님은 어린이도 예수님을 믿을 수 있고 중생하여 구원받을 수 있다는 것을 분명히 말씀하신 것입니다.

> 하나님이 세상을 이처럼 사랑하사 독생자를 주셨으니, 이는 저를 믿는 자마다 멸망치 않고 영생을 얻게 하려 하심이니라 (요 3:16).

어린이도 믿으면 구원받는다는 사실을 확인시켜 주십니다.

(2) 권고 : 예수님이 교사들에게 강한 권고를 하였다.

여기 "실족케 하면"은 즉 교사가 믿는 어린이를 실족시키는 원인이 되어서는 안 된다는 것입니다. 교사가 어린이를 실족케 하려면, 차라리 맷돌을 매고 빨리 깊은 바닷물에 빠져 죽는 편이 더 낫다는 것입니다. 예수님을 믿는 어린이를 실족케 하는 일이 얼마나 무서운 것입니까? 그러나 실족케 하는 일이 아주 쉽게 행하여지고 있으니 안타까운 것입니다. 교사가 어린이를 실족케 하는 것이 무엇입니까? 죄를 짓게 하는 것입니다.

① 좋지 못한 가르침: 교사가 어린이들에게 영적으로 이로운 하

나님의 말씀을 가르치지 않고, 영적으로 해로운 말씀을 가르친다면 어린이를 실족케 하는 원인이 됩니다. 어린이가 그리스도인의 생활을 할 수 있도록 하나님의 말씀으로 양육하는데 게으르면 어린이를 실족케 하는 원인이 됩니다.

② 나쁜 본보기: 어린이는 교사를 닮아 가기를 좋아합니다. 교사의 행동과 말씀을 주시하며 닮아 가기를 좋아합니다. 만일 교사의 언행에서 예수님의 마음을 발견할 수 없고 닮을 것이 없다면, 어떻게 될까요? 어린이를 예수님께로부터 멀리 떨어지게 하며 어린이를 실족케 하는 원인이 되는 것입니다.

③ 좋지 못한 태도: 어린이도 분명히 예수님을 개인의 구세주로 영접할 수 있는데 구원 문제에 대한 교사의 무관심한 태도는 어린이를 실족케 하는 원인이 됩니다.

비록 어린이가 어리고 이해하기 힘든 말씀일지라도 교사는 최선을 다하여 쉽게 설명하고 그리고 확신에 넘치는 신앙적 태도로 가르쳐야 합니다. 교사가 책임성 없는 태도로 성경 공부를 성실히 준비하지 못하고 또 결석할 수도 있을 것입니다. 이러한 것 때문에 어린이를 죄짓게 하는 것, 즉 실족케 하는 교사가 얼마나 많습니까? 어린이를 실족케 하려면 어린이가 깊은 물에 빠져 죽어도 상관하지 말라고 설명하는 학자도 있습니다.

참 교사가 가르치도록 기회를 주라는 것입니다. 이 무서운 경고의 말씀으로 책망 받는 교사가 되어서는 안 됩니다. 무서운 경고가 도리어 축복의 말씀으로 변해야 합니다.

예수님은 "삼가 이 소자 중에 하나도 업신여기지 말라. 너희에게 말하노니 저희 천사들이 하늘에서 하늘에 계신 내 아버지의 얼굴을 항상 뵈옵나니"(마 10:18)라고 하셨습니다. 구원 받은 어린이는 천사들과 동행합니다. 바울은 "모든 천사들은 부리는 영으로서 구원 얻을 후사들을 위하여 섬기라고 보내심이 아니뇨"(히 1:14)라고 하셨습니다. 이 말씀은 믿음이 있는 성도는 천사들과 동행함을 가르쳐 줍니다. 예수님이 천사들에 대해 말씀하실 때 분명히 어린이들에 대하여도 생각하신 것입니다. 믿는 어린 천사들이 하늘에 계신 하나님의 얼굴을 바라본다고 하셨습니다. 하나님은 믿는 어린이들이 그의 왕좌에 가까이 오는 것을 기뻐하십니다. 하나님은 어린이를 사랑하셔서 천사들까지 보내 주셨습니다. 그러므로 교사는 어린이가 죄를 짓고 실족케 해서는 안 됩니다.

오늘의 교회가 주님의 사역을 하면서 어린이에 대한 가치 평가를 높이지 않고, 중요한 교육 분야임을 생각하지 않고 있음을 반성해야 합니다. 예수님은 교사가 한 어린이도 실족케 하지 않을 것을 권고하시며 그리고 어린이는 교사들이 생각하는 것보다 훨씬 귀한 존재라는 것을 암시합니다.

영국교회는 교회학교에서 구원받고 목회자나 선교사 소명(하나님의 뜻)이 확실한 어린이를 위해서 교회가 특별 강사를 초청하여 히브리어, 헬라어를 가르치고 영적훈련을 시켜서 후일의 교회 목회 후임자가 될 수 있도록 전 교회가 기도하는 것을 볼 수 있습니다. 목회자나 선교사 후보생을 교회가 어린이 중에서 미리 선택하여 기도로 후원하고 물질적인 뒷받침을 해 주고 있습니다. 교회가 어린이를 귀한 주의 일꾼으로 양육하며 평생도록 후원하는 것을 예수님은 기뻐하실 것입니다.

4) 잃은 양과 교사

> 만일 어떤 사람이 양 일백 마리가 있는데 그 중에 하나가 길을 잃었으면 그 아흔 아홉 마리를 산에 두고 가서 길 잃은 양을 찾지 않겠느냐 만일 찾으면 길을 잃지 아니한 아흔 아홉 마리보다 이것을 더 기뻐하리라(마 18:12-14).

예수님이 여기서 매우 중요한 진리를 강조하고 있습니다. 길 잃은 양은 가장 튼튼하고 힘이 있어 비탈길에 올라가 맛있는 풀을 먹다가 갑자기 비바람과 번개와 뇌성이 쳐서 순간적으로 방향감각을 상실하고 위험한 낭떠러지에 떨어져서 울고 있는 양입니다. 교사들이 어린이를 위해서 일을 할 때 꼭 필요하고 이해해야 하는 말씀입니다. 예수님이 '잃어버린 양'에 대해 강조하신 것은 똑똑한 어린이가 순간적으로 탈선한다는 것입니다. 이 말씀을 통해서 교사에게 깊은 통찰력을 주셨습니다.

예수님이 '길 잃은 양', 즉 힘센 양을 찾으면 기뻐하신다는 말씀입니다. 그리고 14절 말씀은 결론인데 '양'은 똑똑한 어린이에 대해서 말씀하는 것입니다. 길을 잃어버린 똑똑하고 잘난체하는 어린이의 영혼을 찾아야 한다고 힘 있게 강조하시는 것입니다. 예수님을 영접하지 않고 세상 길로 걸어가는 어린이는 길을 잃은 양입니다. 길 잃은 한 마리 양을 찾는 것처럼 어린이를 찾아야 한다는 것입니다.

교사들이 어린이들에게 동화 속의 꿈나라 이야기나 해 주고 어른이 되어서야 구원 문제를 생각하도록 가르치면 그것은 잘못입니다. 어린이는 감상적인 대상이 아닙니다. 예수님은 분명히 '이 소자 중에' 다시 말해서 '어린이'를 잃었다고 하신 것입니다. 그리고 어린이도 하나님의 구원이 필요하다고 가르치는 것입니다.

교사는 이 말씀을 통해서 도전을 받아야 합니다. 어린이들에게 복음을 전하고 그들을 예수님께 인도하는 사명이 더욱 강해져야 한다는 것입니다. 어린양 한 마리가 길을 잃고 헤매는 것은 외로운 이야기입니다. 그러나 선한 목자는 그 양을 사랑하여 잊을 수가 없습니다. 잠을 이룰 수가 없습니다. 비탈길 가시덤불이 있는 곳으로 찾아 떠납니다. 양의 울음소리가 들립니다. 양을 찾았습니다. 품에 안고 돌아옵니다. 그렇습니다. 길 잃은 양은 혼자서 우리로 찾아오지 못합니다. 길 잃은 어린이는 홀로 하나님의 집으로 찾아오기 힘이 듭니다. 어린이들이 길을 잃고 멸망의 길로 가는 것을 하나님이 원하지 않습니다.

베드로는 "너희가 전에는 양과 같이 길을 잃었더니 이제는 너희 영혼의 목자와 감독되신 이에게 돌아 왔느니라"(벧전 2:25)라고 하셨습니다. 무슨 뜻입니까? 예수님은 선한 목자장이시며 어린이는 양들입니다. 그리고 교사는 양을 치는 목동입니다. 교사는 하나님의 양 무리를 치되 부득이함으로 하지 않고 하나님의 뜻을 좇아 자원하여 봉사하는 목동인 것입니다. 교사는 잃어버린 양을 찾아야 합니다. 비탈길 깊은 산 속에라도 가야 합니다. 그리고 한 마리 잃은 양이 구원받을 때 거기에 참 기쁨이 있고 가치가 있습니다.

5) 계시와 확신

이 소자 중에서 하나라도 잃어지는 것은 하늘에 계신 너희 아버지의 뜻이 아니니라(마 18:14).

하나님이 어린이가 멸망의 길로 가는 것을 바라지 않음을 분명히 계시해 줍니다. '하나님의 뜻'은 원하고 희망한다는 의미입니다. 바울이 "하나님은 모든 사람들이 구원받으며 진리를 아는데 이르기를 원하시느니라"(딤전 2:4)고 하였습니다. 그러므로 어린이에게 복음을 전하여 구원에 이르게 하는 것은 하나님의 뜻입니다. 교사는 이 말씀으로 확신을 얻어야 합니다. 더 깊은 영적 의미를 14절에서 찾을 수 있습니다.

(1) 이와 같이-선한 목자가 양을 찾아가는 12-13절은 구원의 길을 말씀합니다.
(2) 이 소자 중에-하나님이 각 어린이의 구원 문제에 대한 깊은 관심을 갖고 계심을 표시해 줍니다.
(3) 잃어지는-영원한 멸망을 의미하며 무서운 형벌과 고통이 있음을 가르쳐 줍니다.
(4) 하늘에 계신-하나님의 전능하심, 거룩하심 그리고 절대 주권을 가지신 분임을 의미하는 말씀입니다.
(5) 아버지의-하나님이 뜨거운 사랑과 연민의 정을 가지신 분임을 의미하는 말씀입니다.
(6) 뜻이 아니라-하나님의 애타는 관심과 깊은 바람은 모든 어린이가 멸망의 길로 가는 것을 원치 않으신다는 강한 의지를 보여주는 말씀입니다.

예수님은 마태복음 18:1-14을 통해서 교사들에게 많은 것을 가르쳐 주셨습니다. 어린이는 겸손하니 닮아야 하고, 예수님이 어린이를 품에 안으신 것처럼 교사는 어린이를 영접해야 합니다. 어린이도 중생할 수 있으니 기회를 주어야 하고 귀한 어린이의 영혼을 실족케 해서는 안 됩니다. 길 잃은 어린이를 가서 찾고 만나서 생명의 길로 인도해야 합니다.

4. 마가복음의 말씀

마가복음 10:13-16의 말씀은 어린이 전도에 대해서 가장 많이 알려진 말씀입니다. 이 말씀은 여러 가지 영적해석을 하고 있음을 볼 수 있습니다. 유아 세례의 근원을 찾는 말씀이기도 합니다. 특별히 어린이 전도의 성경적 원리를 분명히 제시해 주고 있습니다.

1) 어린이와 예수님

> 사람들이 예수의 만져 주심을 바라고 어린이를 데리고 오매 제자들이 꾸짖거늘(막 10:13).

누가 어린이를 예수님께 데리고 왔는지는 분명하지 않습니다. 아마 어린이의 부모들이었는지 모릅니다. 아니면 어떤 사람들 혹은 친구들이었을 것입니다. 한 가지 알 수 있는 것은 '사람들'이 어린이를 예수님께 데려와 예수님이 어린이를 만져 주시기를 원했다는 사실입니다. 이처럼 어린이들을 데려오는 것이 일차적인 전도의 원리입니다. 건강한 어린이도 먼저 예수님께 데려와야 합니다. 그러지 않고는 예수님과의 관계가 맺어질 수 없습니다. 예수님은 언제나 어린이들이 오는 것을 환영하고 계십니다.

2) 어린이의 반응

어린이들이 예수님께 오는 방법을 보면 주춤거리거나 도망하려고 하지 않았습니다. 사람들이 데려 왔습니다. 어린이는 교회 종소리만 울리면 예수님께 나아옵니다. 친구나 부모님들과 함께 교회로 옵니다. 누구든지 어린이들에게 예수님께로 오는 길을 보여주면 발걸음을 교회로 향하게 되는 것입니다.

마태복음 19:17-22과 비교해 보면 큰 차이점을 발견할 수 있습니다. "그 청년이 재물이 많으므로 이 말씀을 듣고 근심하며 가니라" (마 19:22)고 하셨습니다. 부자 청년은 예수님께 올 수 있는 기회를 가졌으나 형식적인 율법관을 가지고 있었습니다. 어린이와 청년의 태도는 얼마나 다릅니까! 어린이는 예수님께 오는 것을 좋아하나 청년은 결국 근심하며 돌아갔습니다.

3) 제자들의 태도

"제자들이 꾸짖거늘" 얼마나 불행한 말입니까! 제자들이 왜 꾸짖었는지 알 수는 없습니다. 아마도 어린이를 소홀히 생각했거나 예수님이 어른들을 위해서만 너무 바쁘셨기에 그렇게 했을 것입니다. 이와 같은 일이 한국교회에서 일어나고 있다면 얼마나 안타까운 일입니까!

오늘의 교회학교 지도자나 교사들이 어린이들이 예수님께 꼭 와야 하는 필요성을 깨닫지 못하고 여러 방법으로 예수님께로부터 어린이를 돌려보내고 있다면 깊이 반성해야 합니다. "예수께서 보시고 분히 여겨 이르시되 어린이가 내게 오는 것을 용납하고 금하지 말라"(막 10:14)고 하셨습니다. 예수님이 매우 화가 나셨음을 알 수 있습니다. 왜냐하면 예수님이 "누구든지 내 이름으로 이런 어린아이 하나를 영접하면 곧 나를 영접함이니"(마 18:5)라고 제자들에게 이미 가르쳤습니다. 그러나 제자들이 예수님 말씀을 이해하지 못하고 또 불순종했기 때문에 예수님이 분히 여기신 것 같습니다.

4) 예수님의 마음

> 누구든지 하나님의 나라를 어린아이와 같이 받들지 않는 자는 결단코 들어가지 못하리라 하시고 그 어린아이를 안고 저희 위에 안수하시고 축복하시니라(막 10:15-16).

"어린아이와 같이" 때묻지 않은 순수함과 겸손함을 의미합니다. 예수님은 순수한 어린이들을 사랑하셨습니다. 어린이들이 오기를 기다리셨습니다. 어린이를 팔에 안고 어린이의 머리 위에 손을 얹고 안수하시고 축복하셨습니다. 예수님은 제자들이 불순종하므로 기쁜 마음이 아니었음에도 어린이들을 영접하시고 변함없이 사랑하신 것입니다. 예수님은 피곤하고 또 시간이 없었으나 항상 어린이들을 영접하려는 마음을 가지셨습니다. 그리고 어린이 전도를 위한 모범을 몸소 보여 주셨습니다.

예수님이 어린이 전도에 깊은 관심을 가진 이유가 무엇인가 윤곽이 잡힐 것입니다. 그렇습니다. 어린이가 다 성장한 후 하나님의 말씀을 가르친다는 것은 위험한 점이 매우 많기 때문입니다. 물질주의, 무신론주의, 세상 향락에 빠지면 부자 청년처럼 근심하며 돌아가기 쉽습니다. 사단이 어린이가 성장하는 과정에 여러 가지 방법으로 유혹하기 시작하면 헤어 나오기가 쉽지 않습니다.

어느 교사가 어린이에게 장차 어떤 사람이 되고 싶은 가라고 물었습니다. 어린이는 "깡패 두목이 아니면 예수가 되고 싶어요"고 했습니다. 그러면서 "누가 먼저 나를 가르치느냐에 달려 있겠죠?"라고 말끝을 흐렸습니다. 오늘의 한국교회와 교사들은 예수님이 어린이를 환영하는 마음을 배워야 합니다.

5. 어린이 중생에 대한 질문

어린이 중생에 대한 여러 가지 질문들이 있는데 이에 대한 성경적 답변이 있습니다. 종종 교사들에게 부딪히는 어려운 문제를 인간의 머리로 해결할 수는 없습니다. 그러나 성경은 분명하고도 정확한 답변을 해주고 있습니다.

질문 1
어린이들에게 하나님의 말씀을 가르치는 것이 왜 중요합니까?

답 변
성경은 어린이들에게 하나님의 말씀을 가르치라고 명령하셨습니다.

1) 구약성경의 말씀

(1) "…네 아들들과 네 손자들에게 알게 하라…그 자녀에게 가르

치게 하려 하노라 하시매"(신 4:9-10).
(2) "네 자녀에게 부지런히 가르치며, 집에 앉았을 때에든지 일어날 때에든지 이 말씀을 강론할 것이며"(신 6:7).
(3) "너희는 나의 이 말을 너희 마음과 뜻에 두고 또 그것으로 너희 손목에 매어 기호를 삼고 너희 미간에 붙여 표를 삼으며 또 그것을 너희의 자녀에게 가르치며,…"(신 11:18-19).
(4) "곧 백성의 남녀와 유치와 네 성안에 우거하는 타국인을 모으고 그들로 듣고 배우고 네 하나님 여호와를 경외하며, 이 율법의 모든 말씀을 지켜 행하게 하고"(신 31:12-13).
(5) "마땅히 행할 길을 아이에게 가르치라 그리하면 늙어도 그것을 떠나지 아니하리라"(잠 22:6).
(6) "너희는 이 일을 너희 자녀에게 고하고 너희 자녀는 자기 자녀에게 고하고 그 자녀는 후시대에 고할 것이니라"(욜 1:3).

2) 신약성경의 말씀

(1) "천지의 주재이신 아버지여 이것을 지혜롭고 슬기 있는 자들에게는 숨기시고 어린 아이들에게는 나타내심을 감사하나이다"(마 11:25).
(2) "또 네가 어려서부터 성경을 알았나니 성경은 능히 너로 하여금 그리스도 예수 안에 있는 믿음으로 말미암아 구원에 이르는 지혜가 있게 하느니라"(엡 6:4).

3) 전도에 대한 말씀

특별히 어린이에 대해서만 언급하지는 않았으나 어린이를 포함하는 성경 말씀이 또 있습니다.

(1) "너희는 온 천하에 다니며 만민에게 복음을 전파하라"(마 16:15).
(2) "하나님의 도우심을 받아 내가 오늘까지 서서 높고 낮은 사람 앞에서 증거를 하는 것은"(행 26:22). 여기서 '낮은'(Small 혹은 mikros)의 뜻은 어린이를 의미합니다.
(3) "하나님은 모든 사람이 구원을 받으며 진리를 아는데 이르기를 원하시느니라"(딤전 2:4).

이상의 여러 성경 구절은 어린이 전도를 위한 귀한 말씀들입니다. 교사는 이 말씀들을 다시 한 번 마음에 새겨야겠습니다.

우리나라 속담에 "세살 버릇이 여든 살까지 간다"는 말이 있습니다. 어린이 시절이 배우는 시기라는 뜻일 것입니다. 어린이는 호기심이 강하고 기억력이 좋습니다. 어린이가 일곱 살이 되면 그의 전 교육 중에 3/4은 받은 것과 같다고 주장하는 교육심리학자도 있습니다. 어린 시절에 '영원한 생명'에 대해서 배우는 것은 더 없는 교육입니다.

4세기의 유명한 목회자였던 크리소스톰은 "화가보다 더 높은 예술가는 어린이 영혼을 변화시키는 교사"라고 했습니다. 요한 웨슬리도 "우리가 자라나는 어린 시대를 돌보지 않는 한 현재의 신앙 부흥은 우리 나이(60-70세)밖에 더 지속하지 못한다"라고 했습니다. 어린이 전도가 중요하다는 선배들의 말씀이 오늘의 교사에게도 변함이 없습니다.

질문 2
어린이도 중생이 가능합니까?

답변
어린이도 중생할 수 있음을 성경은 분명히 가르치고 있습니다.

1) 구약성경의 말씀

(1) 신명기 31:12-13에 있는 '두려움'이란 체험의 영역을 의미합니다. 어린이가 하나님의 말씀을 듣고 일으키는 반응을 말합니다.
(2) 시편 78:7에 있는 '소망'이란 체험의 영역을 의미합니다.
(3) 사무엘상 3:7-19에 있는 사무엘에 대한 이야기를 깊이 연구해 봅시다. 사무엘은 예수님을 몰랐습니다(7절). 그러나 하나님의 음성을 듣고 반응을 보였습니다(10절). 그 후에 사무엘은 영적으로 성장하였습니다(19절).

2) 신약성경의 말씀

(1) 마태복음 18:6의 "누구든지 나를 믿는 이 소자 중 하나를"에서 '믿는'의 뜻은 중생하여 구원받은 믿음을 의미합니다.

(2) 에베소서 1:1의 "성도"들과 6:1의 "어린이들"과 골로새서 1:2의 "성도들"과 3:20의 "어린이들"은 모두 성도를 가리키며 성도들에게 쓴 편지인 것입니다. 바울은 어린이들을 성도라고 불렀습니다. 바울은 이처럼 중생한 어린이를 성도라고 부른 것입니다.

3) 구원에 대한 성경말씀

특별히 어린이만을 위한 성경 구절은 아니지만 성경에는 구원에 대한 약속의 말씀이 많이 있습니다.

(1) 요한복음 3:16에 "누구든지 저를 믿으면", 1:12에 "영접하는 자" 등의 말씀은 어린이도 중생이 가능하다는 것을 의미합니다. 구원은 인종, 종파, 민족, 연령을 초월합니다. 누구든지 예수님을 개인의 구세주로 믿고 영접하는 자는 구원을 받게 됩니다.

(2) 로마서 10:9에 "네 마음에 믿으면", 10:13에 "누구든지 주의 이름을 부르는 자는 구원을 얻으리라"고 하였습니다.

(3) 에베소서 2:8에 "믿음으로 말미암아 구원을 얻었나니"라고 하였습니다.

어린이가 성경 말씀 전체를 다 이해할 수는 없습니다. 부분적인 이해만 하는 것이 사실입니다. 그러므로 꼭 많은 것을 알고 깨닫는다는 것이 좋은 것만은 아닙니다.

인간의 능력은 한계가 있습니다. 아무리 질문해도 끝이 없습니다. 결국 모든 것을 이해할 수는 없습니다. 구원은 믿음으로 받습니다. 성령님이 친히 하시는 사역입니다. 어린이는 복음을 듣고 예수님을 영접하고 또 양육되면서 차차 성화되어 장성한 믿음의 그리스도인이 되어 갑니다. 어린이도 중생할 수 있습니다.

4) 어린이 지도자들의 견해 1

어떤 어린이 지도자는 어린이가 12살 이상 되어야 중생의 체험을 할 수 있다고 했습니다. 충분히 이해할 수 있는 의견이나 성경에는 나이에 대해서 결코 가르치고 있지 않음이 분명합니다. 어린이가 자기의 죄를 깨달을 때, 또 예수 그리스도가 자기 죄를 위해 십자가에서 돌아가셨다는 사실을 믿고 죄를 회개하며 단순히 어린이의 마음과 전 생활에 예수님을 영접할 수 있을 때에는 중생할 수 있습니다. 교회 역사에서 잊을 수 없는 신앙의 선배들이 어린이 시절에 구원을 받았다고 간증을 합니다.

(1) 성경 주석가로 유명한 매튜 헨리(Mattew Henry) 박사는 9살 때에 구원받았다고 간증했습니다.
(2) 복음주의 설교자로 유명한 죠나단 에드워드(Jonathan Edwards)는 7살 때에 구원받았다고 간증했습니다.
(3) 찬송가 작가로 유명한 이삭 와트(Isaac watts)는 9살 때에 구원받은 사실을 간증했습니다.
(4) 영국 청교도의 설교자로 유명한 리차드 박스터(Richard Baxter) 목사는 6살 때에 구원받았다고 간증했습니다.
(5) 순교자 폴리캅(Poly Carp)은 9살 때 구원받았다고 간증했습니다.

(6) 평신도 저술가로 유명한 화란의 코리 텐 붐(Corrie Ten Boom)은 5살 때에 구원을 받았다고 간증했습니다.

4) 어린이 지도자들의 견해 2

세계적으로 알려진 설교자나 전도자들이 설교나 간증을 통해서 어린이의 중생을 확신하고 있습니다.

(1) 무디(D. L. Moody)는 "오늘날 교회는 어린이의 중생에 무관심한다. 소수의 지도자들만이 어린이의 중생이 가능하다고 하는데 앞으로는 어린이의 중생 문제에 관심을 가져야 한다"라고 하였습니다.
(2) 스펄젼(Charles Spurgeon) 목사는 "5살 난 어린이도 복음을 잘 가르쳐 주고 양육하면 성인처럼 구원받을 수 있다. 교인들 중에 어린 시절에 구원받은 어린이는 가장 모범적인 최상의 그리스도인이 된다"라고 하였습니다.
(3) 스데반 올포드(Stephen Olfoed) 목사는 "나는 7살 때에 구원받았다. 20세 이전에 중생의 체험을 가지면 인생에 실패할 확률이 없다. 성경에도 '청년의 때…너의 창조자를 기억하라'(전 12:1)고 하였다"라고 하였습니다.
(4) 머레이 맥체인(R. Murray McCheyne) 목사는 "젊었을 때에 예수님을 영접하는 것이 가장 좋다. 나이가 들수록 세상에 찌들어 매사를 신중하게 지혜로 판단한다…청년의 때에 구원을 받지 못했다면 몇 배의 힘이 든다. 젊은 시절은 구원받을 수 있는 가장 좋은 기회이다"라고 하였습니다.

(5) 헨리 보쉬(Henry Bosch) 목사는 "어린이가 감수성이 예민하고 순수할 때 목사님이나 교사의 가르침을 전적으로 받아들인다. 어린 새싹은 싱싱하게 자라며 앞길이 유망하니다. 상처투성이의 성인보다는 어린이를 주님 앞으로 인도하라"라고 하였습니다.

(6) 빌리 그래함(Billy Graham) 목사는 "나의 아내와 딸은 4살 때 구원받았다. 복음은 교육받은 성인이나 어린이에게도 똑같은 역할을 한다. 예수님은 어린이에게 특별한 사랑을 보여주셨다. 어린이 전도가 미래를 위한 가장 큰 투자이다. 지금 곧 어린이를 예수님께 인도하자"라고 하였습니다.

질문 3

어린이가 몇 살 때 중생할 수 있습니까?

답 변

1) 성경적 견해

성경에는 나이에 대한 특별한 언급은 없습니다. 성경은 나이가 몇 살이 되어야 중생이 가능한 것인지 기록하지 않았습니다. 비록 중생한 어린이의 평균적인 수치를 계산했다고 해도 그것이 적정 나이가 될 수는 없습니다.

(1) 예수님이 "나를 믿는 이 소자 중"(마 18:6)이라고 하신 뜻으로 보아 어린이도 중생할 수 있음을 알 수 있습니다. 예수님이 "어린아

이 하나를"(막 9:36)이라고 하신 것으로 보아도 어린이가 중생할 수 있음은 분명합니다. 예수님이 어린이에 관하여 마태복음 18:1-4에 두 가지 단어를 사용하셨습니다. 어린아이(little child)와 소자(little one)로 부른 것입니다. 어린아이의 뜻을 강조하기 위해서 쓰신 것 같습니다.

(2) 예수님의 "만민에게 복음을 전파하라"(막 16:15)는 말씀의 뜻은 나이에 관계없이 누구에게나 복음을 선포할 것을 가르쳐 줍니다. 하나님의 어린이가 되기 위해서는 예수님을 개인의 구주로 영접해야 하는 것입니다. 비록 어린아이일지라도 스스로 죄인이라는 것과 예수님이 십자가에서 자기 죄 때문에 돌아가셨다는 사실을 믿고 예수님을 구세주로 영접하면 중생할 수 있는 충분한 나이입니다.

2) 어린이 지도자의 견해

영국의 유명한 설교자이며 성경 주석가인 캠벨 모르간(Cambell Morgan)은 "나는 어려서 구원받았기 때문에 언제 어디서 예수님을 구주로 영접했는지 확실히 기억할 수가 없다"라고 하였습니다.
캐나다의 리오넬 헌트(Lionel Hunt) 목사는 이렇게 말합니다.

> 성경에 어린이의 중생에 관한 나이를 확실히 말하지 않았으므로 우리가 나이를 측정할 수는 없다. 구원은 나이나 지능에 관한 것이 아니다. 오직 성령의 계시에 의해서 이루어진다. 하나님의 말씀을 통해서 성령께서 예수님의 사랑을 마음속에 나타내신다. 내가 알고 있는 어린이 중에 3-5살 때 확실히 예수님을 영접했고, 또 수많은 어린이가 6-10살 사이에 예수

님을 개인의 구주로 영접했다. 경험과 통계적인 숫자로 보아 어린이도 성령님이 함께하실 때 영적인 말씀을 이해할 수 있으며 구원받을 수 있다는 것이 확실하다. 구원 문제에 관하여 하나님의 능력을 제한시켜서는 안 된다. 성령님이 나이 많은 사람들에게 역사하시는 것처럼 어린아이의 마음에도 예수님을 나타내시는 것은 쉬운 일이다. 그러므로 어린이도 중생할 수 있으며 적당한 연령을 정하는 것은 성령님이시며 우리의 질문거리가 되지 않는다.

질문 4
만일 어린이가 죽는다면 천당에 갑니까? 지옥에 갑니까?

답 변

1) 구약성경의 말씀

(1) "내가 죄악 중에 출생하였음이여 모친이 죄 중에 나를 잉태하였나이다"(시 51:5).
(2) "악인은 모태에서부터 멀어졌음이여, 나면서부터 곁길로 나아가 거짓을 말하도다"(시 58:3).
(3) "아이의 마음에는 미련한 것이 얽혔으나"(잠 22:15).

2) 신약성경의 말씀

> 너희 생각에는…길 잃은 양을 찾지 않겠느냐…이 소자 중에 하나라도 잃어지는 것은(마 18:12-14).

이 말씀의 내용에서 '양'은 '어린이'를 뜻합니다. 어린이가 '길 잃은 양'으로 묘사된 것입니다. 잃어지는 것은 멸망의 길로 가는 것을 의미합니다. 신구약 성경은 어린이도 죄인이라고 분명히 가르칩니다. 어린이도 죄로 말미암아 길 잃은 영혼입니다. 그러므로 사도는 "하나님은 모든 사람이 구원을 받으며 진리를 아는 데 이르기를 원하시느니라"(딤전 2:4)고 하셨습니다.

3) 일반적인 성경말씀

(1) "모든 사람이 죄를 범하였으매 하나님의 영광에 이르지 못하더니"(롬 3:23).
(2) "속에서 곧 사람의 마음에서 나오는 것은 악한 생각 곧, 음란과 도덕질과 살인과"(막 7:21).

성경은 예수 그리스도 밖에 있는 사람은 영적으로 죽었다고 가르칩니다.

> 너희의 허물과 죄로 죽었던(엡 2:1).
> 인자의 온 것은 잃어버린 자를 찾아(눅 19:10).
> 하나님의 진노가 그 위에 머물러 있느니라(요 3:36).

어린이도 예수님 밖에 있다면 길이요, 진리요, 생명이신 예수님께로 돌아와야 하는 것입니다. 그리고 용서함을 받아야 하는 것입니다.

4) 어린이 지도자의 견해

어린이도 죄를 깊이 뉘우칠 수 있고 영적인 문제를 이해할 수 있으며, 또 하나님의 말씀을 거절하거나 불순종할 수 있습니다. 어린이도 지옥이나 천당에 가므로 교사의 가르침은 중요한 것입니다.
영국의 어린이 전도의 지도자 허드슨 포프(Hudson Pope) 목사는 주장합니다.

> 청소년 지도자들은 항상 영적인 입장에서 생각해야 한다. 왜냐하면 어떤 어린이는 중생되나 또 어떤 어린이는 중생의 체험이 없기 때문이다.

어린이 전도에 있어서 가장 중요한 것은 많은 숫자가 아니라, 중생된 어린이가 얼마인가를 구별하는 문제인 것입니다. 사실 많은 어린이들이 교회학교에 나온다고 해서 그들이 모두 하나님의 어린이라고 간주하는 것은 깊이 생각해 볼 문제입니다. 에베소서 5장과 로마서 5장을 읽어 보면 인간은 성품상 모두 진노의 자식들입니다. 그러나 등급은 있습니다.
요한은 "영접하는 자 곧 그 이름을 믿는 자들에게 하나님의 자녀가 되는 권세를 주셨으니"(요 1:17)라고 하셨습니다. 죽을 수밖에 없는 인간이 예수님을 영접하므로 한 등급에서 다른 등급의 차원으로 변화됩니다. 예수님 안에서 믿음으로 구원받고 변화되는 것입니다.

비록 어린이가 죄인 같지 않고 잃은 양 같지 않더라도 하나님은 어린이의 마음을 보십니다. 어린이도 회개해야 할 죄가 있습니다. 죄는 새싹처럼 자라나는 어린이들에게도 현실적으로 존재하며, 죄는 어린이를 곤궁에 몰아넣습니다. 죄 때문에 잠을 이루지 못하는 어린이도 있습니다. 말로 표현은 못하지만 죄의식은 역시 어린이에게도 있습니다. 이 죄는 어린이의 생활을 억누르고 있습니다.

오늘날 정신과 의사들은 이러한 죄의 현상이 치료받아야 할 문제로 대두되고 있다고 말합니다. 정신적 불안이나 신경성 질환은 어린 시절 죄의식에 사로잡혀 걱정하고 두려워하고 억압당한 일에서 발생한다고 합니다. 어린 시절의 죄의식과 죄는 피할 수 없는 현실적인 문제가 되고 있습니다. 그러므로 어린이가 죄의식이 있다면 용서를 받아야 한다는 것도 알 수 있습니다.

하나님은 예수님의 십자가로부터 구속을 받지 않은 어린이는 영적으로 그 죄와 억압 아래에서 고통을 받도록 하였습니다. 교사는 어린이가 그의 생활에서 지은 죄를 하나님이 용서하시는 것과 죄에서 해방 받아야 함, 그로 인한 평화와 기쁨을 가르쳐야 합니다.

안토니 캡폰(Anthony Capon) 목사는 "어린이는 죄 지을 가능성이 있으며, 어린이는 죄의 성품을 갖고 태어났다"라고 하였습니다. 어린이는 죄의 성품을 지니고 태어났으므로, 지옥에 갈 위험이 있습니다. 물론 이렇게 말하면 좀 '심한 말'이라고 어린이를 사랑하는 사람들에게는 저항감을 갖게 할 것입니다. 그러나 가장 관심을 가져야 할 것은 이 사실에 대해 추호의 눈길도 주지 않고 모르는 척해서는 안 된다는 것입니다. 예수님은 어린이들이 지옥에 갈 수 있는 위험성에 대해 인식하고 계셨습니다. 그러나 예수님은 어린이를 사랑하셨기 때문에 그들을 구원하러 오신 것입니다.

마태복음 18:12에 어린이들이 "잃어버린 영혼"으로 설명됩니다. 또 각자 제 갈 길로 가 버렸다고 했습니다. 14절에는 멸망을 받을 수밖에 없는 것으로 해석됩니다. 어린이가 죄의식을 느낀다면 그는 하나님이 죄에 대해 심판하신다는 사실을 알 수 있습니다.

질문 5

어린이가 책임질 수 없는 어린 나이에 죽었을 때 천국에 갈 수 있습니까?

답변

성경에는 특별히 어린이가 책임질 수 없는 나이에 죽는 경우에 대해 언급하지는 않았습니다. 그러나 성경적 답변을 찾아봅시다.

1) 구약성경의 말씀

> 시방은 죽었으니 어찌 금식하랴 내가 다시 돌아오게 할 수 있느냐 나는 저에게로 가려니와 저는 내게로 돌아오지 아니하리라(삼하 12:23).

다윗은 그의 어린아이를 언젠가는 다시 볼 것을 확신하고 있습니다. 이것은 천국에서 다시 만날 수 있다는 것을 의미한다고 볼 수 있습니다. 이사야는 "아이가 악을 버리며 선을 택할 줄 알기 전에"(사 7:16)라고 기록하였는데, 이때 선지자는 갓난아기의 기간을 알려 주고 있습니다.

2) 신약성경의 말씀

요한복음 3:19의 "그 정죄는 이것이니"에서 '유죄'는 하나님의 계시에 대한 거부의 결과를 말합니다. 그러므로 갓난아기가 하나님의 계시를 거부할 나이가 되지 않았을 때는 예수님의 보혈의 피로 말미암아 하늘나라에 갈 것으로 생각하는 학자도 있습니다. 어린이가 도덕적으로 책임져야 할 나이가 있다는 것입니다. 이 나이가 되면 어린이는 하나님의 진노 아래에 놓이게 되며 결국 멸망 받을 수밖에 없으므로 죄를 회개하여야 하는 것입니다.

3) 어린이 지도자의 견해

어린이 전도자들은 어린이가 구원받은 나이가 다른 것처럼 책임져야 할 나이도 어린이마다 다르다고 합니다. 대부분의 지도자들은 12살 이전으로 그 나이를 보고 있습니다. 어린이가 죄 지은 사실을 알기에 충분하다면 그는 예수님이 그를 위해 십자가에서 돌아가신 것에 대해서도 듣고 믿음으로 받아들일 수 있습니다.

요한 니버(John Niver) 목사는 "어린이가 죄에 대해서 인식하기 전이나 책임능력이 없을 때 죽으면 예수님의 속죄로 천국에 갈 수 있다"라고 하였습니다. 어린이가 죄를 알기에 충분할 때 그는 구원받을 믿음을 갖기에 충분하다고 보는 것이 어린이 지도자들의 공통된 의견입니다.

어린이가 죄에 대해 책임을 질 수 있는 연령에 대해서 성경은 분명하게 언급하지 않았습니다. 엄격하게 말씀드리면 이것은 우리 인간이 논할 문제가 아니고 하나님이 정하실 사안이라고 보기 때문입니다. 교사가 해야 할 일은 오직 복음을 전파하는 것입니다. 하나님은 어린이의 마음을 알고 계십니다. 하나님은 어린이들이 죄에 대해 책임질 나이에 도달했는지를 세밀히 알고 계십니다. 이것은 교사들이 상관할 문제가 아니기에 그저 하나님의 섭리에 맡기면 됩니다. 하나님이 가장 좋은 방법으로 가장 공정하게 해결하실 것이기 때문입니다. 그러므로 교사가 해야 할 일은 지금 교사들 앞에서 뛰어노는 잃어버린 영혼들에게 관심을 가져야 하는 것입니다. 그 어린이들에게는 구세주이신 예수님이 필요하기에 잃어버린 영혼들에게 복음을 전하는 것이 교사들의 사명입니다.

질문 6

어린이에게 하나님의 심판과 죄 회개함과 회심에 대하여 가르쳐야 합니까?

답변

1) 특별한 성경말씀

(1) 축복받은 자와 저주받은 자를 위한 율법을 읽을 때 어린이도 참석한 것을 볼 수 있다.

> 여호수아가 무릇 율법 책에 기록된 대로 축복과 저주하는 율법의 모든 말씀을 낭독하였으니 모세의 명한 것은 여호수아가 이스라엘 온 회중과 여인과 아이와 그들 중에 동거하는 객들 앞에 낭독하지 아니한 말이 하나도 없었더라(수 8:34-35).

(2) 어린이들도 죄를 회개하는데 참석한 것이다.

백성을 모아 그 회를 거룩케 하고 장로를 모으며 소아와 젖
먹는 자를 모으며(욜 2:16-17).

(3) 어린이도 죄에 대해서 심판받은 것을 말씀하고 있습니다. "아이들이 성에서 나와서"(왕하 3:23), "거리에 있는 아이들"(렘 6:11), "어린 아이와 부녀를"(겔 9:6).
(4) 마가복음 10:13-16에도 예수님이 말씀을 가르치실 때 "어린 아이들을 데리고 오매"를 보면 어린이들이 참석한 것을 볼 수 있습니다.

2) 일반적인 성경말씀

너희는 온 천하에 다니며 만민에게 복음을 전파하라(막 16:15).

모든 사람에게는 하나의 복음만이 있습니다. 성령의 원리는 어떤 특수한 집단이나 중간 집단을 위한 말씀이 따로 있지 않고 하나의 복음만이 있습니다. 성경 말씀은 어린이나 청소년, 성인들에게 동일하게 똑같이 계시합니다. 복음은 모든 사람을 위한 말씀입니다. 바울은 에베소에서 교회 성도들과 어린이들에게 "이는 내가 꺼리지 않고 하나님의 뜻을 다 너희에게 전하였음이니라"(행 20:27)고 하였습니다.

3) 어린이 지도자의 견해

교사는 어린이들에게 하나님의 심판에 대해 가르칠 때, 어떻게 가르쳐야 하는지에 대해서 현명해야 합니다. 교사는 사랑으로 어린이들에게 복음을 심어 주고 말씀으로 권고해야지 어린이를 놀라게 하거나 겁을 주어서는 안 됩니다.

안토니 캐폰(Anthony Capon)의 말입니다.

> 어린이는 때때로 어른보다 더 강한 죄의 깨달음과 죄의식을 느낀다. 어린이는 죄를 핑계 삼는 기술에 능숙하지 못한다. 어린이에게 죄란 하나님께 불순종하는 것이라고 가르치면 단순하게 믿는다.

사실입니다. 어린이는 잘못을 빨리 고칠 수 있고 죄를 빨리 고백하기도 합니다. 죄는 하나님으로부터 어린이를 멀리 하게 하고 어린이를 슬프게 합니다. 교사가 어린이들에게 심판에 대해 설명하는 것은 어른에게 하는 것보다 훨씬 쉽습니다. 자연스럽게 가르치고 이해하도록 상세한 설명이 필요합니다.

질문 7
예수님을 영접하는데 어린이는 어른보다 더 단순합니까?

답 변

1) 특별한 성경말씀

예수님은 "누구든지 하나님의 나라를 어린아이와 같이 받들지 않는 자는 결단코 들어가지 못하리라"(막 10:15)고 하였습니다. 어른이 구원받기 위해서는 어린이처럼 순수해야 되는 것입니다. 어른들이 순수해진다는 것은 무척 힘이 듭니다. 그러나 어린이는 어떻습니까? 어린이는 매우 단순합니다. 그러므로 어른보다 어린이가 하나님 나라에 들어가기가 쉽습니다(마 18:3).

2) 어린이 지도자의 견해

어린이를 자세히 보면 그들이 어른보다 얼마나 다른가를 알 수 있습니다. 어린이는 어른들보다 단순하게 예수님을 마음속에 영접합니다. 어린이는 믿을 수가 있습니다. 배운 대로 들은 대로 실천합니다. 그러나 어른들은 의심이 많습니다. 어린이와 같이 단순하지 않습니다. 어린이는 교사의 가르침과 성령님의 인도하심으로 예수님께 나오기가 쉽습니다.

(1) 어린이는 순진하고 겸손하다.

어린이는 지식이나 능력으로 행하는 교사의 가르침에 겸손히 순종합니다. 어른은 교만하거나 고집이나 자아가 강하여 자기 의견대로 살기를 원합니다. 그래서 성경은 "어린아이와 같이 되라"(막 10:15)고 말합니다. 예수님을 영접하기 위해서는 먼저 겸손해야 합니다.

어린이는 겸손하기 때문에 성령님의 능력으로 예수님 앞에 인도하기가 쉽습니다.

(2) 어린이는 교사에게 의지하려 한다.

어린이는 잠자리, 음식, 옷을 부모로부터 제공받지만 교육은 교사로부터 받습니다. 그러나 어른은 누구에게 의지할 수가 없습니다. 스스로 일을 해야 돈을 벌고 생계수단을 마련할 수 있습니다. 어린이는 모든 것을 제공받지만 스스로 지불하지는 않습니다. 그러므로 어린이는 '영원한 생명'이 하나님의 선물이라고 가르치면 쉽게 이해하고 받아들입니다. 그러나 어른들은 이해하기 전에 여러 가지 계산을 하고 구원마저도 인간의 노력으로 받으려고 합니다. 그러므로 어른들이 구원받기 위해서는 어린이와 같이 되어야 합니다.

(3) 어린이는 의지력이 약하다.

교사는 어린이가 '성령님의 능력'으로 예수님을 의지할 수 있도록 가르치고 인도해야 합니다. 어린이의 마음은 성령의 감동을 받기가 쉽고 죄에 대한 감수성이 예민합니다. 어른의 마음은 강퍅하고 반복된 죄로 인하여 무감각합니다. 어린이의 마음은 부드럽습니다. 어른의 마음은 어린이의 마음과 같이 부드러워져야 천국을 소유할 수가 있습니다.

(4) 어린이는 강퍅하다.

어린이가 성장해 갈수록 마음이 점차 강퍅해져 갑니다. 예수님의 말씀으로 빨리 양육되지 않으면 시간이 갈수록 더욱 강퍅해지게 됩니다. 나이가 많은 사람일수록 죄에 대해 무감각해지는 것은 모두가 인정하는 기정사실입니다. 사단이 어린이들에게 접근하기 전에 교사는 어린이를 예수님께 인도해야 합니다.

(5) 어린이는 배우려고 한다.

어린 시절은 복음에 반응을 보이기에 가장 좋은 시기입니다. 어린이에게 복음을 들을 수 있는 기회를 준다면 그들은 구원의 복음을 듣고 즉각 반응을 보입니다. 어린이 지도자들의 공통된 견해는 어린 시절에 교회에 다닌 사람이 어른이 되어서도 변함없이 그리스도인으로서 살아간다는 것입니다.

스펄전(C.H.Spurgeon) 목사는 "예수님을 믿을 수 있는 가능성은 어른보다 어린이에게 더 많다"라고 하였습니다.

토레이(R. A. Torrey) 목사는 다음과 같이 주장합니다.

> 세계에서 가장 쉬운 교육은 어린이 나이가 5-10세 사이에 어린이를 예수님께 인도하는 일이다. 어린이 나이가 10-15세이면 아직은 괜찮을 것이다. 그러나 20-25세의 청년을 예수님께 인도하기는 훨씬 어렵다. 어린 나이에 예수님을 영접시키는 것이 가장 교육적인 효과가 있고 만족스럽다.

페티 브리지(W. Pethy Bridge) 목사는 "어린이를 속히 구원시키는 것은 하나님의 뜻이다"라고 하였습니다. 그리스도인은 분명히 어린이가 청년이 되기 전에 복음을 가르쳐야 합니다. 사단의 권세 아래 놓이기 전에 복음으로 무장시켜야 합니다. 교사는 어린이에게 깊은 관심을 갖고 그들을 더 이해하는 데 헌신해야 합니다.

| 제 3 장 |

신앙공동체-문화화 패러다임의 교육

초대 교회의 신앙공동체는 하나님과 예수 그리스도를 중심으로 이루어진 언약적 신앙공동체였습니다. 그 신앙공동체는 교육을 통해서 예수 그리스도와의 인격적 만남을 강조했으며, 세계를 향하여 복음을 선포하는 흩어짐(Missio-Diaspora)으로 전도와 선교의 뿌리를 내렸습니다. 초대 교회는 인간의 공동체였으나 예수님의 죽음과 부활의 힘으로 사는 신앙공동체였고 아울러 언약신앙을 경험하는 성령의 공동체로서, 그 공동체가 존재하기 위해 표현한 존재양식은 다양했으나 전도와 선교가 중심이었고 설교와 교육은 전도와 선교의 보충적 역할이었습니다.[1]

신앙공동체적 어린이 교육은 단순히 형식적인 지식훈련이 아니고 참 인간성 회복의 관점에서 전도와 선교 중심적입니다. 어린이 전도가 단순히 감정적이고 피상적이지 않기 위해 교육적입니다. 신앙공동체적 어린이 교육의 훈련과정은 전도사역 준비를 위한 기본사역이었으며, 교육이 생생하게 움직이는 신앙공동체 안에서 지속적으로

---

1 은준관, 『교육신학』 (서울: 대한기독교서회, 1978), 102.

일어나며 전도에 큰 영향을 끼치는 것입니다.[2]

  어린이 교육은 교회 안에서 신앙공동체에 대한 신뢰와 확신을 형성시켜야 합니다. 교사는 구원의 준비단계로서 말씀을 뿌리고 말씀을 다양한 문제들에 적용시킬 시간을 많이 갖고 있습니다. 교사의 사역은 씨를 뿌리고 재배하고 추수하는 일입니다. 성령님의 역사로 어린이를 회심과 성화에 이르게 하는 여러 구원의 단계들은 교육과 전도를 연결시키는 교사의 만족스러운 경험이 될 수 있습니다. 어린이 교육은 정보의 제공이나 조직적인 교수, 학습 프로그램이나 방법이 아닙니다. 그것은 기독교에 대해서 가르치는 것이 아니라 종교로서 기독교를 넘어선 전인적인 신앙양육이며, 기독교적인 삶의 스타일과 세계관을 형성하는 것입니다.

  '신앙공동체-문화화 패러다임'(faith-enculturation paradigm)의 교육은 교사와 학생이 서로의 삶과 경험을 상호작용하며 커뮤니케이션이 가능한 신앙양육의 장입니다. 신앙공동체가 없으면 신앙 안에서 사람들을 양육시킬 터가 없고 따라서 '어린이 교육과 전도'에 관심을 가질 수가 없습니다.

  전도는 교육을 통해서 신앙공동체를 형성하고, 불신자는 그 신앙공동체에 참가함으로써 신앙을 부여받고 신앙을 계승해 나갈 수 있게 되므로 교육과 전도에 다시 참여하는 재생산의 제자화를 이루어 가는 것입니다.

---

[2] H. Westerhoff, 『어린이 전도 논총』 (서울: 대한기독교출판사, 1978), 95.

1. 학교-지식전달화 패러다임의 교육

한국의 교회학교 교육이 초등학교식의 '학교-지식전달화 패러다임'(schooling-instructional paradigm)을 따라가는 비정상적인 방향으로 기울어져서 어린이 교육을 조난시켰고 세속교육 형태로 전락시켰습니다. 이러한 현실로 교회교육이 내용중심과 지식교육을 수행하는 결과를 낳았습니다. 즉 어린이-청소년만을 위한 교육, 교실 안에서 교과서에 의존하여 전달하는 교육방법이며, 신앙생활 중심의 교회생활과 분리된 형태 등으로 파생되기에 이르렀습니다.

이러한 '학교-지식전달화 패러다임'은 가르침의 기술과 지식 전달을 강조하여 주로 듣고, 기억하고, 암송하는 신앙에 관한 교육과정입니다. 따라서 기독교적 신앙의 삶의 스타일, 헌신, 봉사, 섬김, 제자화 교육과 전도에 관한 기독교적 본질을 약화시켰습니다.[3]

그러므로 교회교육이 본질을 상실하고 세속화의 물결-세속화, 물량주의, 개인주의와 집단주의의 탁류에 휘말려 교회의 기업화, 개교회적 분파주의 현상이 나타나고, 전도현장이 교단영역 확장의 싸움으로 끊이지 않고 지속되고 있습니다. 이러한 지식전달화 교육은 종교에 관한 가르침에만 머무를 뿐이고 신앙 안에서 삶의 스타일과 가치관 및 신앙적 태도를 갖게 하지 못하며, 철저한 개인주의로 인해 전도사역에 몰입할 수 없게 하였습니다. 따라서 교회 지도자들이 생명의 중요성 보다 세상적 성공과 돈을 사랑하므로 지탄의 대상이 되고 있습니다.

---

3 Sara Littel, "Theology and Religious Education," *Foundation for Christian Education in an Era of change* (Nashvill: Abingdon Press), 39.

2. 신앙공동체-문화화 패러다임의 교육

한국교회는 반드시 어린이 교육을 신앙공동체 문화화-패러다임의 교육방법으로 전환해야 합니다. 신앙공동체가 그 언약신앙을 구체화하고 신앙과 삶의 스타일을 한 세대에서 다음 세대로 지속시키고 전수하도록 해야 합니다. 이러한 전환을 통해 교육이 종교사회화 과정을 심화시키고 신앙공동체를 통해 형식적 교육 혹은 비형식적 교육 체계로 일생동안 이루어지는 교육과정을 거치면서 하나님 나라의 확장과 비전을 위한 어린이 교육과 전도에 적극적으로 참여할 수 있게 해야 합니다.

어린이 교육은 단순한 성경 내용의 주입과 지식의 습득을 도모하는 '학교-지식전달화 패러다임'(schooling-instructional paradigm)에서 벗어나 교육과 전도, 세계선교를 위한 '신앙공동체-문화화 패러다임'(faith-enculturation paradigm)의 언약공동체적 교육으로 탈바꿈해야 합니다.[4] 그리고 교회 각부서가 하나님 나라의 확장과 선교비전을 공유하는 언약공동체가 되어야 합니다. 어린이부터 장년에 이르기까지 전 교회가 생명을 구원하는 전도목적이 하나가 되고 교회언약으로 신앙공동체를 이루는 것입니다.

---

4 Jack L. Seymour, *Comtemporary Approaches Christian Education* (Nashvill: Abingdon Press, 2003), 20.

| 제 4 장 |

교사의 자격과 소명

1. 교사—전도자[1]

교사가 전도자의 역할을 동시에 수행할 수 있는가?
학급에서 구원의 필요성을 정기적으로 강조하고 있는가?
어린이 한 사람을 그리스도께로 이끈 적이 있는가?

어린이 교육은 고귀한 소명입니다. 어린이들의 학습 경험을 지도하며 하나님의 말씀 안으로 인도할 때 교사에게는 큰 책임이 따릅니다. 이 책임에는 책무(accountability)가 덧붙습니다. 야고보는 강력히 권면합니다.

> 내 형제들아 너희는 선생 된 우리가 더 큰 심판 받을 줄 알고 많이 선생이 되지 말라(약 3:1).

---

1 엘머 타운스『기독교 교육과 전도』(서울: CLC, 1991), 23-32.

그러나 믿는 교사는 이 권면과 도전 때문에 가르치는 일을 피하면 안 됩니다. 하나님이 도움을 주셨고 예수님이 교사를 통하여 성령께서 친히 가르칠 것임을 약속하셨기 때문입니다.

> 보혜사 곧 아버지께서 내 이름으로 보내실 성령 그가 너희에게 모든 것을 가르치시고(요 14:26).
> 진리의 성령이 오시면 그가 너희를 모든 진리 가운데로 인도하시리니(요 16:13).

그러므로 교사들은 특권이 있는 직책을 가지고 있습니다. 성령님이 교사와 어린이들에게 조명하시며, 그리스도인 교사는 증인으로서 전도자가 되어야 합니다.

2. 교사의 영적 조건

1) 개인적 구원 경험

하나님의 아들은 구원을 주시기 위하여 죽으셨습니다. 성령님은 개인 안에 역사하셔서 구원을 이루어 가십니다. 잃어버린 영혼을 건지는데 하나님의 쓰임을 받고자 하는 교사는 그 구원을 자신이 먼저 경험해야 합니다.

교사는 예수 그리스도께서 그를 위하여 죽으셨기 때문에 영원한 생명을 가지게 되었다는 사실을 알고 있어야 합니다(요일 5:11-13). 이 개인적 깨달음으로 말미암아 교사는 성실함과 확신을 가지고 하나님의 용서하심을 경험하도록 학생들에게 권유할 수 있습니다.

2) 하나님의 뜻에 순종

교육과 전도의 사역은 하나님의 일입니다. 하나님이 교사들을 통해 역사할 수 있으려면, 그들이 하나님께 자신을 바쳐야 합니다.

> 오직 너희 자신을 죽은 자 가운데서 다시 산 자같이 하나님께 드리며 너희 지체를 의의 병기로 하나님께 드리라(롬 6:13).

교육과 전도하기를 원하는 교사는 자기 생활을 하나님께 적극적으로 바쳐야 합니다. 그렇게 의탁함으로써 하나님의 능력을 매일매일 경험해야 합니다. 예수님은 죄를 매일 이길 수 있게 해주시고 승리하게 하십니다. 교사·전도자가 다른 어린이들을 그리스도에게로 인도하려면 먼저 하나님의 평강과 기쁨을 자신의 생활에서 발산해야 합니다.

교육과 전도하기를 원하는 교사-전도자는 유능한 학급 교사이어야 합니다. 학생들이 그를 교사로서 존경하지 않는다면 그의 교육과 전도에 반응하지 않을 것입니다. 교사는 상담자이고, 레크리에이션 가이드이며 친구이어야 합니다. 교사는 많은 역할, 때로는 몇 가지 역할을 동시에 수행하여야 합니다. 교사가 그의 역할들을 잘 수행하면, 학생은 그가 전도자로서 접근하는 경우에도 쉽사리 반응을 나타낼 것입니다.

교사-전도자로서의 역할을 효과적으로 수행하지 못하고 교사의 일을 게을리 한다면 교회학교는 비극적인 결과를 맞이할 것입니다.

모든 교사는 의도하는 효과를 가로막는 장애물들을 인식해 가면서 그의 사역을 평가해야 합니다. 그런 후에 교사는 그러한 장애물들을 제거하고 학생들을 그리스도께 인도하기 위하여 전진해야 합니다.

3. 교사의 영적 준비

1) 말씀에 대한 지식

하나님은 죄를 깨닫게 하기 위하여 그의 말씀을 사용하신다(히 4:12). 하나님의 말씀은 교사에게 권위를 줍니다. 구약의 선지자는 그의 메시지의 서두를 "여호와의 말이니라"로 시작하였습니다. 전도의 입장에서 볼 때 교육은 개인적인 견해를 발표하는 것이 아니라 하나님의 말씀을 가르치는 것입니다. 그러므로 교육의 제일 법칙들 중의 하나는 가르치려는 내용을 교사가 먼저 알고 정신으로 내면화하는 것입니다.

교사-전도자는 또한 회개하지 않은 학생들이 구원을 얻기 위하여 반드시 밟아야 할 각 단계들을 알고 있어야 합니다. 어떤 학생이 구원을 받아들일 준비가 되어있을 때는 그리스도의 죽음이나 인간의 죄를 설명해 주는 말씀들을 제시해 주려고 전 성경을 뒤적이면서 시간을 낭비하면 안 됩니다. 교사는 하나님의 구원 계획, 설계, 시행, 준공에 이르는 전 과정을 알고 있어야 합니다.

2) 기도생활

교사-전도자는 기도생활과 전도교육을 병행해야 합니다. 사도행전 11:5에서 베드로가 욥바 성의 어느 집 지붕에서 기도하고 있을 때, 하나님이 베드로에게 고넬료에게 가서 복음을 전하라고 명령하셨습니다. 그리고 바울은 참된 교사의 마음을 다음과 같이 예시하였습니다.

> 형제들아 내 마음에 원하는 바와 같이 하나님께 구하는 바는 이 스라엘을 위함이니 곧 저희로 구원을 얻게 하려함이라(롬 10:1).

교사-전도자는 기도생활로 일관해야 합니다. 교사는 교사 수첩(roll book)을 기도 목록표로 사용해야 할 것입니다. 하나님께 학생들에 관하여 자세히 기도드리는 습관을 들이게 되면 하나님께서 학생들에 대해 더 쉽게 말씀해 주실 것입니다.

구원은 하나님을 믿는 믿음을 통해 옵니다. 교사는 또한 믿음 안에서 그리스도를 영접하는 학생들과 같이 기도할 준비가 되어 있어야 합니다. 이 기도는 매우 귀하고 엄숙한 순간입니다. 한 학생이 천국의 시민으로 변화되는 순간입니다. 교사는 그리스도인이 되도록 하기 위하여 다른 학생이 들리게 기도할 필요는 없습니다. 만약 학생이 그리스도를 개인의 구주로 영접한다면(요 1:12), 아마 기도하기를 원할 것이고 자기 삶 가운데 발생한 기적으로 인하여 하나님께 감사할 것입니다. 교사는 그리스도인 지도자(Christian leader)로서 기도하는 법을 가르칠 준비가 되어 있어야 합니다.

4. 교사의 개인적 조건

1) 확신

 교사-전도자는 예수님이 인간의 가장 심원한 영적 요구를 충족시켜 주실 수 있다는 것을 완전히 확신해야만 합니다. 그러한 확신이 없으면 참된 전도는 실패할 것이고 고작해야 전도는 인도주의적이거나 교육적 노력밖에 되지 않을 것입니다.
 교사-전도자는 예수 그리스도를 구주로 영접하지 않는다면 모든 사람은 영원히 멸망할 것이라는(롬 5:12; 3:23) 확신을 가지고 있어야 합니다. 교사는 예수님이 죄로부터 우리를 구원하시는 유일한 구주이며 천국에 이르게 하는 유일한 길(요 14:6; 행 4:12)이라는 확신을 가져야 합니다. 하나님과 자신의 현재의 관계를 알고 있는 교사는 자기가 가르치는 각각의 학생들이 이 교제에 참여하기를 원할 것입니다.

2) 불쌍히 여김

 교사의 믿음생활은 '사랑'을 그 주제로 삼고 있어야 합니다. 교사는 사랑으로 구속을 받았습니다. 사랑으로 구속을 받은 교사는 이제 하나님의 사랑을 학생들과 함께 나누기를 원할 것입니다(고후 5:14). 바울은 자기 시대의 믿지 않는 유대인들에 대해서도 그러한 사랑을 가졌으므로 "큰 근심이 있는 것과 마음에 그치지 않는 고통이 있는 것"(롬 9:2)을 증거했습니다.
 팩커(J. I. Packer)는 바울의 마음의 고통을 이렇게 표현했습니다.

바울은 사랑으로 인하여 유순한 마음을 품고 열정적으로 전도하게 되었다. 그는 데살로니가 교인들에게 다음과 같은 것을 상기시켜 주었다. "오직 우리가 너희 가운데서 유순한 자 되어 부모가 자기 자녀를 기름과 같이 하였으니 우리가 이같이 너희를 사모하여 하나님의 복음으로만 아니라 우리 목숨까지 너희에게 주기를 즐겨함은 너희가 우리의 사랑하는 자 됨이니라"(살전 2:7). 또한 바울은 사랑으로 인하여 신중하고 융통성 있게 전도하였다. 그는 비록 사람들을 기쁘게 하려고 메시지를 바꾸는 것을 단호하게 거절하였지만(갈 1:10), 범죄하지 않기 위해 아무리 먼 곳에라도 가서 복음을 전하기를 원했다. 바울은 사람들을 구하기를 힘썼다. 그리고 그들을 구하기를 힘썼기 때문에 바울은 그들에게 단순히 진리를 전해 주는 것만으로는 만족하지 않았다. 그는 또한 그들과 어울리기 위하여, 그들의 입장에서 생각을 함께하기 위하여 자기방식을 버렸다. 이는 또한 그들을 이해할 수 있는 관점에서 이야기하기 위함이며, 그리고 무엇보다도 먼저 그들로 복음에 대해 편견을 갖게 할 모든 것을 피하기 위함이었다.[2]

교사의 동정은 학생들에게 긴급함을 느끼게 합니다. 학생이 언제 죽을지 알 길이 없으며, 하나님이 언제 전도의 기회를 끝나게 하실지 알 수 없습니다. 성경은 "보라 지금은 은혜 받을 만한 때요, 보라 지금은 구원의 날이로다"(고후 6:2)라고 말하고 있습니다. 그리스도인 교사가 그의 가르침을 받는 학생들의 필요를 익히 알게 되면 회개하

---

2 J. I. Packer, *Evangelism and the Sovereignty of God* (Chicago: Inter-Varsity Press, 1961), 52, 53.

지 않는 학급 구성원들에 대해 연민이 생깁니다. 이 연민은 희생을 요구합니다.

오우트레이(C. E. Autrey)는 희생정신에 대해 다음과 같이 말했습니다.

> 희생정신은 인위적으로 꾸며낼 수 있는 것이 아니다. 이런 정신은 예수님과의 접촉과 인간의 필요에 대한 통찰력으로 말미암아 자연스럽게 생겨나야 한다.[3]

많은 그리스도인들은 교회에 다니지 않는 학생들에게 가서 그리스도를 전해 주기보다는 빌딩 프로젝트나 다른 어떤 확실한 목표를 위해 돈을 내놓는 경향이 있습니다. 영혼을 건지는 일은 희생과 더불어 시작됩니다.

교사-전도자는 십자가 메시지를 아직까지 들어보지 못한 어린이들에게 전하기 위하여 교사의 은사와 시간을 희생하여야 합니다. 마음에 감동이 오고 결정이 시급할 때가 있는데 교사는 이런 때를 예민하게 지각할 수 있어야 합니다. 만약 수업시간에 말씀을 전하면, 수업이 끝난 후에는 마음이 부드러워질 것입니다. 이는 수업시간 중에 하나님의 말씀을 가르쳤기 때문입니다.

만일 교사가 어떤 학생에게 기꺼이 구원을 받아들이도록 말해 주기 위하여 방과 후에 남으라고 초대했다면, 그는 이 결정의 순간을 위해 준비하고 그 학생을 그리스도께 인도해야 할 것입니다.

---

3 C. E. Autrey, *Basic Evangelism* (Grand Rapids: Zondervan Publishing House, 1959), 38.

3) 관심

교사가 가르치는 학급 학생들의 구원에 관하여 진정으로 염려한다면 교사는 예의를 지키고 다른 학생들을 배려해 줄 것입니다. 그는 그리스도의 주장을 억지로 강요하는 누를 끼치지 않고 다른 학생들의 관심에 진정으로 흥미가 있음을 보여줄 것입니다. 교회는 호의를 보여줄 수 있는 좋은 장소입니다. 교사는 교회에서 학생에게 말할 수 있고 그의 성장 배경을 살펴볼 수 있으며, 학생의 신뢰를 얻어 건전한 관계를 맺을 수 있습니다. 교사와 학생 사이에서는 서로 접촉(contact), 관심(concern), 기여(contribution)를 해야 합니다.

팩커(Packer)는 전도에 대해 다음과 같이 말했습니다.

> 다른 사람에게 주 예수 그리스도에 관하여 친밀하게 말할 수 있는 권리를 얻어야 한다. 우리는 그러한 권리를 다른 사람에게 우리가 그의 친구이며 진정으로 그를 염려한다는 것을 확신시킴으로써 얻을 수 있다.[4]

5. 교사의 준비

1) 듣기

복음은 매우 중요한 메시지입니다. 그러므로 어린이들은 복음을

---

[4] Packer, *Evangelism and the Sovereignty of God*, 81.

들어야 합니다. 그러나 복음을 들려주기 전에, 교사는 듣기를 배워야 합니다. 듣는 것은 연마해야 할 인격을 강화시켜 주는 덕성입니다. 교사가 잡다한 것들이 시끄럽게 하고 때로는 가정의 비밀과 사생활까지 끼어듭니다. 그 결과로써, 교사들이 학생들에게 신경을 안 쓰고 무관심한 것에 전문가가 되어 있습니다.

그러므로 구원받지 않은 학생들에게 주님을 소개해 주려는 그리스도인 교사가 무엇보다도 훌륭하게 들어주는 자가 되는 것이 중요합니다. 교사는 학생의 신뢰를 얻은 후에는 메시지를 훨씬 더 효과적으로 전할 수 있습니다. 학생의 입장을 들어주고 교사의 설명을 통해 학생이 스스로 자아결정(Self-determination)을 하도록 해야 합니다.

2) 행함

교사-전도자가 학생들을 그리스도께로 인도하는 일은 훌륭한 그리스도인으로서의 모범이 되는 것만이 아닙니다. 전도란 교사에게 있어서는 학생들로 예수 그리스도를 구주로 영접하도록 시도하는 분명하고 목적 있는 행위입니다. 교사들은 학생 한 사람 한 사람에게 구원에 관하여 이야기하기 위하여 신중하게 노력하여야 합니다.

학생들은 보통 단지 일 년 동안만 그 학급에 몸담고 있으므로 행동 계획은 즉시 이행되어야 합니다. 그리고 교사-전도자가 주도권(initiative)을 쥐고 있어야 합니다. 구주를 필요로 하는 학급 구성원들을 탐지해내기 위해 정신을 차리고 있어야 할 것은 두말할 나위가 없습니다.

또한 교사는 교회에 다니지 않는 학생들에게 복음을 가지고 접근할 때도 주도권을 쥐고 있어야 합니다. 교사는 잃어버린바 된 자들을 찾아가서 그리스도를 믿는 그의 믿음을 말해야 합니다. 학급의 어떤 학생들에게 구원의 소망에 대한 바람을 표현할 기회를 주고자 한다면, "방과 후에 좀 보자"라고 짧은 초대의 말을 건네면 될 것입니다.

3) 인도하는 일

대부분의 교사들은 예레미야가 "슬프도소이다 주 여호와여 보소서 나는 아이라 말할 줄을 알지 못하나이다"(렘 1:6)라고 말한 것에 동감합니다. 예레미야는 사람들에게 접근할 담대함이 없다고 고백합니다. 그러나 하나님의 대답에는 약속이 들어 있었습니다.

> 너는 그들을 인하여 두려워 말라 내가 너와 함께하여 너를 구원하리라 나 여호와의 말이니라(렘 1:8).

하나님은 교사와 함께하십니다. 그러므로 교사는 담대해야 합니다. 하나님은 실패하실 수 없는 분이시기 때문입니다. 그리스도인의 겸손이 우리에게 두려움을 갖게 해서는 안 됩니다.

교사는 "하나님이 우리에게 주신 것은 두려워하는 마음이 아니요 오직 능력과 사랑과 근신하는 영"(딤후 1:7)이기 때문에 다른 학생들에게 잠잠하면 안 됩니다.

교사-전도자는 하나님께 그의 학생들에게 말하는 데 필요한 담대함을 구해야 합니다. 초대 교회 그리스도인들은 담대함을 주시도록 다음과 같이 기도했습니다.

주여 이제도 그들의 위협함을 굽어보시옵고 또 종들로 하여금 담대히 하나님의 말씀을 전하게 하여 주시오며(행 4:29).

교사는 자기의 책임, 즉 자기가 가르치는 학생들의 영원한 운명이 자기에게 달려있다는 책임감을 가져야 합니다. 그 학생들이 작은 아이들이든지 아니면 성인이든지, 교사에게는 그의 학생들을 그리스도에게로 인도할 책임이 있습니다. 하나님은 초대 그리스도인들의 기도를 응답해 주셨습니다.

역사가 누가는 "사도들이 큰 권능으로 주 예수의 부활을 증거하니 무리가 큰 은혜를 얻어"(행 4:33)라고 선언하고 있습니다. 그러한 능력은 오늘날 교사들도 받을 수 있습니다.

교사-전도자는 누를 끼치게 되리라는 두려움이 그리스도를 말하지 못하게 할 구실이 될 수 있습니다. 물론 복음은 어떤 학생들을 거리끼게 할 것입니다. 그렇더라도 복음은 선포되어야 합니다. 그러나 교사-전도자는 조심하여 거리끼게 하는 방법들을 사용하지 말아야 합니다. 교사는 재치를 갖추고 있어야 합니다. 재치는 올바른 것을 부당하게 거리끼게 하거나 화내게 하지 않게 하기 위하여 올바른 예를 골라 행하거나 말할 수 있는 정신적인 능력입니다.

예수님은 우물가의 여인에게 접근하시면서 재치를 사용하셨습니다(요 4장). 예수님은 자연스럽게 주위를 끄는 문제, 즉 도시 밖에 있는 우물에서부터 시작하셨습니다. 예수님은 그 사마리아 여인에게 마실 물 좀 달라면서 접촉점을 이루었습니다. 그리고 나서야 예수님은 그녀의 죄악 생활을 언급하셨던 것입니다. 학생을 성경 학습으로 이끌어 들이기 위해서는 교사에게 재치가 있어야 합니다. 교사는 그리스도를 증거함에 있어서 담대해야 하며 재치도 있어야 합니다.

6. 신적 소명의 교사

유능한 교사-전도자는 구원을 받은 자이어야 하고 삶 가운데서 자신을 하나님의 뜻에 맡긴 신적 소명의 교사이어야 하며, 말씀 안에서 하나님과 교제하고 기도를 통해 자기의 영적생활을 하는 자라야 합니다.

교사는 어린이들의 영적 회복이 필요하다는 확신과 그들을 향한 동정심을 가지고 학생들에게 충성스럽게 증거할 수 있도록 자신을 훈련하여 학생들에게 다가가야 합니다. 전도계획을 명확하게 수립하고 수행하는 헌신한 교사들은 영혼을 건지는 소중한 체험을 할 수 있습니다.

> 우리가 그를 전파하여 각 사람을 권하고 모든 지혜로 각 사람을 가르침은 각 사람을 그리스도 안에서 완전한 자로 세우려 함이니(골 1:28).

세상 학교의 교사는 교육대학이나 사범대학을 졸업하고 임용시험을 합격한 자에게 교육부 장관이 자격을 인정해 주는 직업적 소명(occupation)의 사역이나 교회학교 교사 자격증은 하나님이 주시므로 그 의미가 크고 가치 있는 신적 소명(vocation)의 헌신적 사역입니다. 하나님은 성경을 통해서 교사의 구비 조건을 말씀해 주십니다.

교회학교 교사는 '하나님의 말씀'을 어린이들에게 가르쳐 어린이들이 '그리스도 안에서 완전한 변화'를 받고 성장하도록 돕는 사람입니다. 교사의 사명은 고귀한 신적 소명입니다. 교사는 하나님과 교제하고 기도를 통해 자기의 영적생활을 지속해야 합니다.

교사의 사역을 '기관차'와 비교할 수 있습니다. 기관차의 역할이 객차와 화물차를 출발지에서 종착역까지 무사히 운송하는 것과 마찬가지로 교사는 어린이들이 지상에서 천국까지 가는 길을 인도하는 기관차가 되어야 합니다.

1) 기차와 교사의 비유

기차	교사
엔진	교사
엔진의 힘	성령
객차	어린이
종착역	하나님의 집
바른 선로	어린이의 올바른 성장과정
객차의 연결기	교사와 어린이의 사랑과 이해

기관차는 객차가 따로따로 떨어져 있으나 연결기가 이어주기 때문에 목적지까지 객차를 끌면서 갈 수 있습니다. 교사의 역할도 기관차의 엔진처럼 어린이를 끌고 가는 것입니다. 어린이를 이해하고 그리스도의 사랑의 줄로 이어 하늘 나라까지 인도하는 것입니다. 기차가 똑바른 선로 위를 달릴 때는 사고가 없습니다. 어린이도 올바른 교사의 지도 아래 성장할 때 하늘 나라까지 무사히 갈 수 있습니다. 어린이는 교사가 인도하는 선로 위를 벗어나면 탈선하여 세상으로 가고 맙니다.

만약 기관차의 엔진에 증기의 힘이 없다면 선로 위 어디서나 멈쳐 버리고 맙니다. 교사도 성령님의 도움이 없으면 도중에 멈춰서 버리고 말 것입니다. 교사가 한 가지 능력만을 지녀서는 안 되는 것을 알 수 있습니다. 교사의 구비 조건은 경부선을 힘차게 달리는 기관차와 같습니다.

교사는 어린이들에게 구원의 복음을 가르치며 어린이들로 하여금 그것을 확신시켜야 합니다. 그러므로 구원의 확신이 없는 교사는 어린이를 생명의 길로 인도할 수 없습니다. "소경이 소경을 인도하는 격"(마 15:14)이 되고 말기 때문입니다.

교사는 믿음으로 구원의 체험을 가지고 그 기쁨의 사실을 어린이에게 자신 있게 고백하고 증거할 수 있어야 합니다. 기관차는 새 엔진과 연료가 있으면 선로를 힘 있게 달립니다. 교사도 성령 충만을 받아 힘 있게 복음을 전할 때 어린 영혼들이 살 수 있습니다.

2) 교사 바울과 요한의 소명

> 형제들아 내가 너희에게 전한 복음을 너희로 알게 하노니 이는 너희가 받은 것이요, 또 그 가운데 선 것이라 너희가 만일 나의 전한 그 말을 굳게 지키고 헛되이 믿지 아니하였으면 이로 말미암아 구원을 얻으리라. 내가 받은 것을 먼저 너희에게 전하였노니 이는 성령대로 그리스도께서 우리 죄를 위하여 죽으시고 장사 지낸 바 되었다가 성경대로 사흘 만에 다시 살아나사(고전 15:1-4).
>
> 사랑하지 아니하는 자는 하나님을 알지 못하나니 이는 하나님은 사랑이심이라.…사랑하는 자들아 하나님이 이같이 우리를 사랑하였은즉 우리도 서로 사랑하는 것이 마땅하도다

(요일 4:8-11).

교사 바울과 요한의 소명은 철저한 복음을 가르친 사역입니다.

(1) 복음은 하나님의 사랑입니다. "하나님은 사랑이심이라. 하나님의 사랑이 우리에게 이렇게 나타난 바 되었으니"(요일 4:8).
(2) 예수님은 하나님의 외아들입니다. "예수께서…죽으시고"(고전 14:4).
(3) 인간은 죄인입니다. "모든 사람이 죄를 범하였으매"(롬 3:23).
(4) 예수 그리스도는 우리를 속죄하기 위하여 죽으셨습니다. "예수께서…죽으시고"(고전 15:4).
(5) 예수님은 승리의 부활을 하셨습니다. "성경대로 사흘 만에 다시 살아나사"(고전 15:4).
(6) 예수님 안에서의 믿음은 구원을 가져옵니다. "헛되이 믿지 아니하였으면 이로 말미암아 구원을 얻으리라"(고전 15:1).

그렇습니다. 복음은 하나님이 사랑이심과 예수 그리스도가 우리의 죄 때문에 이를 속량하기 위해서 오셨고 십자가에서 보혈의 피를 쏟으시고 돌아가심을 말합니다.

예수님은 우리를 위해서 죽음에서 다시 부활하셨고 오늘도 살아계십니다. 우리의 심중에 예수님을 영접하면 우리는 구원받을 수 있습니다. 이 사실이 그리스도의 복음입니다. 교사-전도자가 이 복음을 어린이들에게 가르치는 것이 소명입니다.

7. 교사와 상급

　교사-전도자에게 상급의 약속은 '어린이 교육과 전도'를 하도록 고무하여 줍니다. 바울은 고린도에 있는 그리스도인들에게 그들 모두가 "반드시 그리스도의 심판대 앞에 드러날 것"(고후 5:10)을 상기시킵니다. 그 다음에 바울은 "우리가 주의 두려우심을 알므로 사람들을 권"(고후 5:11)하는 것임을 상기 시킵니다. 이 권함이 교육과 전도입니다. 그러므로 바울은 그리스도를 증거하고 사람들을 그리스도께 인도하기 위하여 힘쓰는 것입니다. 바울은 상급에 대하여 지적하고 있습니다. "누구든지 금이나 은이나 보석이나 나무나 풀이나 짚으로 이 터 위에 세우면 그 불에 각 사람의 공력이 어떠한 것을 시험할 것임이니라"(고전 3:12-13). 예수님은 '그리스도의 심판대'에서 공력을 평가할 것이며 그것에 따라 교사에게 면류관의 상급으로 보상할 것입니다. 바울은 자기가 데살로니가에서 그리스도께 이끌어 구원을 받게 된 사람들이 자기의 면류관이 되었다고 말하고 있습니다. 교사-전도자에게 다섯 가지 면류관이 주어질 것입니다.[5]

1) 의의 면류관

　의의 면류관은 믿음을 지키는 의로운 자에게 주어지는 상급입니다. 주님을 사랑하고 사모했던 교사들에게 주어집니다. "이제 후로는 나를 위하여 의의 면류관이 예비 되었으므로 주 곧 의로우신 재판장이 그 날에 내게 주실 것이니"(딤후 4:7-8).

5　박영호 『선교학 개론』(서울: CLC, 2000), 544-5).

2) 썩지 않는 면류관

썩지 않는 면류관은 엄격한 훈련을 받아 억지로 하지 않고 활기차게 봉사하고 수고하는 교사에게 주어집니다. "저희는 썩을 면류관을 얻고자 하되 우리는 썩지 아니할 것을 얻고자 하노라"(고전 9:25).

3) 기쁨의 면류관

기쁨의 면류관은 공적인 복음전도를 통해 어린이의 영혼을 구원하여 승리하여 기쁨과 만족감을 갖는 교사에게 주어집니다. "우리의 소망이나 끼쁨이나 자랑의 면류관이 무엇이냐 그의 강림하실 때 우리 주 예수 앞에 너희가 아니냐"(살전 2:19).

4) 생명의 면류관

생명의 면류관은 전도를 위하여 희생을 각오하며, 박해와 시련을 참고 견디며 순교까지 감내하는 교사에게 주어집니다. "네가 죽도록 충성하라 그리하면 내가 생명의 면류관을 네게 주리라"(계 2:10). "우리의 소망이나 기쁨이나 자랑의 면류관이 무엇이냐…너희가 아니냐?"(살전 2:19,20).

5) 영광의 면류관

영광의 면류관은 모범 되는 삶을 살고 어린이들에게 늑대들이 틈타지 못하도록 지키며 순수한 하나님의 말씀을 가르친 교사들에게 주어집니다. "목자장이 나타날 때에 시들지 아니하는 영광의 면류관을 얻으리라"(벧전 5:4).

찬송 작사자(hymn writer)는 시적파격(詩的破格:poetic license)을 사용하여 그 면류관을 이렇게 표현했습니다.[6]

> 어떤 별들이
> 나의 면류관에 어떤 별들이 있게 되겠는가?
> 저녁 해가 질 때
> 나팔 소리 울려 내가 일어설 때
> 평안이 가득한 대 저택에서
> 나의 면류관에 어떤 별들이 있게 될 것인가?

---

[6] 엘머 타운스, 『기독교 교육과 전도』, 20.

| 제 5 장 |

교사와 커뮤니케이션

1. 교사와 공놀이

교사와 학생 사이의 커뮤니케이션은 쉬운 일이 아닙니다. 교사가 말한 것을 학생이 온전히 이해할 수 있도록 하기 위해서는 효과적인 '공놀이' 과정을 이해하고 적용해야 합니다.

교사가 이러한 사실을 모른 채 교육현장에 있다면 그는 좌절, 불신, 그리고 자신이 전혀 의식하지 못하는 증오를 갖고 사역을 할지 모릅니다.

포터(Poter)와 새모바(Samovar)는 계획된 의사전달에는 8가지 특별한 요소가 있음을 기술합니다.[1] 교사와 학생 사이의 경로에서 피드백 혹은 소음이 일어납니다. 교사는 '공놀이'의 달인이 되어야 합니다. 교육의 성패는 공놀이에 달려 있습니다. 교사의 공놀이 세 가지를 소개합니다.

---

[1] Richard E. Poterand Larry A. Samovar, *Intercultural Communication*(calif: wadswotth publishing company, 1989). 20-30.

교사와 공놀이(1)

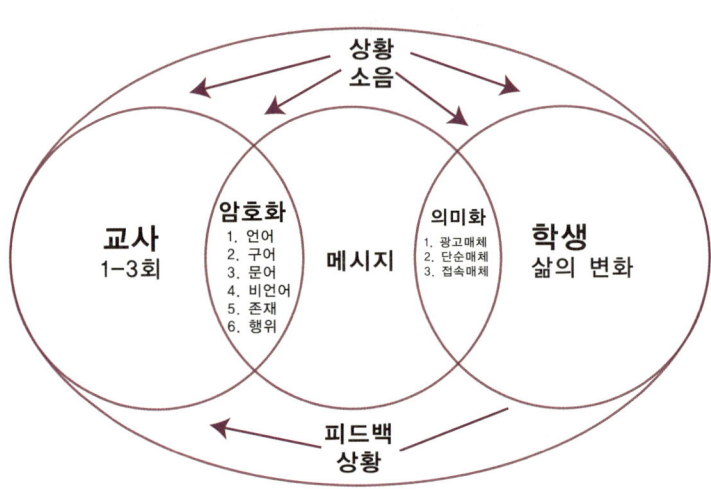

1) 교사

　교사는 커뮤니케이션 행위를 수행하는 행위주체이며 학생은 객체를 의미합니다. 교사가 목적을 갖고 미디어를 선택하거나 학생을 결정하기도 하며, 사용할 언어, 커뮤니케이션 할 장소와 시간 등을 선택합니다. 교사의 송신력이 커뮤니케이션을 수행함에 있어 학생에게 중요한 역할을 합니다. 교사의 인격은 신뢰성, 전문성, 성실성, 정직성, 책임감, 검소함, 사명감이 있어야 합니다. 교사의 감정이입은 자신을 학생의 입장에 놓아 보는 심리적 태도입니다. 교사는 목자의 심령으로 1-3회 이상 반복하여 의사소통을 실천해야 합니다.

2) 암호화

암호화(encoding, 기호화)한다는 것은 일반적으로 단어의 선택과 사용하는 속도를 의미합니다. 언어 안에 있는 감각적 요소가 무엇이든 간에 커뮤니케이션을 성공적으로 수행하려면 메시지를 암호화하는 과정에서 한 가지 이상의 기호나 언어를 사용해야 합니다. 언어, 구어, 문어, 비언어, 존재, 행위 등이 포함됩니다. 그렇기에 교사의 언어, 행위, 삶은 67번째의 메시지입니다.

3) 메시지

교사의 생각이 기호화를 거쳐 겉으로 표출된 상태를 의미하며, 메시지는 특정한 때와 장소에서 교사의 특정한 교육내용을 나타내는 언어적 또는 비언어적 상징들로 이루어져서 학생에게 전달되어 영향을 줍니다.

4) 기호

교사의 암호화 된 메시지가 학생에게 옮겨지는 물리적인 힘을 말하는 것으로서 이러한 힘에는 전파, 광파, 음파 등이 있습니다. 이 힘은 미디어 또는 채널을 통해 메시지를 운반합니다.

5) 채널

커뮤니케이션이 채널을 통해 학생에게 전달됩니다. 메시지를 운반하는 경로, 회로, 통로, 또는 용기 등을 지칭합니다.

6) 의미화

의미화란 암호와에 반대되는 과정으로서 학생이 도달된 기호를 자신의 의미 체계 안에서 해석하는데, 이 의미화 때의 해석 능력은 교사가 보낸 코드의 이해 능력에 좌우됩니다.

지각(percepts)은 오감각을 통해서 일어납니다. 개념(concept)은 감각자료를 일정한 형태로 정리한 내면의 생각들(ideas)입니다. 정서(emotion)는 감정(feeling)을 의미하며 기억창고에 지각된 것을 말합니다. 동기(intention)는 지각된 개념들, 그리고 정서들에 근거하여 어떻게 행동할 것인가를 결정하는 것입니다.

7) 학생

학생은 경로나 매체를 통하여 암호화된 메시지를 근원으로부터 받고 그 메시지를 풀이하는 어린이입니다. 학생은 단순한 객체가 아니고 당사자이며, 수동적이고 소극적 존재가 아닌 능동적이며 적극적이며 완고한 집단입니다. 교사의 교육내용의 결론은 학생이 내리며 정신에 쌓여 지식이 됩니다. 학생은 해석을 통해서 실리주의, 자아보호, 자아 이미지, 지적인 기능이 될 때에 삶의 태도를 변화시킵니다.

8) 피드백

학생이 커뮤니케이션의 자극에 대해 보이는 반응 전체를 말하는 효과로서 이러한 반응을 즉시 표현되지 않은 학생 내부의 잠재적 변화까지도 포함합니다. 피드백은 메시지가 커뮤니케이션 과정을 통하여 학생의 커뮤니케이션 효과의 되돌아오는 정도, 즉 학생의 반응을 말합니다. 그런데 효과적인 커뮤니케이션은 피드백에 따라 많이 좌우됩니다.

커뮤니케이션은 이러한 피드백 작용 때문에 일반적이고 직선적인 체계에서 벗어나 연속적이고 순환적이며 상호작용적인 과정을 거칩니다. 그래서 커뮤니케이션의 피드백을 정확하게 파악하기는 어렵지만 일반적으로 커뮤니케이션의 유형에 따른 피드백 효과를 이해하는 것이 도움이 됩니다. 피드백이 없는 커뮤니케이션은 모두가 소음이 됩니다. 피드백이 효과적으로 이루어지는 순서를 보면 다음과 같습니다.

(1) 인간 내적 커뮤니케이션(예를 들어 뜨거우면 자동적으로 손을 떼는 반응 또는 사과 과정에서의 자문자답 등).
(2) 대인 커뮤니케이션(몸짓이나 손짓, 얼굴 표정 등으로 상대방의 반응을 곧 알 수 있다. 또한 대화를 통해 반응이 오고 간다).
(3) 소집단 커뮤니케이션(강의 시 이해를 못하면 손을 드는 행위 등).
(4) 매스미디어를 통한 커뮤니케이션(학생이 교사에게 보내는 반응으로서 엽서를 보낸다든지, 전화 또는 이메일 등을 통한 반응).

교사와 학생 사이의 '공놀이'는 접촉점(Point of contact) — 라포

(rapport) – 피드백(feedback) – 삶의 변화(apperception) 순서로 이루어 집니다.

교사와 공놀이(2)

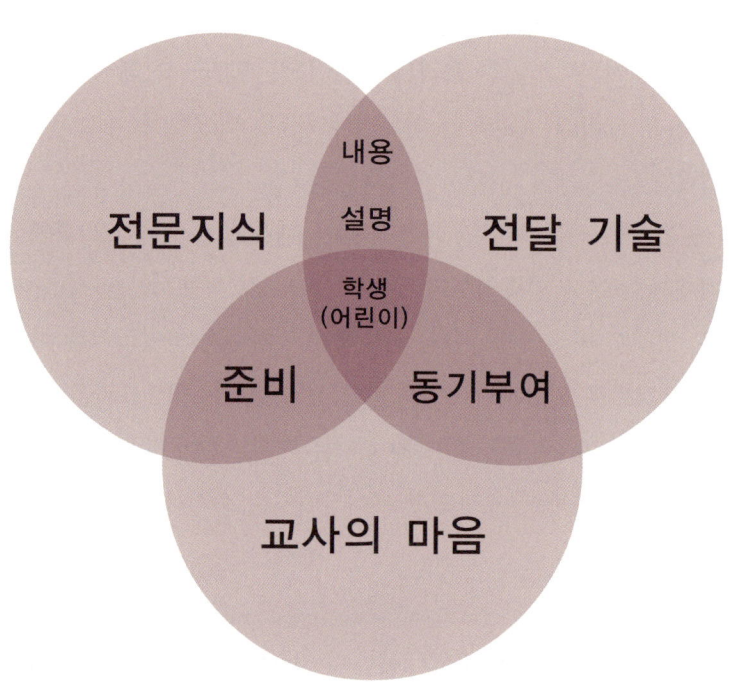

(1) 교사가 전문지식(내용)이 있어야 한다.
(2) 교사는 준비(기도)가 있어야 한다.
(3) 교사가 전달기술(설명)이 있어야 한다.
(4) 교사는 오감각을 통해 동기부여를 해야한다.
(5) 교사는 따뜻한 마음(Warm Heart)과 냉철한 머리(Cool Head)를 소유해야 한다.
(6) 학생이 공놀이의 중심이다.

교사와 공놀이(3)

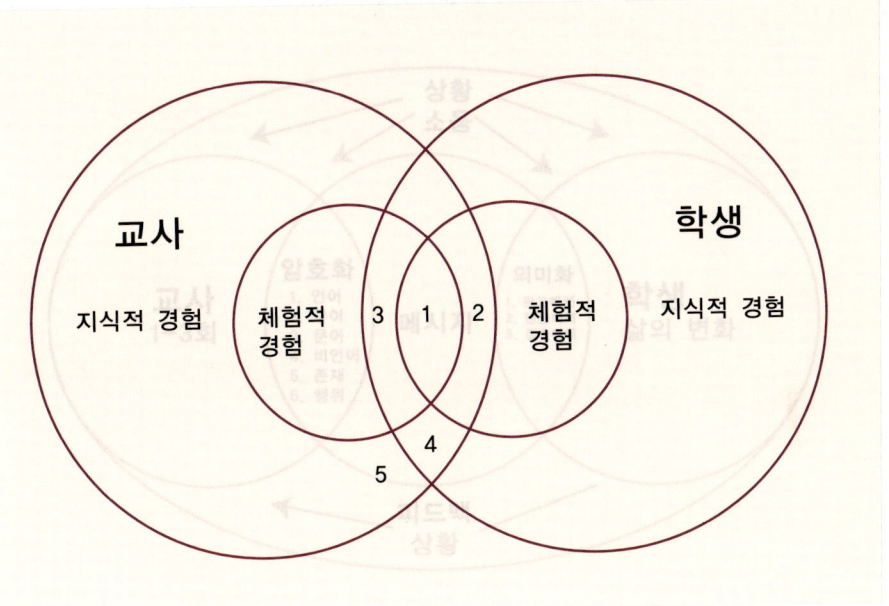

(1) 교사와 학생의 체험적 경험이 겹치는 영역이다.
(2) 교사의 지식적 경험과 학생의 체험적 경험이 겹치는 영역이다.
(3) 교사의 체험적 경험과 학생의 지식적 경험이 겹치는 영역이다.
(4) 교사와 학생의 지식적 경험이 겹치는 영역이다.
(5) 교사의 체험적 경험이나 지식적 경험이 학생의 체험적 경험이나 지식적 경험과 겹치지 않는 영역이다.

2. 언어적 전달

교사의 언어적 전달은 음성언어와 문자언어를 포함하지만, 커뮤니케이션에서 중요한 것은 역시 음성언어를 통한 전달입니다. 특히 음성언어는 커뮤니케이션에서 가장 기본적이고 중요한 비중을 차지하는 수단입니다. 그것은 오감 즉 시각, 청각, 촉각, 미각, 후각을 자극합니다. 그리고 비언어적 표현 등의 다른 형태의 커뮤니케이션에 의해 수반되기도 하고 보충되기도 합니다.

그러나 모든 것의 기초적인 것으로서 가장 중요한 의미를 전달하는 것은 음성언어입니다.

교사는 자신의 몸 전체로 의사를 소통합니다. 교사 자신이 바로 메시지입니다. 어린이는 교사의 메시지를 오감각으로 받아드립니다. 오감각에서 받아 드리는 정보(자극)를 세포를 통해서 뇌로 전달하며 뇌가 정보 처리를 하는 과정에서 어린이의 과거의 경험, 판단, 감정 등의 개입으로 서로 다르게 인식합니다. 그럼에도 불구하고 교사의 기본적인 전달매체는 언어이며, 따라서 커뮤니케이션은 지식 자체처럼 언어를 통해서 꽃을 피우며 피드백이 됩니다.

교사는 하나님의 말씀을 선포하여 이를 어린이들의 마음 속에 정확히 심어주는 일에 도움이 되는 언어기술을 습득해야 하고, 이들 자원을 활용하는데 부지런해야 합니다. 그렇게 하려면 교사가 리듬 있는 어조의 사용, 자연스러운 목소리의 사용, 언어의 속도의 변화, 휴지(pause), 정확한 발음, 말의 강조 등에 관심을 가지고 훈련에 훈련을 거듭해서 어린이의 청각을 중심으로 감각기관에 동기부여를 해야 합니다.

3. 비언어적 전달

비언어적 전달의 요소에는 음성, 얼굴 표정과 몸 동작, 신체언어(body language), 눈 맞춤(eye-contact), 외모와 복장, 환경 등이 있습니다. 여기서 음성은 언어적 전달의 요소이면서, 동시에 비언어적 전달의 요소이기도 합니다. 이는 같은 내용이라도 듣기 좋은 음성으로 듣는 것과 그렇지 않은 것 사이의 차이가 매우 크기 때문이며, 비언어적 전달의 기능도 매우 중요하다는 것을 알 수 있습니다.

어린이는 교사가 전달하는 메시지의 내용을 정확하게 이해하기 위하여 단순히 음성을 통해 나온 말을 듣는 데서만 끝나는 것이 아니라 교사의 몸과 얼굴, 그리고 제스처 속에서 표현해 주는 더 깊은 뜻을 오감각을 통하여 그 의미를 파악합니다. 특히 요즘과 같은 영상세대, 감각세대에서 메시지의 수용을 위해서는 교사의 가시적인 전달이 매우 중요한 의미를 갖습니다.

미국의 사회학자 앨버트 메러비안에 따르면 교사가 어떠한 메시지를 전달하고자 할 때 말 자체가 차지하는 비중은 7%에 불과하며, 교사의 말의 톤이나 억양, 크기 등이 메시지 전달에 더 큰 비중(38%)을 차지하며, 몸짓이나 눈빛 같은 비언어적인 태도가 오히려 가장 중요한 역할(55%)을 한다는 것입니다.

교사가 조금만 더 용기를 내 강렬하고 확신에 찬 눈빛을 보여줬다면 어린이의 마음을 사로잡을 수 있습니다. 교사와 학생이 서로 눈을 마주치는 것이 교육 관계 형성에 매우 중요하다는 사실은 예전부터 교육심리학자들의 실험에서 많이 다루어져 왔습니다. 영국에서 1970년대의 한 실험 결과에 따르면 교사가 일정 시간 동안 어린이와 눈을 마주친 횟수에 비례해 말을 걸어오는 횟수가 많아졌습니다.

눈마주침이 과학적으로도 의미가 있을까요?

2001년 저명한 과학저널 「네이처」지에 실린 '뇌영상 연구' 결과는 매우 흥미로운 사실을 알려줍니다. 런던대학 연구팀은 실험 참가자들에게 각기 시선을 달리한 동일한 예쁜 여학생의 사진을 보고 각 사진이 얼마나 매력적인지를 판단하도록 했습니다. 그리고 기능적 '자기공명뇌영상'(MRI)을 통해 이들의 뇌가 어떻게 활성화되는지를 관찰했습니다. 그 결과 사진 속 여학생의 시선은 그 여학생에 대한 매력도 평가에 큰 영향을 주지 않았습니다. 즉 실험 참가자와 눈을 마주치는 사진이든 아니든 간에 호감은 그대로 유지됐습니다. 하지만 뇌의 활성에서는 큰 차이를 보였습니다.

자신과 눈이 마주치는 사진을 볼 때 참가자들 뇌의 구조 중 '배측선조체'(線條體)라는 부위의 활성이 유의미하게 관찰된 것입니다. 이 부위는 큰 성취감을 맛보거나 육체적 혹은 심리적 쾌감을 느끼는 경우에 활성화된다고 알려져 있습니다.

또한 사진 속의 여학생을 매력적으로 느낄수록 이 부위의 활성이 증가했으나, 눈을 마주치지 않는 사진의 경우에는 상대를 매력적으로 느껴도 뇌의 활성은 관찰되지 않았습니다. 다시 말해 상대방의 외적인 매력보다 그 사람과 눈을 마주치고 있는지에 따라 뇌가 흥분하게 된다는 것입니다.

교사와 학생이 서로 눈을 마주친다는 것은 상대에 대한 관심의 표현입니다. 따라서 누군가 자신에게 주목하고 있다는 사실만으로도 애정에 대한 욕구, 관계에 대한 욕구는 보상을 받게 됩니다. 오죽하면 '눈빛'이란 말까지 생겨났을까요. '눈빛'이 통하는 순간, 교사와 학생 사이의 교육과 양육 관계는 시작됩니다. 그리고 이러한 관계가 이루어질 때 보상과 쾌감의 뇌 영역에서는 활성을 보입니다.

진실된 마음과 호감은 외모나 뛰어난 화술을 넘어 상대의 눈을 통해 얻어집니다. 눈을 쳐다 보기가 민망하면 코를 쳐다보면 됩니다. 떳떳한 참 교사라면 '세치 혀'로 학생을 뒤흔들기보다는 '진실된 눈빛' 시각으로 승부수를 띄우라는 사실이 매우 중요합니다.

1) 얼굴빛

교사는 웃는 부드러운 얼굴로 대화를 해야 합니다(和顔施). 단정한 용모와 웃는 얼굴에 침을 못 뱉습니다. 밝게 웃는 데 대적할 장사가 없습니다. 얼굴빛이 좋으면 만사가 좋은 법입니다. 학생에게 웃는 낯빛과 부드러운 얼굴은 최상의 존중이요, 대화법입니다.

미소는 그 교사의 얼굴이나 이름을 쉽게 잊어버려도 밝게 미소지었던 인상은 오래 갑니다. 아침을 부드러운 얼굴로 시작하는 사람은 하루가 좋고 하루를 좋은 얼굴로 사는 사람은 인생이 피기 마련입니다. 얼굴에 미소를 머금는 것은 내 마음의 선택입니다.

부드러운 얼굴빛은 대화의 첫 출발입니다. 안면근육의 80개중 50개가 작동하여 300-400개의 얼굴빛 사랑의 표정이 가능합니다. 교사는 주일 아침마다 거울을 보고 1분 이상 웃는 얼굴 표정을 훈련하면 그날의 교육은 성공합니다.

2) 눈빛

교사는 좋은 눈빛으로 대화해야 합니다(眼施). 좋은 눈빛을 바로 하는 것은 수양의 첫걸음이자 대화의 기본입니다. 부드럽고 사랑스러운 눈빛으로 학생의 코를 뚫어지게 바라보면서 대화하십시오.

좋은 눈빛은 좋은 메시지이며 학생의 시각을 사로잡습니다. 눈을 감거나, 아래를 보거나 위를 보면서 대화를 하는 것은 신빙성이 없스니다. 눈치는 눈빛으로 알아보며, 눈동자는 느낌, 이해, 흥미, 거절을 담고 있습니다.

3) 말씨

좋은 말씨로 대화해야 합니다(言辭施). 좋은 말씨란 상대를 배려하는 존대 말입니다. 말을 잘못하면 칼이 되고 말을 잘 쓰면 천냥 빚도 값습니다. 말 씀씀이가 교사의 품격을 가늠케 합니다.

품(品)은 입구(口)자가 세 개 모인 것입니다. 결국 입에서 품격이 나오며, 공손한 말씨는 학생의 자존감을 살리고 인정하는 태도입니다. 학생의 존재감을 상하게 하면 대화는 중단되고 맙니다.

말씨에는 목소리 고저, 목소리의 대소, 말의 속도, 말의 휴지(休止)도 포함도됩니다. 교사가 쉰목소리, 거친 숨소리, 턱을 꽉 다물고, 혀를 길게 늘어뜨리고, 이빨을 지끈 물고 말하는 것은 좋지 않습니다. 학생의 청각에 극심한 소음이 됩니다.

4) 마음씨

좋은 마음씨로 대화해야 합니다(心施). 교사의 보이지 않는 마음(양심, 지성, 감정, 의지)이 중요합니다. 마음가짐을 좋게 한다는 것은 마음의 상태를 안정시켜 불안하지 않고 평정되게 하는 것입니다.

성숙한 교사는 자기 마음의 온도계대로 학생을 대하지 않습니다. 교사를 둘러싼 바깥 기온이 덥다고 짜증내고 춥다고 호들갑을 떨지 않습니다. 오히려 온도 조절계처럼 추웠다 더웠다 하는 외부기온을 적절하게 컨트롤해 안정되고 일관되며 평정된 마음으로 학생을 대하면 신뢰가 꽃피며 촉감을 사로잡습니다.

큰 마음을 가진 교사는 세상 이야기를 하고, 보통 마음을 가진 교사는 사건 이야기를 하고, 작은 마음을 가진 교사는 남의 이야기를 합니다. 교사의 말은 곧 마음의 외적 표현이며 그 교사의 인격입니다. 교사의 마음씨는 내적인데 비해 말씨, 맵씨, 솜씨는 외적입니다. 교사에 있어서 중요한 것은 내적인 것, 즉 보이지 않은 측면입니다. 그 내적인 것을 계속 성숙시키기 위해서는 학생의 입장에서 공감하고 서로의 입장을 살려 윈-윈(win-win)을 끌어내야 합니다.

5) 옷맵씨

교사는 학생에게 편안함을 주는 단정하고 깨끗한 옷을 입고, 유행을 선도하고 노출이 심하거나, 비싼 옷은 입지 말며, 유행이 지난 옷도 입지 말고, 똑 같은 거지 옷을 계속 입는 것은 좋지 않습니다. 또 호주머니가 불룩하게 나오지 않게 하세요. '옷이 날개'라는 말을 명심해야 합니다.

6) 제스처

몸짓을 제스처 혹은 신체언어라고 합니다. 몸짓은 내심의 확신과 강조, 설득의 느낌을 보여 주며 일체감을 줍니다. 수화 교사는 팔, 손, 손가락으로 무려 70만 개의 신호를 보여 의사소통을 할 수 있습니다.

교사는 한손 사용과 양손 사용, 주먹을 쥐기도 하고 펴기도 하고, 손바닥을 위로 아래로, 팔을 흔들며, 어깨. 머리, 발, 허리, 눈, 얼굴 등 온 몸을 사용해야 합니다. 학생이 최고다, 사랑한다, 아니다를 표현할 수 있어야 합니다.

7) 목소리

교사의 음성은 제일 중요한 전달 기능입니다. 음성을 소홀히 하거나 잘못 관리하여 성대가 부어 쉰 목소리나 치명적인 질환으로 고통을 당하는 경우가 있습니다. 교사는 피할 것은 피(술, 담배, 노래방, 매연, 건조)하고 알릴 것은 알려야 하는데 이렇게 하기 위해서는 목소리가 깨끗해야 합니다.

교사가 목소리를 잘못 관리하게 되면 학생관계, 교사관계, 나아가서 교회생활에 마이너스가 되기 때문에 깨끗한 목소리를 유지하는 것이 매우 중요합니다.

발성은 사람만이 유일하게 하나님께로부터 부여받은 기능으로 기관지의 공기를 이용하여 성대를 진동시켜서 각 개인마다의 독특한 목소리를 만들어 발성합니다. 남성의 여성화된 목소리, 여성의 남성화된 목소리는 음성장애입니다.

4. 언어와 비언어 전달의 조화

커뮤니케이션에 있어서 언어적인 방법과 비언어적인 방법은 상호 보완적으로 역할을 해야 합니다. 그러면서도 이 두 가지 방법이 합쳐져서 한 가지의 목표를 향해 일하게 됩니다. 그렇게 될 때, 보다 완전한 커뮤니케이션이 이루어집니다. 물론 커뮤니케이션에 있어서는 언어적 전달이 중요한 비중을 차지합니다.

메시지의 효과는 7%가 단어의 의미부터 오며, 38%는 단어 전달 시에 목소리의 억양에서 오고, 55%는 얼굴 표정이나 몸짓의 자세로부터 옵니다. 교육에서는 말씀을 통한 복음의 내용이 가장 중요함을 기억해야 합니다. 그러나 비언어적 요소 또한 매우 중요한데, 이는 비언어적 요소가 아무 것도 사용하지 않아도, 역시 그것은 비언어적 요소가 되기 때문입니다. 그러므로 이 둘의 조화와 균형이 절실히 요구된다고 하겠습니다.

5. 인격을 통한 진리의 전달

M. 맥루한이 지적한 대로, 교사는 이미 자기 자신이 전하는 내용(message)이 된다고 했습니다. 일반 커뮤니케이션에서도 마찬가지이겠지만, 교회학교 교사로서, 교사의 인격이 매우 중요한 전달의 수단이 됩니다. 교사는 자신이 원하든 그렇지 않든 간에 적어도 자신의 인격을 통한 전달만큼은 부인할 수 없습니다.

상담 커뮤니케이션이 일어나는 가장 최초의 공간은 바로 자신의 내부, 자신의 존재 전체, 즉 생각, 감정, 의지, 동기 등 교사의 전인격임을 기억해야합니다. 그렇기에 아무리 유창한 언어와 화려한 미사여구로 대화를 전한다 할지라도 교사의 전인격이 그 내용과 동떨어져 있을 때 어린이는 교사의 입에 발린 말로 받아들일 것입니다.

브룩스의 표현처럼, 인격을 통한 진리의 전달을 위해서 교사는 자신의 봉사를 생활화하여 적용하고, 성경의 말씀을 자신의 인격 가운데 반영하는 성육화된(Incarnated) 교육를 해야 합니다. 이는 자신의 삶과 교사의 내용과의 일관성에 대한 도전이며, 이 시대 모든 교사들이 항상 마음에 새겨야 할 부담입니다.

특히 날로 의사전달의 방법과 기술이 발전하여 가상현실이 가능해진 이 멀티미디어 시대에, 진실하고 신뢰감이 가는 교사가 자신의 삶에서 우러나오는 깊은 메시지를 전하면 어린이는 진리의 실체를 경험하게 될 것입니다. 이러한 인격을 통한 대화의 전달은 모든 시대, 모든 교사의 가장 기본적이며 가장 중요한 과제라고 할 것입니다.

그러므로 언어와 비언어적 전달의 능력을 향상시키는 길은 근본적으로 교사 자신의 내면이 전달하고자 하는 하나님의 진리에 몰입되고, 교사의 마음에 믿음의 언약공동체를 이루기 위해 그리스도의 흔적과 심장을 품는 데 달려 있습니다.

여기서 우리가 기억해야 할 사실은 교사가 67권째의 메시지를 가르치나 그 결론은 어린 학생이 내린다는 것입니다.

6. 처음 만나는 학생과의 대화 방법

교사와 학생이 처음 대화를 시작하는 것은 두렵고 당황스럽습니다. 때로는 머쓱하고 민망하고 떨리고 창피한 상황도 있습니다. 혹시나 실수해서 창피를 당하는 것은 아닐까? 교사가 학생 앞에서 주목을 받으며 발표할 때 얼굴이 붉어지고 말을 더듬거리고 마음이 편치 않을 수 있습니다. 가슴이 답답하고 목소리가 안나오고 말문을 열었지만 목소리가 떨려 입을 다물어 버릴 수 있습니다.

교사와 학생의 첫 대면의 사회공포증은 나를 쳐다 보는 것이 겁이 나고 대인관계가 힘들고 순탄치 않을 수 있으며, 이런 상황을 슬기롭게 대처하기 위해서 반복적 훈련이 필요합니다. 교사는 사전에 철저히 준비하고 반복적으로 발표 기회를 갖고 극복해야 합니다.

(1) 교사는 자신이 할 말과 스스로에 대한 자신감을 확인한다.
(2) 교사의 자신감이 없는 태도는 학생이 즉시 알고 인식한다.
(3) 교사는 학생의 눈을 부드럽게 응시하며 대화한다. 학생의 말을 경청하고 질문을 받아야 한다.
(4) 교사는 대화할 때 자연스러운 자세를 취한다. 학생을 배려하고 조화를 이루는 노력을 해야한다.
(5) 교사는 날씨 등 가벼운 대화로 말문을 연다. 옷 맵씨 등 칭찬을 한다.
(6) 교사는 메시지를 전할 때 너무 깊지 않은 범위 내에서 자세하게 전달한다.
(7) 교사는 대화가 끝날 때 오늘의 첫 만남과 대화에 대한 감사를 학생에게 표시하고 다시 만날 것을 약속한다.

7. 인사 커뮤니케이션

교사가 학생을 만나고 헤어질 때 하는 말이나 몸짓이 커뮤니케이션에서 매우 중요합니다. 처음 만남에서 서로 이름을 알리는 공손한 말짓, 은혜를 갚거나 고마움을 나타내는 정중한 말과 몸짓을 일컬어 '인사' 커뮤니케이션이라 합니다. 언어예절의 모범을 이루는 게 '인사'

커뮤니케이션입니다.

  교사는 인사성이 좋다는 평을 들어야 합니다. 교사는 인사로 의사소통을 해야 합니다. 교사는 '인사를 드리다.' '인사가 빠지다.' '인사가 밝은 사람이다.' '그것은 인사가 아니다.' '서로가 인사를 나누다.' '인사를 받다.' '인사를 시키다.' '인사가 없다.' '감사 인사를 드리다.' '인사를 차리다.' '인사가 늦다.' '반갑게 인사하다.' '인사할 새도 없다.' 등등의 소리를 듣습니다.

  교사의 의사소통은 인사로 시작하고 인사로 끝내므로 그 말짓이 많을 수밖에 없습니다. 교사가 시간과 장소에 따라 온갖 인사가 있지만 학생과 서로 편안하게 주고받는 인사를 제일 윗길로 쳐야합니다.

| 제 6 장 |

어린이 교육의 문제[1]

1. 교육철학의 문제

한국교회 대부분의 목회구조는 장년 중심으로 이루어졌습니다. 따라서 행정, 예산, 인력, 지도력 등과 같은 모든 것이 장년에 편중되어 있으며, 70-80퍼센트의 교회가 소규모이기에 어린이 교육에 신경을 쓰지 못합니다. 우리 사회는 저출산과 아울러 어린이들이 학교수업, 과외수업과 입시 그리고 주말의 쉼이라는 제도로 인하여 교회들이 어린이들과 가정들의 형편을 전혀 파악하지 못하고 있습니다. 어린이들에 관련된 행사나 문화 분야가 세상 속에서는 빨리 발전하고 있지만 교회는 조직의 틀에서 여전히 문화와 교육의 모습이 변함없는 과거 답습형이며 학교화-지식전달 패러다임을 따라 가고 있습니다.

소규모 교회는 교육담당 교역자가 없으므로 교회학교가 없는 교

---

1 본장은 이동규 박사의 『보쌈 시리즈: 기독교 교육의 문제와 해결 방안』 (서울: CLC 2015년)에서 발췌하여 인용하였다.

회가 많아지고 있습니다. 그러기에 모든 부분에 있어서 중소규모의 교회는 교육부서의 방향설정과 교육철학이 제대로 이루어지지 않고 있습니다. 그러므로 대부분의 교회들은 담당 교역자가 바뀔 때마다 교육목회 방향과 철학이 바뀔 수밖에 없음을 볼 수 있습니다. 결국 이런 상황은 교육전문가의 부재로 이어지게 됩니다.

기독교 교육과 세상교육의 차이

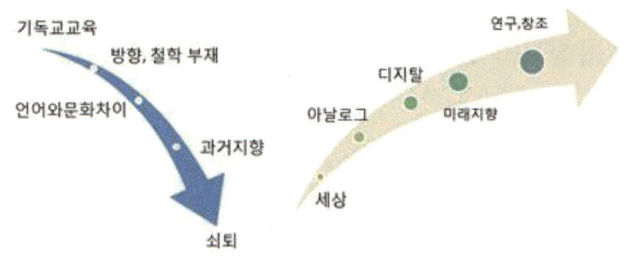

1) 해결방안

교회 전체의 목회사역에 있어서 목회방향과 교육방향, 목회철학과 교육철학이 교회의 비전에 있어서 참으로 중요합니다. 그러므로 교회 전체가 생명을 살리는 교회로 함께 나아갈 수 있는 목표와 줄기가 필요합니다.

목회방향, 교육방향, 목회철학, 교육철학이 올바로 세워진다면 각 부서의 지도자가 바뀌더라도 큰 변화나 차질이 없이 지속될 수가 있으며, 그것은 교육과 전도를 살리는 생명의 교회입니다.

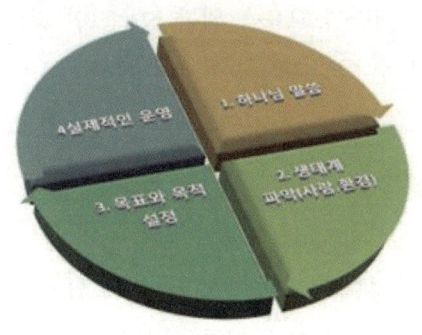

2) 생각하기

우리 교회의 교회학교 부서의 목표와 목적이 어떠한가? 과연 설정된 목표와 목적이 하나님 말씀 가운데서 한 조직체제로 이루어졌으며 각 부서 조직(교회학교, 학생회, 청년회, 전도회)의 상황에 맞는 것인가?를 생각해 보아야 합니다.

2. 교육과정의 문제

한국교회 청장년들의 교육과정도 마찬가지이지만 교회학교 교육과정(curriculum)이 어린이들에게 심각한 문제로 나타나고 있습니다. 어린이 교육에 있어서 텍스트인 성경본문 못지않게 컨텍스트인 어떻게 신앙생활의 중요함과 교회언약을 인식하지 못하고 있기 때문입니다. 그러기에 많은 어린이들이 성장을 하면 큰 교회로 이탈하게 되고, 아예 신앙을 저버리는 경우가 나타납니다. 이러한 이유는 부모와의 신앙적인 교제가 이루어지지 못하고 있음을 보여주고 있습니다. 교회는 어린이 교육을 위한 전문적인 지도자와 교육과정에 대한 준비를 할 수 있는 담당교역자가 있어야 합니다.

1) 해결방안

교회학교의 정확한 교육과정이 어린이들을 위하여 만들어지고 그들의 영적, 인격적인 삶에 영향을 주어야 합니다. 어린이 교육이 단순히 지식전달화 교육이 아니라 하나님 말씀과 삶을 연결해 주는 중요한 언약 신앙공동체입니다. 그뿐 아니라 성경공부와 활동들도 어린이들에게 필요한 것이 무엇인지 확인 후 그 필요성과 부족한 것을 제공함으로 신앙, 인격, 삶의 변화 등 3대 요소가 성장해야 합니다.

기독교 교육의 10단계

교인 수가 급격히 감소하는 유럽과 미국 교회들이 교회학교와 성경공부가 없어지고 있습니다. 또한 많은 교회들이 하나님 말씀에 대한 연구와 교육도 없이 돌팔이가 설교를 하기도 하고, 주일에 어린이를 많이 모으기 위하여 여러 가지 활동들로 빅베어나 패밀리 골프장, 총으로 사람을 쏘는 게임(paintball shooter game), 즉 서바이벌게임(survival game)을 하기도 하며, 어린이들을 상대로 하는 처키치즈(Chuche Cheese)로 어린이를 위한 라스베가스 형태의 놀이터에서 게임과 파티를 하는 것으로 즐겁게 합니다. 그 결과 교회의 어려움과 교인들의 이탈이 이어지고 결국 제대로 된 교육을 하지도 못하고 있습니다.

(1) 어린이 교육이 하나님 중심으로 하나님 말씀 안에서의 기획된 목적과 목표가 설정 되어야 하며, 그 목표와 설정된 사역의 계획들이 목회자나 담당교역자의 욕심을 채우려는 것이 아니라 실질적으로 내가 가르치고 있는 어린이들의 생명을 위한 것인가를 생각해봐야 합니다.

(2) 비록 예배시간이 1시간 남짓하지만 각 부서에서는 알차게 준비하여 말씀을 전하는 것과 성경공부와 아울러 특별활동을 할 때 하나의 주제로 연결을 이루어 가르친다면 배우는 어린이들은 한 주제로 3번을 배우고 익히는 것이기에 그들의 삶에 영향을 줄 수가 있습니다.

맨 처음 배우는 학생들의 관점을 알지 못했을 당시의 상황 가운데서 새로운 계획을 한다.

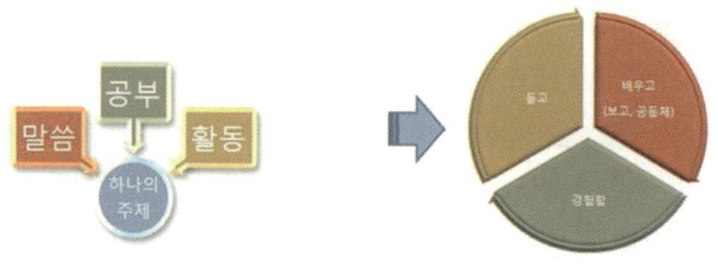

첫 번 단계를 거치면 배우는 어린이들의 개인적인 삶과 태도 신앙을 파악한다. 배우는 어린이들을 모르는 상황에서 한 것들을 생각 하고 다시 모든 것을 새롭게 계획한다.

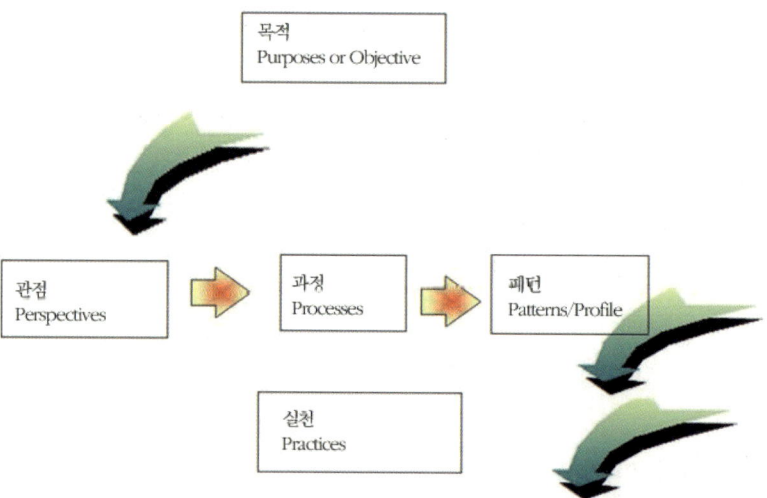

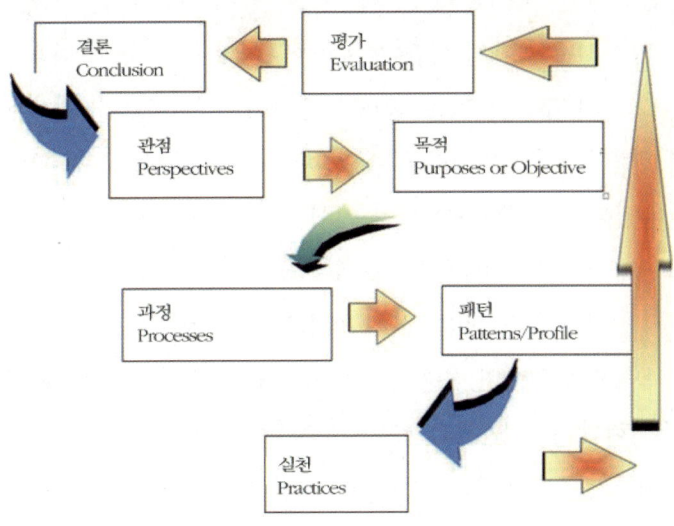

2) 생각하기

교사는 나의 현재의 모습은 어떠한지, 내가 가르치는 어린이들을 얼마나 파악하고 있는지, 그리고 어린이들의 필요가 무엇인지를 고민해야 합니다.

4. 타임케어 교육의 문제

어린이들의 신앙교육은 교회와 가정에서 온전히 이루어져야 합니다. 어린이들이 교회에서 보내는 시간과 외부 학교에서 보내는 시간 그리고 학원에서 보내는 시간을 제외하고 줄곧 가정에서 부모와 형제들이 함께 하는 시간을 갖습니다. 어린이들이 가정에서 부모와 형제들과 갖는 시간이 제일 많습니다(지역이나 가정마다 다소의 차이와 변화는 있다). 그러나 부모가 바쁜 관계로 인하여 또한 부모가 가정에서 어떻게 어린이들의 신앙양육을 해야 하는지를 몰라서 교회에 신앙양육을 일임하기에 교회는 부모가 예배드리는 동안 타임케어 식(Time Care Style, 교회에서 몇 시간만 돌봐 주는 형식) 교육을 합니다.

따라서 어린이들의 신앙양육과 성장에 영향력을 주는 부모와는 별개의 교육으로 인하여 온전한 어린이 교육이 이루어지고 있지 못합니다. 이러한 현상은 교회가 작을수록 더 뚜렷하게 나타나며, 그 이유는 성도들도 부족하고 가르치는 교사가 부족하기에 어린이 교육에 소홀이 하고 있습니다. 또 교회에 제직들이 있다 할지라도 신앙교육이 되어 있지 않아 지레 겁을 먹고 뒤로 빼고, 담임 목회자도 관심을 전혀 두지 않고 교육하고 있습니다.

많은 교회의 파트타임 교역자들이 공부와 직장을 다니느라 바쁘고 심지어 야간에 대리운전으로 힘들게 살아가고 있습니다. 많은 목사들이 시찰회, 목우회, 노회, 총회 등 친교라는 면목으로 참석하며, 정치로 한 가닥 교권을 잡으려고 분주하게 다니고 있습니다. 목회자의 이러한 모습과 삶을 볼 때 과연 교회에 나오는 어린이들에게 얼마나 관심을 가질 수가 있을까요? 전혀 없습니다.

어느 목사들은 자기교회에 어린이들이 나오지 않고 다른 큰 교회에 나가는 것을 보고만 있습니다. 물론 그 가운데서도 최선을 다해 열심히 전도하는 목회자들이 많이 있습니다. 제일 중요한 것은 교회의 무관심과 무투자, 무희생과 무교육이 단지 육체적 케어(care of the body, 돌봄)로 충분한 것으로 생각하나 어린이 교육은 전 영혼의 큐어(cure of the soul, 치유)가 더 중요합니다.

1) 해결방안

(1) 교회의 현재 상황에서 성도들이 협동사역(Team Ministry)으로 책임을 분담하는 것입니다. 그러면 이러한 잘못된 타임 케어식의 보모역할(Caregiver)을 하는 위치에서 얼마든지 벗어 날 수가 있습니다. 담임목사, 장로, 집사, 교사가 직분을 분담하여 교육을 하는 것입니다. 부모 중 한명이라도 어린이들을 제대로 교육시키기 위하여 담임목사가 말씀과 성경공부와 활동을 준비하여 훈련시키고 제공하면 별 문제가 생기지 않을 것입니다. 연계를 제대로 하지 못하므로 어린이들의 신앙생활이 제대로 이루어지지 못하고 있습니다. 그러므로 부모와 성도들이 가지고 있는 재능과 달란트를 잘 활용하여야 할 것입니다.

(2) 교회가 교회에서의 교육으로 책임을 다 한 것이 아니라 교회와 부모가 같은 신앙적 교훈을 어린이에게 주기 위하여 부모들이 가정에서 올바른 신앙 교육을 할 수 있도록 교회가 자료를 제공하고, 교육하고, 촉진자의 역할을 하여야 합니다.

(3) 부모와 어린이가 함께 예배를 드리고 성경공부나 활동도 같이 하는 것입니다. 여기에 있어서는 담임목사가 많은 준비를 할 필요가 있습니다.

(4) 교회학교를 담당하는 지도자로부터 교사들에게 있어서 지속적인 훈련과 아울러 하나님의 소명과 사명에 대하여 철저하게 교육하여 그리스도의 양들을 하나님을 위해 양육하는 작은목자가 되도록 합니다. 이러기 위해서는 하나님 중심, 교회중심, 말씀중심과 모든 것을 기도로 해결하며 성령의 인도하심을 받는 가운데 나를 배제하고 전적으로 하나님을 의탁해야 합니다.

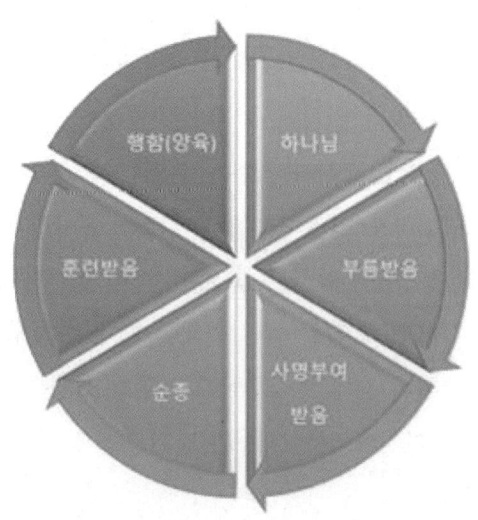

2) 생각하기

우리 교회의 목회자의 상황과 어린이들을 위한 제직들에게 목회자가 교육하는 상황 그리고 가정에서 부모가 어린이와 함께 할 수 있는 교육 상황과 기타를 생각하고 나누어봅시다.

5. 교회 중심 교육의 문제

영·미국 교회의 교회교육이란 기독교학교들과 대학들에서 기독교 세계관에 입각한 교육을 행하는 것과 각 교단 신학교들에서 목회자들과 신학자들을 배출하고자 신학교육을 행하는 것을 말합니다. 또 많은 가정에서 자녀들을 신앙양육과 전통을 전수하는 신앙교육을 행하고 있습니다. 그리고 개 교회들의 교회학교, 청소년 그룹, 성인 소그룹 모임, 제자훈련, 학습 및 세례 준비반 등을 통해 성경 및 도덕성 교육을 행하며, 일상적 예배와 공동체 활동을 통한 영성 및 인성교육을 행하고 있습니다.

그러나 많은 한국교회는 어린이들의 신앙교육을 가정에서 행하기 어려운 형편이므로 교회교육에만 초점을 맞추는 '교회 중심의 교육'에 치우치며, 가정에서의 신앙교육이 이루어지지 못하고 있습니다. 기독교 교육은 가정과 교회에서 동시에 이루어 져야 합니다.

1) 해결방안

이러한 문제들을 해결하기 위해서는 교회에서 부모들에게 정확한 교육을 시키고 아울러 가정에서 어린이들과 함께 할 수 있는 교육자료를 제공함으로써 가정에서 전인교육이 이루어지게 해야 합니다.

(1) 부모교육에 있어서는 부모 자신을 위한 교육이 이루어져야 하며, 부모인 부부가 올바른 관계를 이루지 못하고는 진정한 어린이 교육을 이루어 갈 수가 없습니다.

(2) 가정에서 어린이를 신앙으로 교육하기 위한 부모의 교육입니다. 많은 부모들이 어떻게 하여야 할지 막막하게 여기고 있으며, 그뿐 아니라 무엇을 어떻게 가르치는지도 전혀 모르는 부모들이 많습니다. 그러기에 먼저 부모가 어린이들을 교육하기 위한 기본적인 지식과 태도 그리고 어린이와의 관계에 대해서 올바른 교육이 이루어져야 합니다.

(3) 어린이와 함께하는 교육입니다. 이 교육은 먼저 배우고, 복습

하고, 방법적인 면을 스스로 해보도록 하며 자료들을 제공하여 가정에서의 진정한 전인적 기독교교육이 일어나도록 해야 하며, 이러기 위해서는 교회에서 많은 연구와 시간을 투자 해야 할 것입니다.

오늘날 미국에서는 홈스쿨(home schooling)이 빠른 속도로 퍼져 가는데 그 이유는 미국인의 보수적인 신앙을 가진 부모들이 사회의 타락으로 인하여 가정에서 학교를 대신하여 고등학교까지 신앙적인 교육과 일반학교에서 진행하는 교육을 이루어 나간 후 자녀들을 대학에 보냅니다. 미국에서는 가정에서 이루어지는 교육을 인정하는 국가 제도가 마련되어 있기 때문에 가능합니다.

교회와 가정의 어린이들을 위한 기독교 교육

2) 생각하기

우리 교회는 어느 부서를 중심으로 이루어 나가며, 교회교육에서 교회 중심인가? 가정 중심인가? 얼마만큼 가정의 호응을 얻고 있는가?를 생각해 보아야 합니다.

6. 신앙과 생활의 연결 부재 현상의 문제

한국교회는 초창기부터 무조건 숫자적인 부흥이 최고였으며, 그래서 오늘날 자기 발등을 찍는 격이 되어버렸습니다. 그 이유는 중요한 것을 잃어버렸기 때문입니다. 숫자적인 부흥도 중요하지만 성도들 개개인이 자기 자신의 내적인 변화와 부흥이 더 중요한데 그것을 등한시 하였습니다.

주일 11시 예배는 거룩하고 기쁨과 회개가 있으나 월-토의 가정과 사회생활 모습이 상반된 삶을 살아왔던 것입니다. 솔직히 교회와 사회와 가정에서 별개의 모습을 지닌 상태의 삶을 살아온 것이며, 그 결과로 인해 좌초위기에 놓여있는 것입니다.

삶의 변화에 있어서 2012년의 미국 바나그룹 조사 결과 "교회 출석이 삶에 영향을 주었는가?"에서 천주교인의 29%는 교회 출석이 자신들의 삶에 큰 영향을 주었다고 언급하였으며, 또 45%는 "새로운 영적 통찰력과 이해를 얻었다"고 대답하였습니다. 미국인의 약 25% 정도가 교회 출석을 통해 삶의 변화를 경험했으며, 약 50% 정도는 아무런 변화를 경험하지 못했고, 나머지 25% 정도는 어느 정도의 변화를 경험했다고 언급하였습니다. 연령대로 살핀다면 18-27세는 가장 낮은 영향력을 주었다고 하였으며, 47%만이 자신과 교회와의 관계성(connection)을 느꼈으며, 또한 28-46세 와 47-65세는 71%가 그러한 관계성을 느낀다고 대답했습니다. 18-27세는 20%만이 교회가 자신의 삶에 큰 영향을 주었다고 하며, 56%는 하나님과의 개인적 소통을 느꼈다고 응답했습니다.

또한 킨나만(David Kinnaman)과 라이온스(Gabe Lyons)에 의해 출간된 『비기독교인』(Unchristian)에서 '강풍세대'(Buster, 18-46세)와 '모자이크

세대'(Mosaics, 9-17세)가 크리스찬과 기독교에 대해 매우 부정적인 인식을 갖고 있다고 하였으며, 이 두 세대는 기독교인들이 동성연애를 혐오하고, 매우 정치적 위선적 언행의 불일치를 지녔으며, 자신들만의 세계에 숨어 있는 사람들이라고 언급하였습니다.

한국교회갱신을 위한 목회자 협의회에서 "2012 한국인의 종교생활과 의식조사 요약보고서"를 발표하였는데, 이 중에서 4가지만 간추려 살펴보면 다음과 같습니다.

(1) 한국교회의 가장 큰 문제점으로 조사에 의하면 신앙의 실천 부족 31%, 지나친 양적 성장 추구 27.6%, 목회자의 자질 부족 14.8% 등으로 나타났다.

(2) 한국교회 신뢰 회복을 위한 우선 개선 필요 사항으로 통계에 의하면 교인과 교회 지도자들의 언행 불일치가 48.6%, 비기독교인들의 통계에서는 교인들의 삶(18.6%)으로 나타났다.

(3) 목회자 신앙의식 및 생활에 대하여 조사한 결과로는 신앙과 일상생활의 일치 정도(일치하는 편) : 교인 평가(13%) , 목회자 자기 자신 평가(2.6%)로 발표되었다.

(4) 목회자의 어린이들에게 통계를 조사한 결과 한국교회의 가장 큰 문제점으로 신앙과 삶의 불일치(35.1%), 목회자인 부모들이 신앙과 생활이 일치된 삶을 살고 있다고 보느냐는 질문에 90% '그렇다'와 '대체로 그렇다'로 응답하였다.

통계에서 보듯이 평신도사이에서의 모습을 볼 때 미국이나 한국이나 교회에서의 교육과 사역에서의 문제점으로 크게 이슈가 된 것은 신앙과 삶의 불일치인 것을 발견됩니다.

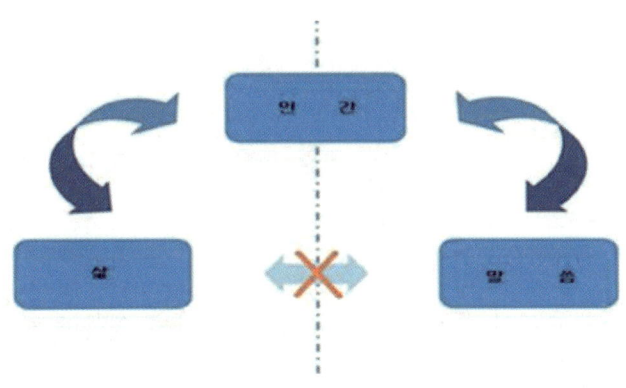

1) 해결방안

성인이나 부모세대의 문제가 그들의 모습과 삶을 보고 자라는 어린이들에게까지 영향을 끼치고 있습니다. 그러므로 부모가 하나님 말씀 가운데서 살아가도록 교회가 나서서 부모들을 훈련함과 동시에 말씀 적용 훈련을 하여 어려움을 극복하고 자녀들과 함께 하나님이 원하시는 삶을 영위하도록 격려를 해야 합니다.
또 어린이들이 어릴지라도 매일 가정예배를 통하여 서로가 느낀 점과 하루를 돌아보는 시간이 부모와 어린이들 간에 진심으로 이루어질 때 진정한 변화가 올 것입니다.

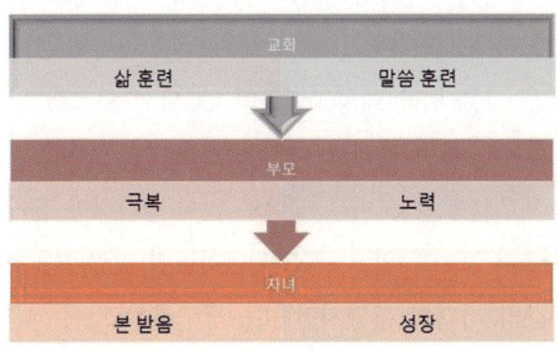

2) 생각하기

교회학교 어린이들에게 지금 하고 있는 교육을 통하여 어떠한 효과를 주고 있는가? 고쳐야 할 것은 무엇인가?를 생각해 보아야 합니다.

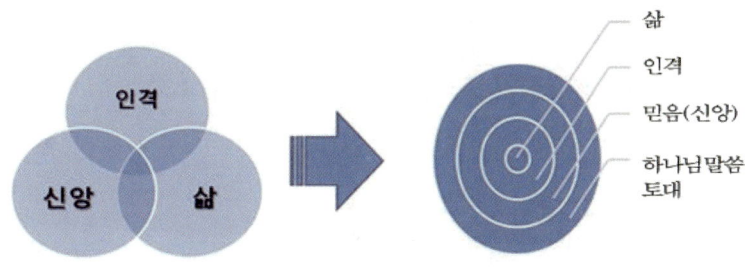

7. 무분별한 프로그램의 문제

한국교회나 미국 교회가 마찬가지라고 무분별한 프로그램이나 교육방법의 수용입니다. '목적이 이끄는 교회'나 '긍정의 힘'이 태풍처럼 밀려왔다 지나갔습니다.

더 아쉬운 것은 미국 대형교회들의 CCM 프로그램이 한국의 대형교회에 들어가 한번 걸리고 나서 중소교회에 들어온다는 것입니다. CCM 프로그램 등을 아무 생각도 없이 신학적인 것이나 성경적인 것을 비추어 보지도 않고 무조건 받아들인 것입니다. 그 중에 한 가지가 약간의 시간이 흘렀지만 마술전도라는 것이 교회학교에서 붐을 일으키며 휩쓸고 지나갔으며, 아쉬운 것은 너도 하니 나도 한다는 식의 무조건적인 받아들임입니다.

오늘날 한국에서 유대인의 교육방법이 놀랍게 퍼져 가고 있습니다. 유명한 목사나 교수들이 세미나와 강의를 하고 있습니다. 유대인의 교육방법이 좋은 것도 있지만 기독교인들에게 악영향을 끼치는 것이 있음에도 불구하고 성경의 필터로 거르지도 않고 무분별하게 받아들여진 것입니다. 이러한 것은 하나님 말씀 안에서 교육신학의 틀이 제대로 성립되지 않았기 때문입니다.

성경적인 교육, 프로그램, 문화의 조화

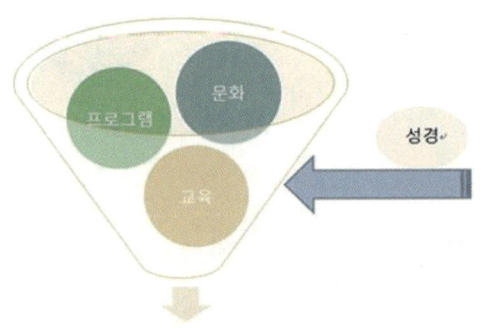

1) 해결방안

(1) 하나님 말씀으로 세워진 올바른 교육신학의 정립
(2) 이 프로그램이 성경과 어떤 관계가 있는지?
(3) 과연 어떤 도움을 주며 반응을 일으킬 수 있는지?
(4) 다른 사람이나 교회에 옳은 도움을 제공할지?
(5) 단지 즐거움만 주는 단회성인지 계속할 수 있는 것인지?
(6) 지속적인 연구 필요하다.

2) 생각하기

우리 교회는 지금 어린이들을 위하여 어떠한 프로그램을 하는가? 그 프로그램이 성경적인가? 다른 교회가 한 것을 따라 하는 것인가? 연구하고 어린이들에게 맞추어진 프로그램인가? 의논해 보아야 합니다.

8. 교회교육의 비전 제시의 문제

교회교육에 있어서 한 가지 중요한 문제점은 비전의 상실과 교회교육에 있어서 6하 원칙의 기본을 상실한 것입니다.

그러기에 큰 교회는 돈으로 해결하려고 하고, 돈이면 모든 프로그램을 할 수가 있다 생각하며, 또 그들은 수평적인 이동이라 할지라도 사람들을 몰아 올 수 있다고 생각합니다.

중소교회는 힘도 없고 돈도 없어 제대로 된 교육을 하지 못하기에 교인이나 어린이를 빼앗기기 마련입니다. 그러나 올바른 신학사상과 교육신학으로 어린이들을 향한 사명을 가졌다면 얼마든지 회복의 가능성이 있습니다.

비젼의 상실

큰 교회	• 돈으로 해결 • 수평이동
작은교회	• 힘과 돈 없음 • 올바른 교육 못함, 빼앗김

1) 해결방안

무조건 실망과 낙담을 할 필요는 없으며, 그 이유는 얼마든지 회복이 가능하기 때문입니다.

(1) 하나님 말씀 가운데서 지역과 환경 그리고 교회의 위치를 파악하고 교회에 나오는 교인과 어린이들에 대하여 올바로 파악하고 거기에 준하는 비전과 목적을 설정해서 올바른 어린이 교육이 이루어져야 합니다.

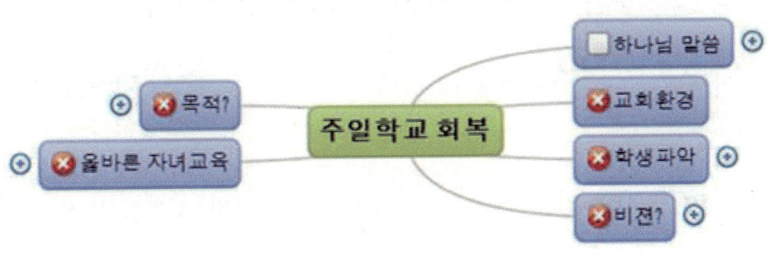

(2) 어린이들이 현재의 삶에서 동기부여와 아울러 최선을 다하는 삶을 이루어 나갈 수가 있습니다.

(3) 교회나 가정은 어린이들에게 확실한 비전과 사는 목적이 제시되고, 어린이들이 깨닫고 받아들임으로 하나님 앞에서 그들의 삶의 방향이 올바로 세워져야 합니다.

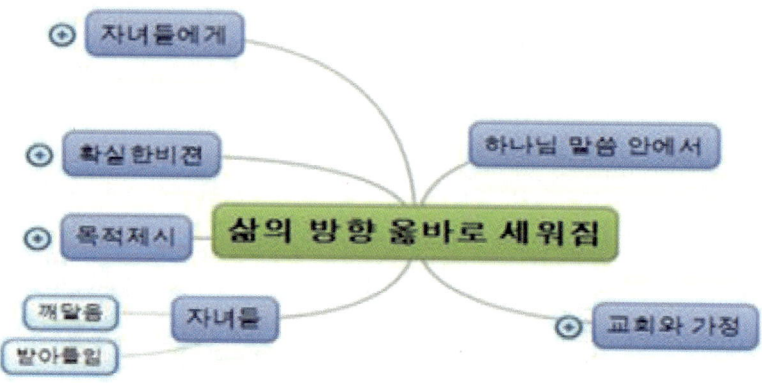

(4) 교회나 가정에서는 무조건 지식적인 것에만 치우치는 것이 아니라 전인적인 교회교육을 위하여 그들이 가지고 있는 소질과 재능을 발견하고, 삶의 방향을 위한 비전과 목적을 취하게 해야 합니다.

전인적인 기독교 교육방법

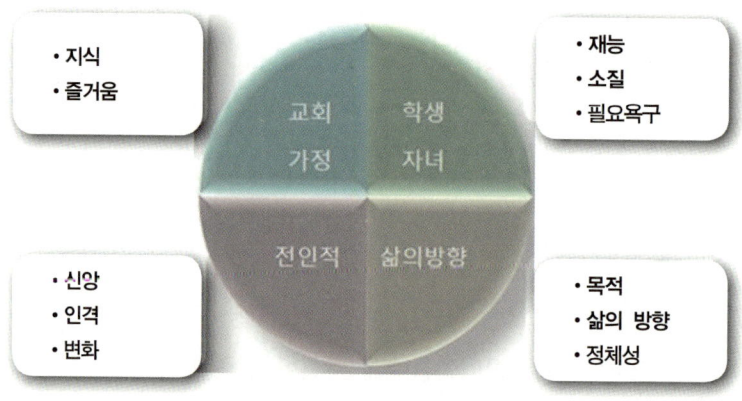

(5) 교회는 무조건 다른 교회가 하니 우리도 하자라는 식으로 비전이나 목표를 세우는 것이 아니라 그 교회 그 어린이들에게 맞춰진 비전을 세워야 합니다. 따라서 다음을 고려해야 합니다.

① 세우고자 하는 비전이 성경적인가?
② 세우고자 하는 비전이 어린이들에게 확실하게 미래의 영향력을 줄 수 있는가?
③ 교회학교에 어느 정도의 발전을 제공할 수 있는가?
④ 다른 교회가 본을 받을 수가 있는가?

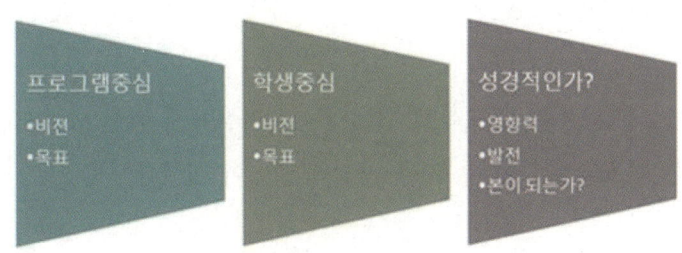

회복의 길

하나님 말씀 가운데서 올바른 사상과 교육과 어린이들에게 향한 사명을 가졌다면 얼마든지 회복의 가능성이 있다는 것입니다.

6하 원칙의 활용

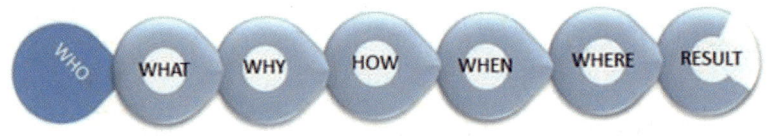

2) 생각하기

우리 교회는 지금 교육에 있어서 어린이들에게 비전을 제시하고 교육의 목표를 주고 있는가?를 생각해 보아야 합니다.

9. 교회교육 프로그램 개발의 문제

어린이들이 교회가 재미없다고 나오기 싫어하는 것과 어떻게 하면 어린이들을 많이 끌어모을까 라는 것에 집중합니다 보니 교회들이 교육 프로그램을 거의 흥미 위주와 다른 교회를 따라 하는 것에 지나지 않습니다. 그래서 신앙과 삶에 있어서 전혀 관계가 없는 상황들이 벌어지며, 시간이나 물질의 투자나 노력이나 관심을 전혀 두지 않고 편안하게 적당히 하려고 하는 마음에서 나오는 것입니다. 그렇다면 진정한 교회교육을 위해서는 진정성을 가진 프로그램의 창조성과 교회학교 어린이들에게 맞는 프로그램의 개발이 중요한 것입니다.

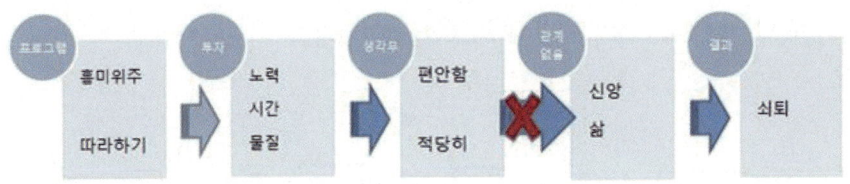

1) 해결방안

교회교육의 모든 프로그램에 있어서 먼저는 창조성이 있어야 합니다. 즉 단순이 했던 것을 반복하는 것이 아니라 '무엇이 우리 교회 어린이들에게 영향력을 줄 수 있는지? 무엇이 어린이들에게 비전의 가치를 심어주는지?'를 생각하며, 기도하며 창조성을 가지고 개발하여야 합니다. 그 다음으로는 투자가 있어야 합니다. 교역자부터 시간과 물질, 지식과 재능을 투자하지 않으면 이루어낼 수가 없으며, 많은 교사들이 솔직히 사명을 가지고 성령님의 인도하심을 바라며 철저한 순종과 헌신, 그리고 창의력을 가지고 사역해야 합니다. 또한 우리 한국교회의 교회학교가 교회 프로그램에서 장년 중심으로 운영되며 어린이 교육은 관심 밖으로 밀려 나가고 있지 않습니까? 과거에서부터 지금까지 교회학교의 문제점을 빈번히 이야기는 하지만 정작 개 교회에서는 관심 밖으로 밀려나가고 있습니다.

"어린이들이 줄었다, 교회학교가 문제다"라고 말만 하고, 정작 교회의 중직들과 당회 그리고 담임목사가 관심을 갖고 어린이들의 교육과 양육을 위하여 올바른 방법을 세우지 않으면 점점 힘들어질 것입니다. 그러므로 교회 전체가 관심을 갖지 않으면 어린이들을 위한 교회교육의 미래는 없을 것입니다. 우리 모두가 진정한 교회교육을 위해서는 진정성을 가진 프로그램의 창조성과 교회학교 어린이들에게 맞는 프로그램의 개발이 중요한 것입니다.

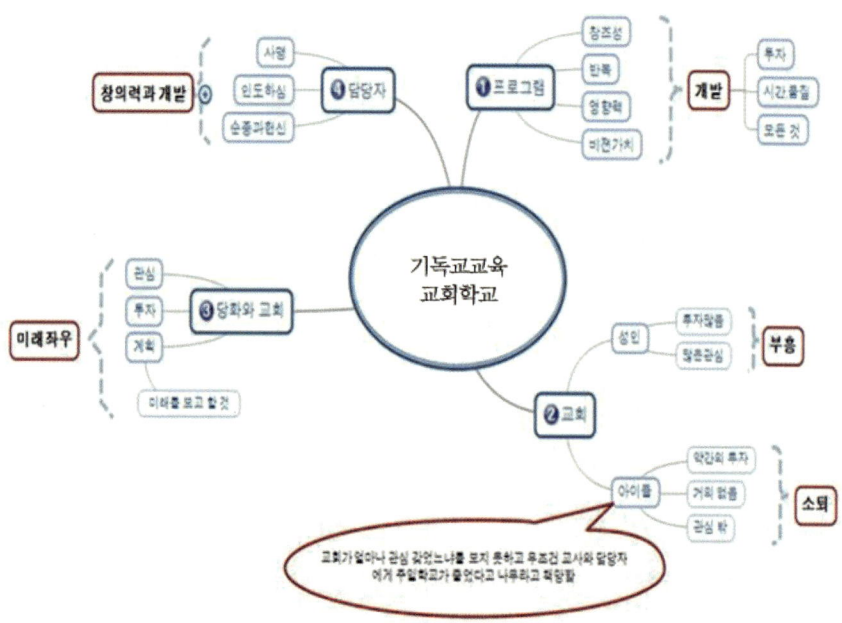

2) 생각하기

우리 교회에서 교회학교를 가르치고 있는 교사 모두가 자기 자신이 전적인 헌신과 희생을 하고 있는가? 또한 교사들이 함께 모여 수시로 의논하며 어린이들을 위하여 기도함으로 그들에게 맞는 창조적인 교육을 진행해 나가고 있는가?를 고민해야 합니다.

10. 흥미위주 프로그램의 문제

오늘의 교회가 교회교육을 단순히 프로그램으로 생각하며 어떻게 하면 어린이를 끌어 모으고 어떻게 하면 재미를 줄 수 있을까를 먼저 생각하는 경우가 있습니다. 현재 교회학교의 교회교육은 영성을 위한 교회교육이라기보다 흥미위주의 교육입니다. 흥미위주의 교육프로그램은 어린이들에게 즐거움은 줄 수 있으나, 신앙성장과 삶의 변화를 동반하지 않는 단발성 이벤트로 끝나고 있습니다.

오늘날 교회들은 앞다투어 프로그램에 의해 노예가 된 듯 영리 목적을 위한 소비자들의 요구에 맞춰 생산품을 만들어 내는 기업체와 같은 모습을 가졌으며, 자료를 사고파는 많은 교회와 기업이 생겼습니다. 그뿐만 아니라 교회에서의 교회교육에 있어서도 어린이들을 빼앗기지 않으려고 여러 다른 교회의 모습을 답습하면서 어린이의 외부적인 욕구에 맞춰 흥미 위주의 재미있는 프로그램을 생산하기에 바쁩니다. 그 결과 교역자들과 교사들은 매번 새로운 프로그램을 만들어내야만 하는 육체적, 정신적 노동에 시달리고 있습니다. 이러한 흥미 위주의 프로그램들은 유행처럼 한 번 시행한 후 곧 시들어버립니다.

흥미위주의 교육 프로그램

1) 해결방안

오늘날 교회에는 세상 문화가 그대로 유입되고 있습니다. 성경에는 마술과 요술을 죄로 취급합니다. 그러기에 사도행전에서도 마술을 하는 자들이 자기들의 책을 다 불태우는 것을 보게 됩니다. 그런데 오늘날 한국과 미국에서도 보란듯이 매직으로 어린이들을 양육합니다. 이런 교육을 좋다고 찬성하고 그것을 그냥 받아들이는 목회자들 교회들이 많이 있습니다.

그러나 이것은 분명히 죄입니다. 하나님이 원치 않는 죄이며, 단순하게 전도와 흥미 유발을 위하여 하는데 참으로 문제가 많이 있습니다. 여름성경학교 교사 세미나를 하면서 마술과 요술을 가르치며, 하물며 매직전도사라고 이름하는 자들도 너무나 많습니다. 어찌 속임수로 하나님의 말씀을 전할 수가 있을까요? 분명한 것은 하나님의 말씀을 잘 모르기 때문에, 그리고 제대로 된 지도자들이 교회에 없기에, 또한 교사들의 질적 양육이 이루어지지 않기에 이러한 문제들이 생깁니다.

중요한 것은 교회에서 지도자 양육을 위하여 투자하고 배움을 주는 자들이나 배움을 제공하는 곳은 복음적인 것을 제공하여야 합니다. 잘못된 것은 버리고 잘된 것은 받을 줄 아는 지도자와 교회가 되어야 합니다.

오늘날 큰교회들이 복음을 전한다면서 세상 것을 많이 교회에 들여오고 있습니다. 그것을 성경이라는 필터로 걸를 생각도 하지 않고 무조건 교회에 모이는 사람 수와 헌금에만 치중합니다보니 교회가 많이 본받고 있습니다. 교회들이 전도하고 새벽예배에 참석을 시키려고 추첨제도를 도입해서 세탁기, 냉장고 등도 경품으로 주는 등 세상 것을 사용해서 복음을 전합니다, 그럴싸합니다. 그렇다면 주님은 세상 것을 가지고 경품으로 모든 것을 했을까요? 주님은 예화는 들으셨으며, 먹이고 고치고 반드시 복음이 뒤따랐으며, 복음전도를 위해서 하신 것입니다. 따라서 교육의 주객이 전도 된다면 안 될 것입니다.

근래에는 영상설교가 세상문화에 맞추어 등장하여 많은 영상설교를 만들어 팔고, 사고하여 어린이들의 눈요기거리와 상상을 주지 못하는 영상에만 묶어 둠으로 교사들이 기도와 설교와 성경공부를 기도하며 철저히 준비하지 않고 오늘은 무슨 영상을 보여줄까?를 단순히 생각합니다.

교회학교가 이처럼 약화되는 것은 시대적인 사회의 변화가 문제가 되는 것이 아니라 교회가 사회의 변화에 대처하지 못한 것과 현 사회를 읽지 못하고 사회를 리드해 가는 것이 발생하지 못하기에 문제가 일어나게 되는 것입니다.

그러므로 숫자적인 놀음과 물질에 눈이 어두워진 것을 벗어 버릴 뿐만 아니라 형식적인 것과 흥미위주의 프로그램에 대한 문제를 해결하기 위해서는 개 교회가 그 교회에 맞는 특성화를 살려야 하며, 교회의 주변의 상황과 어린이들의 환경과 그들이 가지고 있는 달란트를 활용한 사회적인 봉사와 아울러 어린이들이 그리스도인으로서의 정체성이 완전히 이루어져야 됩니다. 그럴때 그리스도인으로서 그리스도 안에서 진정한 봉사와 그들의 달란트를 통한 자기 자신을 성장시킬수 있는 일이 일어나며, 하나님을 향한 비전을 가질 수가 있습니다.

먼저 당회와 교회 전체가 교회학교를 위한 기도와 관심과 투자가 이루어져 후세를 위한 진정한 교육으로 전인적인 신앙교육이 이루어지도록 해야 합니다. 어린이들을 위한 영적성장, 인격성장과 삶의 변화를 위한 설교와 성경공부와 프로그램의 연결고리를 가진 진정한 교육이 필요합니다. 흥미위주의 교육은 얼마 못가서 시들어 지고 맙니다.

흥미위주 교육과 불균형

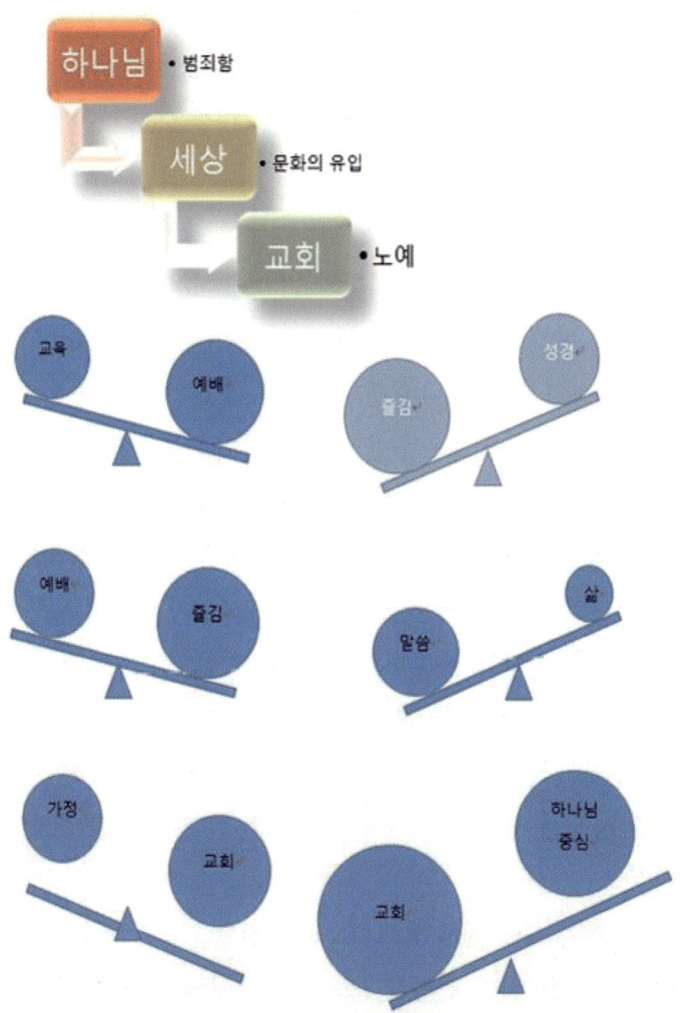

교회생활과 사회생활의 균형

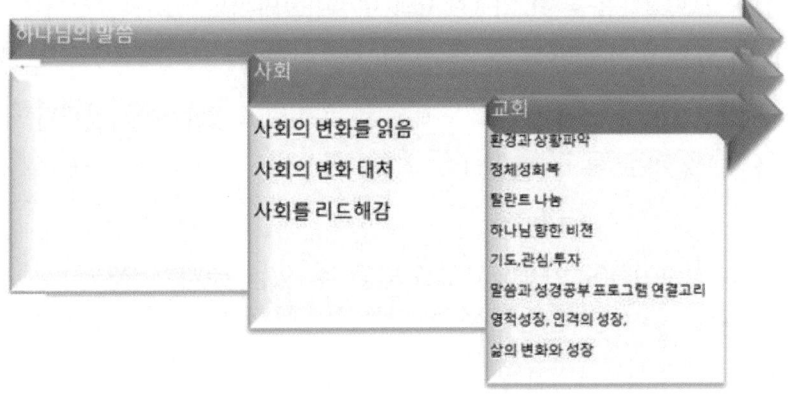

2) 생각하기

'우리 교회는 부모들이 예배를 드릴 때 단순이 시간 때우기처럼 어린이를 돌봐주는 교회인가? 연구도 없이 세상 것을 그대로 들여와 흥미위주의 미디어를 보여주고 있지 않는가?'를 고민해야 합니다.

11. 가정교육의 문제

오늘날 많은 교회들이 가정에서의 기독교교육에 대해서는 엄두를 내지 못하고 있으며, 고작 가정사역의 일부분으로 부모세미나를 하든지 어린이들의 교육을 합니다. 큰교회들은 영아부나 유치부는 숙제정도로 간단하게 할 수 있는 것을 제공하는게 고작이며, 세미나는 수박 겉 할기 정도입니다. 이제는 한국교회가 자녀들의 대학 입시를 위한 기도와 세미나가 최우선이 되었습니다. 이러한 것으로는 가정에서의 교회교육을 하고 있다고 볼 수가 없습니다. 그러므로 교회가 전인 교회교육을 위한 가정에서의 어린이들의 신앙 교육은 전혀 이루어 가고 있지 않음을 볼 수 있습니다.

가정에서의 신앙교육의 문제가 왜 일어나고 있는지를 살핀다면 다음과 같다고 볼 수 있습니다.

1) 어린이들이 가정에서 교육받을 수 있는 교사가 없다.

조지 바나는 다음과 같이 말합니다.

> 5,100만 미국어린이들(18살 미만) 가운데 4,000만 이상이 예수 그리스도를 구세주로 알지 못하고 있다. 그 이유는 부모들이 어린이들의 영적인 기본욕구를 충족 시켜주지 못하기 때문이다. 크리스찬 가정의 부모가 어린이들의 영적인 것에 대한 책임을 알면서도 올바로 실천하지 못하고 있기에 교회들이 적극적으로 부모를 도와야 한다.

조지 바나는 그룹의 조사에서 어린이의 영성문제의 일차적 책임에 관해 "13살 미만 어린이를 둔 부모의 85%가 믿음과 영적 문제에 관해 가르칠 일차적 책임을 느끼고 있다"고 하였습니다. 그러나 교회나 학교에 일차적 책임이 있다고 답한 사람은 각각 11%에 불과했으며, 친구들, 사회, 미디어에 책임을 전가한 사람도 조금 있었습니다. 부모들 96%는 어린이에게 인생관을 가르칠 일차 책임을 느끼고 있는 반면, 교회와 학교에다 책임의 무게를 둔 사람은 각각 1% 정도입니다. 과반수의 부모들이 주중에 어린이들과 신앙문제를 담론하거나 구체적인 자료를 갖고 공부하지 못하고 있으며, 부모들이 어린이의 신앙 교육에 관여하고 가르치고 싶지만 능력이 부족한 탓에 구체적인 훈련을 제공하기를 꺼려하였습니다. 그렇기 때문에 부모들이 교회 신앙훈련에 완전히 의존하였습니다.

이러한 통계를 볼 때 부모들이 책임성과는 달리, 어린이 영성계발계획 세우기, 신앙훈련을 우선순위에 두기, 어린이 신앙훈련 자체, 일정한 영적 목표나 표준, 효력여부 확인 등에 미진하거나 전무한 것으로 나타났습니다.

2) 어린이들이 가정에서 교육 받을 수 있는 시간이 없다.

학부모포털 부모 2.0에서 설문 조사 결과 "초등생 70%는 부모와 대화시간 하루 1시간 미만"이라고 하였으며, 초등 어린이 10명 중 7명 정도가 하루 평균 부모와 대화하는 시간이 1시간 미만이고, 그 중 2명은 대화 시간이 30분도 채 되지 않는 것으로 조사됐습니다.

현재 어린이와의 대화 정도를 묻는 질문에 "만족하진 않지만 어느 정도 대화 합니다"라는 답변이 63.5%로 가장 높았고, "어린이와 충분한 대화를 합니다"라고 생각하는 비율은 14.0%에 그쳤습니다. "대화 시간이 부족합니다"와 "거의 대화를 하지 못합니다"라는 답변은 20.4%와 2.1%로 각각 나타났습니다.

하루 평균 어린이와의 대화 시간을 묻는 질문에는 '30분 - 1시간' 정도가 46.0%로 가장 높았고, '30분 미만'이라는 답변도 19.6%에 달했으며, '1-2시간' 사이가 22.7%, '2-3시간'이 8.7%로 나타났으며 '3시간 이상'이라는 답변은 2.2%에 불과했습니다.

어린이와 대화의 주요 내용(복수 응답)으로는 '일상생활이나 가족 관련 내용'이 73.1%, '학교, 성적, 공부 관련 내용' 68.9%, '친구 문제, 이성 문제 등 개인적 고민에 관한 내용'이 41.5%, '사회적 이슈나 사건 관련 내용'이 18.7%입니다.

여성가족부의 청소년종합실태조사에 의하면 가장 많은 청소년이 아버지와는 하루 평균 30분 미만의 대화를 하고 있었으며, 어머니와는 2시간 이상이 가장 많았습니다. 이는 청소년이 아버지와 특히 대화시간이 현저히 부족하다라는 것을 보여주고 있습니다.

또한 통계청의 "2012청소년 통계조사"에 따르면, 청소년의 부모님과의 1일 평균 대화시간 응답 비율 중 '아버지'와의 대화는 30분 미만이 가장 높았으며, '어머니'와의 대화는 2시간 이상이 가장 높았습니다. 결과만 놓고 봤을 때, 청소년과 아버지의 대화 시간은 하루 평균 30분도 채 안 된다는 이야기입니다.

아버지와 어린이의 대화가 어린이에게 중요한 영향을 미친다는 것은 국내외의 다양한 자료를 통해 여러 차례 입증돼 왔습니다. 아버지와 청소년 어린이 간의 대화시간의 부족 원인은 세대 차로 인한 공감대 형성의 어려움, 상이한 스케줄로 인한 함께 하는 시간 부족 등입니다. 부모와 어린이 간의 충분한 대화는 건강한 가정, 또 더 나아가 건강한 사회를 위한 발판이 됩니다. 어린이의 이야기를 잘 들어주는 것만으로도 어린이는 인정받는다는 느낌을 받으며, 이처럼 대화시간과 만남의 시간이 줄어들었기에 부모와 어린이가 함께 하며 서로 교육하고 받고 하는 시간이 없습니다.

3) 부모와 어린이 간의 원활하지 못한 의사소통에 있다.

집안에 어른이 있다고 할지라도 개인주의, 자유주의, 자본주의 등 서구의 가치관과 사상에 젖어버린 어린이들과 세대 간의 가치관의 차이로 인한 대화 단절로 교육이 원활히 이루어질 수가 없습니다. 그리고 스마트 폰이나 TV시청 시간이 점점 증가됨으로 인하여 공격성이 증가되고, 의사소통을 방해하고 갈등을 자극 또는 해결하지 못하게 하거나 지연시키며, 전형적인 가족생활에 대한 비현실적인 기대감을 갖게 합니다. 그리고 현대에서는 가정의 기능을 사회에서 지친 심신을 잘 쉬게 하고 다음날 생산 활동을 잘하기 위한 '재생산의 과정'으로 보기 때문에, 가정에서의 원활한 의사소통을 기대하기 어렵습니다. 또한 온 가족 구성원이 한자리에 모이기가 힘듭니다. 기독교 가정이 어린이들의 신앙교육을 전부 교회학교 교사에게 일임해 버리고 가정에서의 신앙지도를 포기한 것은 이 시대의 특징이 되어 버렸습니다. 신앙적인 활동을 많이 하는 사람들도 자기 어린이들에게 가정에서 신앙지도를 전혀 못하고 있습니다.

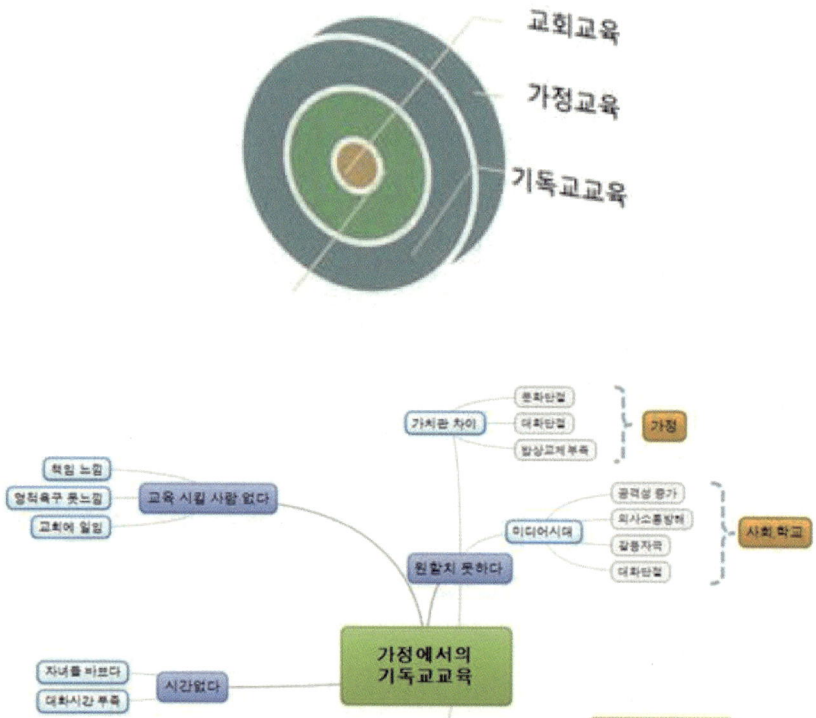

1) 해결방안

교회교육은 피조물인 인간의 인격적인 관심과 돌봄을 강조하며, 하나님의 창조질서를 회복하는 전인적 교회교육이 일어나야 합니다. 또한 참된 교회교육은 단순히 부모들이 예배드릴 때만 봐주는 것이 아니라 한 영혼을 위하여 철저한 준비와 아울러 전인적인 교회교육을 위하여 많은 투자와 연구가 필요합니다. 그리하여 교회는 가정과

1부 제6장 어린이 교육의 문제   155

협력하여 어린이들이 복음으로 양육 받아 세상에서 영향을 끼치는 그리스도인으로 성장할 수 있도록 도와야 합니다.

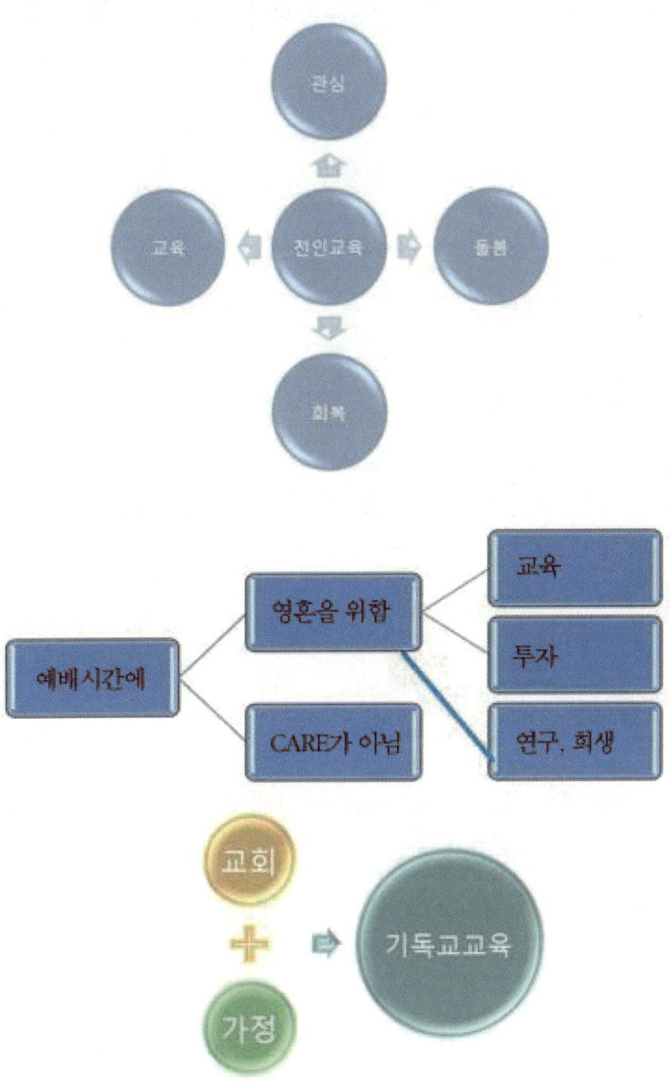

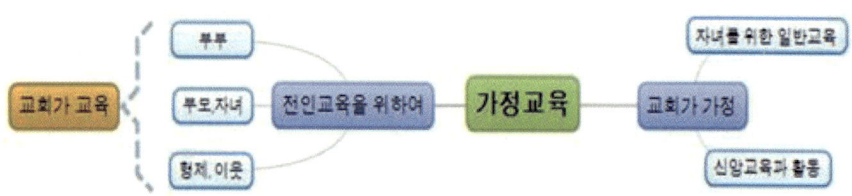

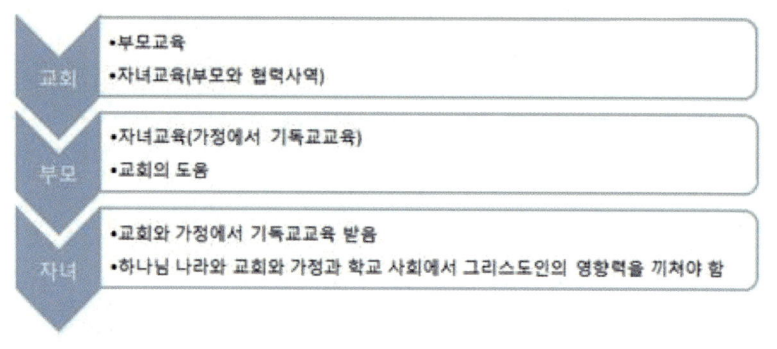

2) 생각하기

'교회에서는 부모교육을 하고 가정에서 자녀들을 신앙교육하기 위해 부모들에게 어떠한 자료들을 제공하고 있는가?'를 고민해야 합니다. 가정에서 자녀교육의 성공이 미래의 교회교육의 성공을 가져옵니다.

12. 어린이에 대한 이해 부족의 문제

오늘날 어린이들에게 많은 문제가 발생하는 이유는 어린이들의 사회와 가정 그리고 학교에서의 모습과 생활을 교회의 교사들이나 부모들이 전혀 이해를 하지도 못하고, 관심조차 주지 않았기 때문입니다. 그러다가 보니 교회는 세상에 쳐져 있습니다. 뒤떨어져 있다는 소리를 많이 듣습니다. 교사들이 부모들이 구 시대 사람입니다. 세대차이가 나서 우리를 모른다는 말을 자주 합니다. 그들의 문화를 이해할 때 그들을 진정으로 이해하고 하나님께로 인도 할 수가 있습니다.

지금은 아날로그 시대가 아닙니다. 지금은 디지털 시대도 아닙니다. 우리의 어린이들 시대(13-24세)는 포스트 디지털 세대(Post Digital Generation)입니다. 포스트 디지털 세대는 어른들이 이해할 수 없는 디지털 환경 속에서 태어나 자란, 아날로그적 감성과 아울러 주체적이고 낙천적인 성격을 지닌 세대들입니다. 그들은 디지털기기와 매체를 통하여 감정과 욕구를 충분히 표출하는 특징을 소유하고 있는 세대들입니다.

디지털 세대의 핵심코드는 'H.E.A.R.T.S'입니다. 여기서 H(Human Relationship)는 인간관계를 위한 디지털을, E(Expressionism)는 표현을 위한 디지털을, A(Anti-literality)는 시각적 라이프 스타일을, R(Relaxed Mindset)은 낙천적 라이프 스타일을, T(Trend-independence)는 트렌드의 주체적 수용의 태도를, S(Speed)는 즉시성을 이야기 합니다.

디지털 시대의 상징은 도시에 기반을 두고 생활하는 고소득 계층인 여피족(Yuppie=Young Urban Professional)과는 달리 포스트 디지털 세대는 수입은 다소 낮으나 개인의 여간시간을 가지고 삶의 질을 높일 수 있는 직업을 선호하는 더피족(Duppie=Depressed Urban Professional)의 특징을 지녔습니다. 교회는 세상에서 방황하는 이러한 세대들에 대해 분명한 책임의식을 가져야 합니다.

1) 해결방안

(1) 교회의 지도자나 교사들은 포스트 디지털 세대의 문화와 환경을 알아야 합니다. 그러므로 그들의 필요성이 무엇인지를 깨닫고 그들의 삶과 영적인 격과 옳바른 인격형성이 이루어지도록 양육하여야 합니다.

(2) 포스트 디지털 세대를 알기 위하여 청소년들이 즐겨하는 것을 눈여겨보고 할 수 있으면 경험을 해봐야 합니다. 경험하지 않고는 그들을 이해하기 힘듭니다.

(3) 그들의 필요를 채워 줄 수 있는 올바른 예배를 위해 교회 교역자들과 교사들이 의논하고 연구하여야 합니다. 그 가운데서 포스트 디지털 세대를 이끌 수 있는 영향력 있는 것을 얻을 수가 있습니다.

(4) 포스트 디지털세 대를 위하여 기도를 하고 그들이 좋아하는 디지털로 매일같이 묵상하고 찬양을 할 수 있는 자료들을 공급해야 합니다. 반드시 그들이 돌아오고 변화할 것입니다.

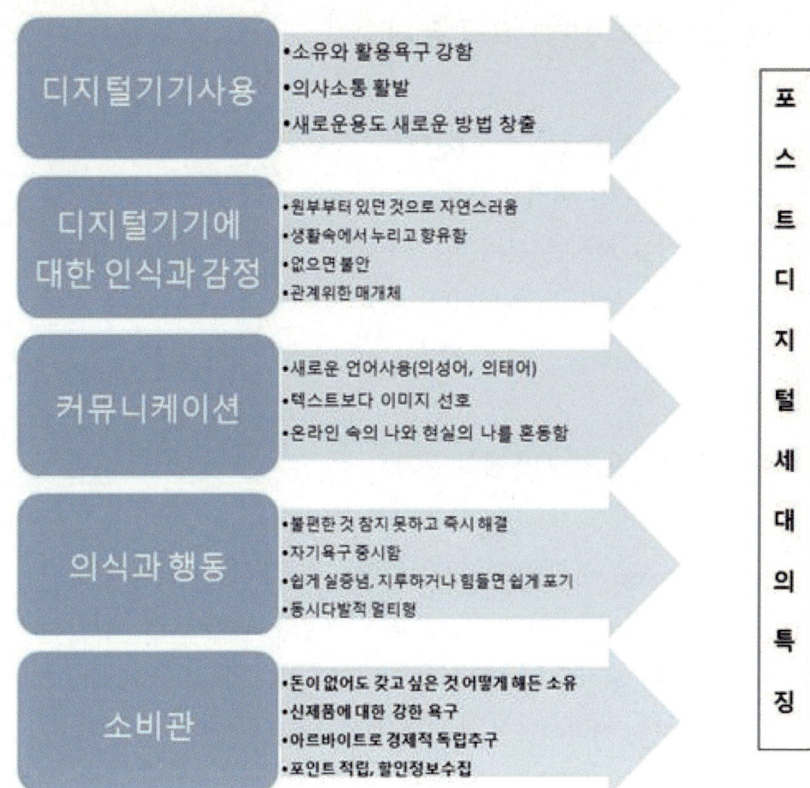

2) 생각하기

'교사가 맡고 있는 어린이들 중에 몇 명이 포스트 디지털 세대인가? 그들의 환경과 삶을 얼마나 파악하였는가? 오늘 이 세대에 그들의 문화를 얼마나 알고 있는가?'를 고려해야 합니다.

13. 교회학교 성경교육의 문제

존 로빈슨은 『신에게 솔직히』에서 '기독교를 뺀 하나님'이라는 말을 언급했습니다. 이러한 표현은 하나님은 하나님 자체로 인식되고 증명 되어야 하시는 분이지, 기독교라는 틀에 맞춰서 인식하는 신학적 소재가 아니라는 것입니다. 또한 그는 미국 현대교육은 하나님 교육의 문제점들을 지니고 있다고 하였습니다.

1) 교회학교 운영 시스템의 문제

성경의 교육은 지식을 추구하는 세상 교육과 동일시 해서는 안 됩니다. 그럼에도 불구하고 교회교육은 세상의 교육구조를 따라 지식적인 접근을 추구하고 있습니다. 이러한 '학교-지식전달화 패러다임' 체계는 결코 어린이들의 중심을 변화시키는 성경교육에 이르게 할 수 없습니다.

모든 교육은 교사(가르치는자), 어린이(배우는자), 교과(내용)라는 3가지의 요소를 가지고 있습니다. 그런데 교회교육에 있어서 이 3가지 요소가 하나 되지 못하고 동떨어진 현상이 일어나고 있습니다.

(1) 교사와 하나님 말씀(교육내용)의 문제

교사가 자기 것이 아닌 남의 지식을 단순히 익혀 전달하는 도구나 매개체의 역할 만 하는 존재가 되어 버렸습니다. 교사는 하나님의 말씀이 자신의 삶에 적용이 되어 나오는 정신화 된 실제적인 말씀으로 전달해야 합니다.

(2) 어린이와 교사의 문제

교실에서 교사와 어린이와의 만남이 인격적인 만남이 아닌 가르치는 자와 배우는 자의 만남으로 되어 버렸습니다. 이는 만남을 단지 지식전달에 그치게 하여 교사와 어린이의 인격적 교제를 멀어지게 합니다. 교회의 신앙교육은 주님께서 한 인격체대 인격체로 만나 대화하시고 가르치셨듯이, 교사의 믿음과 신앙 인격으로 어린이를 만나는 진정한 교육으로 변화되야 합니다. 교사는 생각나는 사람(remember)이어야 합니다.

(3) 어린이와 교육내용(교과)의 문제

신앙교육의 모든 내용들이 어린이들과 어떠한 관계가 있느냐가 중요합니다. 그러나 현재 교회의 신앙교육은 어린이들 피부에 와 닿지도 않을뿐더러 그것을 왜 배워야 하는지조차도 모를 정도로 관련성을 찾기가 어렵습니다.

하나님에 대해 이론적인 지식에 치중하니 더욱더 어린이들과 하나 되지 못하고 분리되는 현상이 나타나는 것입니다. 말씀과 성경공부와 프로그램이 어린이들의 삶에 깊이 관계되어, 어린이들의 관심을 이끌어 내며 삶에 도전과 비전을 제시하는 교육이 되어야 할 것입니다.

(4) 어린이들 사이의 문제

현 사회는 포스트모더니즘 사회로서 미디어 중심으로 엄청 빠른 속도로 변화되어가고 있으므로, 대화나 관계형성이 점점 더 많이 무너지고 있습니다. 혼자서도 얼마든지 즐길 수 있는 상황으로 변화되었기에 개인주의적 이기적인 성향이 더 짙어져 진정한 관계나 교제가 이루어지지 못하고 있습니다. 하나님과의 영적인 관계 역시 점점 어려워져갑니다.

개개인의 모임이 아니라 우리라는 단어가 참으로 중요한 세대입니다. 성경에서 독단적이고 개개인을 말하는 것보다 '서로'라는 단어를 중시합니다. 서로의 생각과 아이디어를 합하여 하나의 작품을 만들어 내듯이 우리는 그리스도를 중심으로 하나의 몸을 만들어가야 합니다. 그래서 교회에서나 가정에서 먼저 연합과 서로, 우리, 함께가 얼마나 중요한지를 인식하고 분리의 현상을 막아야 합니다.

(5) 어린이와 가정교육의 문제

교사와 어린이와 가정이 연합을 이루지 않고는 진정한 교육이 이루어질 수가 없으며, 신앙교육은 가정이 함께 하도록 항상 권면과 아울러 올바른 부모 교육이 필요합니다.

교회-운영시스템의 한계

2) 포스트모던 문화 시대의 교회교육

오늘날 포스트모더니즘은 문화에 큰 영향을 주고 있습니다. 특히 대중 매체 및 영상문화의 발달과 인터넷, 사이버 문화의 급격한 확산으로 신 세대의 문화는 기성 세대들이 이해할 수 없는 상황까지 이르고 있습니다. 신세대는 미디어 세대이며, 이들은 태어날 때부터 TV와 비디오, 컴퓨터와 인터넷 환경 속에서 자라났으며, 문자보다는 영상에 익숙합니다. 한마디로 '아날로그' 세대와 '디지털' 세대라고 볼 수 있습니다.

기독교의 절대성을 부정하고, 절대 유일의 진리를 부인하며, 초월적이고 보편적인 가치와 전통마저도 부인하는 포스트모더니즘 신학은 상대주의와 다원주의를 주창 할 뿐 아니라 사신(死神)신학, 민중신학, 해방신학, 여성신학 등으로 불리는 급진적 신학을 필연적으로 내놓게 되었습니다.

한국교회 내에 들어온 포스트모더니즘은 서양의 기독교와 문화의 지배에서 벗어나 민족종교와 한국문화의 정체성을 찾으려는 운동을 일으켰는데, 민중신학, 해방신학, 통일신학, 민족사학운동이 포함됩니다. 가치체계의 붕괴로 허무주의가 발생하며 이기주의와 사회적 혼란과 규범이 사라지고 올바른 가치관이 붕괴되면서 나타나는 사회적, 개인적 불안정 상태가 이루어지며, 아노미 상태에 빠짐으로 삶의 가치와 목적의식을 잃고, 심한 무력감과 자포자기에 빠져 자신의 생명을 포기하는 현상까지 발생하였습니다.

이러한 미디어와 개인주의적 주관에 살며 감성적인 포스트모더니즘 문화 속에 살고 있는 신 세대들에게는 논리 보다 '이미지', 지식보다 '느낌'이 중요하며, 모든 정보를 인터넷에서 대할 수 있기에 더 이상 교사와 어린이가 구분되지 않습니다. 그들은 일방적이기 보다는 '쌍방적'이기를 원합니다. 그러므로 그들은 인정해주며, 탈 권위주의적인 새로운 교육구조와 인격적, 감성적이고, 상상적, 체험적, 공동체적, 참여적, 창조적이며 공감대를 이루는 교육으로 어린이들에게 영향력을 줄 수 있어야 합니다.

포스트모던 문화의 특징

상대주의
모더니즘과 다르다, 진리의 가능성포기, 진리자체부정

다원주의
유일성, 전체성 부인 / 다원성강조

주관주의
내적경험, 개인의식 존중 / 객관적 인식 갖지못함

감성주의
이성보다 중시, 미디어가 하나되게함, 문화고정관념 깨트림, 감성추구와 감정이 가는대로 말, 행동함, 느낌이 중요.

해체주의
진리와 존재의 실체가 없다. 현실을 가상으로 본다(아바타)

3) 유대인의 교육침투

오래전부터 유대인 교육에 관한 책들과 강연들이 요란합니다. 성경적이며 선민 이스라엘을 향한 성경에 나타난 교육은 참으로 좋습니다. 그러나 지금은 유대인의 교육이 얼마나 잘못된 것인지 하나님 말씀 가운데서 분별을 해야 할 것입니다.

오늘날 분변치 못하는 어리석은 목회자들이 무조건 유대인의 교육이 좋다고 하면서 추천하고 홍보를 합니다. 여기서 우리는 크리스찬으로서 하나님이 원하시는 참 교육이 무엇이며, 유대인의 교육과 기독교교육(예수님과 그 제자들의 교육)에 대하여 알아야 할 것입니다.

(1) 유대인의 쉐마교육

유대인 교육은 "이스라엘아 들으라"로 시작합니다. "들으라 너와 어린이들이 마음에 새기고 가르쳐 지키라." 다시 말해, 듣는 것으로 끝나는 것이 아니라 가르치고 지켜 행하는 데까지 이르라는 것입니다.

그러나 성경과 그들의 역사는 그들이 어린이들에게 유산으로 신앙을 이양시키기 위해 참된 가르침을 행하지 않았다고 말하고 있습니다. 유대인의 쉐마교육을 통찰해 보겠습니다.

① 유대인의 교육은 죽은 것이다.
② 유대인의 교육은 율법주의자를 만드는 것이다.
③ 유대인의 교육은 남에게 보이려는 남을 의식하는 교육이다.
④ 유대인의 교육은 내면의 변화를 이야기 할 수가 없다.
⑤ 유대인의 교육은 사랑이 있는 교육이 아니라 정죄의 교육이다.

⑥ 유대인의 교육은 말만 이루어지는 교육이다.
⑦ 유대인의 교육은 행함에 온전할 수가 없다.
⑧ 유대인의 교육은 남을 배려하는 것이 아니라 자기만 잘되려고 하는 교육이다.
⑨ 유대인의 교육에는 구원이 없다.
⑩ 유대인의 교육은 육신적인 복만을 추구한다.
⑪ 유대인의 교육은 복음이 없다.
⑫ 유대인의 교육은 하나님 나라에 대한 소망이 없다.
⑬ 유대인의 교육은 하나님의 말씀이 후손에게 전달되지 않는다.
⑭ 유대인의 교육은 하나님의 참된 어린이를 만들 수가 없다.
⑮ 유대인의 교육은 예수 그리스도를 인정하지 않고있는 이단적인 요소를 가졌다.

유대인의 교육은 성경보다 자기들이 만들어놓은 탈무드나 미쉬나를 더 인정하고, 미드라쉬를 더 많이 가르치고 신봉합니다.

(2) 교회교육(하나님과 그리스도의 교육)
우리가 교회교육과 유대인의 교육을 비교하며 엄밀하게 생각해 볼 것은 교회교육은 무엇인가 하는 것입니다.

① 교회교육은 언약사상(생명과 죽음)이다.
② 교회교육은 정죄가 아니라 용서와 사랑이다.
③ 교회교육은 회복을 불러일으킨다.
④ 교회교육은 사람을 세우는 교육이다.
⑤ 교회교육은 실천이 따르는 교육이다.

⑥ 교회교육은 본을 보이는 교육이다.
⑦ 교회교육은 내면의 성장을 불러일으킨다.
⑧ 기독교교육은 변화를 일으킨다.
⑨ 기독교교육은 살아있는 생명교육이다.
⑩ 교회교육의 근본적인 본질은 믿음-순종-행함(본을 보임)이다.
⑪ 기독교교육은 예수 그리스도의 제자 양육이다.
⑫ 교회교육은 하나님 나라 확장이라는 이념이 있다.
⑬ 기독교교육은 자아 중심이 아니라 하나님 중심이며, 다른 사람을 위한 봉사와 그리스도의 사랑을 증거 하는 정신을 가진다.

우리가 구약에서 신약에 이르기까지 많은 말씀들을 살피면 오늘날 유대인의 교육이 어떠한 많은 문제점을 가지고 있는지 알 수가 있습니다. 분명히 우리가 알아야 할 것은 하나님 앞에서 처음부터 유대인이라는 것은 없다라는 사실입니다. 오직 하나님의 백성과 세상에 속한 백성이 있을 뿐입니다. 하나님이 하나님의 백성을 교육하실 때는 겉 사람만 변화되라고 교육하신 것이 아닙니다. 진정한 마음의 변화와 참된 순종을 원하신 것입니다.

그러나 하나님의 백성이라는 사람들이 너무도 교만하고 자만하여 그들에게서 하나님을 찾을 수가 없었습니다. 그러기에 그들은 멸망할 수밖에 없었습니다. 이들은 야곱의 자녀들로 인하여 12지파가 생겼습니다. 그 가운데 유다로 인하여 유다 지파가 생기고 그로인하여 그 가운데 구약의 율법만 중시하는 유대인들이 생기게 된 것입니다. 그들의 지금의 상황은 토라 구약의 율법에서부터 벗어나 탈무드와 미쉬나로 교육이 옮겨졌으며, 이제는 미드라쉬로 옮겨져 교육을 합니다. 유다지파로 인하여 유대인이 생겼지만 그들의 유다의 후손으로 오신 예수 그리스도를 믿지 않습니다.

하나님이 자기 백성을 향한 교육은 참으로 놀라왔으며, 예수님의 제자들과 악한 무리들을 향한 교육 역시 놀랍습니다. 하나님의 교육과 예수님의 교육을 일치함을 가지고 믿음과 순종과 행함을 중요하게 여깁니다. 그러나 유대인의 교육은 하나님의 교육과 일치하는 것에 있어서 많은 부분이 틀리고 잘못되었습니다.

오늘날 유대인의 교육을 따르자고 하는데 무엇 때문에 따르자고 하였는가요? 그 이유는 그들이 부한 삶을 살고 세상을 향한 거대한 위치에 있기에 그렇습니다. 그러나 중요한 것은 겉 사람의 외모가 중요한 것이 아니며, 분명 하나님이나 예수 그리스도께서 원하시는 것은 이 세상에서 잘먹고 잘 사는 것이 아닙니다. 구원 받은 자로서 하나님의 참된 어린이로서 구원 받고 그 말씀에 의지하고 순종함으로 세상을 향해 정의를 부르짖고 세상을 향해 빛과 소금의 직분을 감당하기 위함입니다.

하나님이 자기 백성을 향한 교육 방법과 예수님의 교육 방법은 놀라우며 이로부터 나온 그리스도인의 교육방법은 참으로 중요합니다. 우리는 삶의 변화를 주는 살아있는 하나님 교육을 우리의 후손에게 물려주어야 합니다.

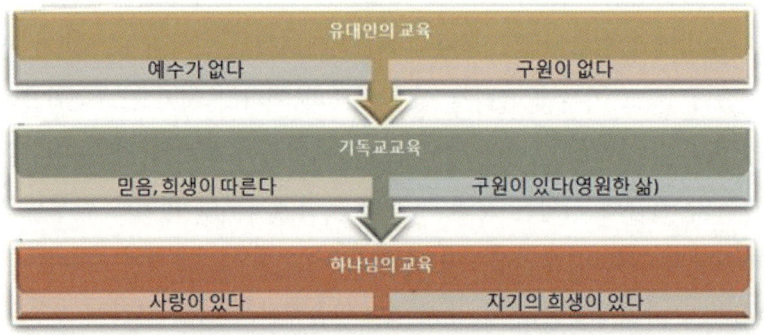

1) 해결 방안

(1) 모델을 제시하라

새로운 신앙교육을 위한 모델은 교사와 어린이가 한마음으로 서로 사랑을 주고받으며, 하나님 말씀을 가르침에 있어서는 '교사, 어린이, 교육내용, 가정'이 진정으로 회복될 수 있어야 합니다.

① 인격적 만남의 기독교교육

'멘토링'이나 '코칭'은 인간존중의 인격적인 만남이며, 상호신뢰를 중요시합니다. 교사와 어린이의 관계는 개별관계가 중요하며, 교사와 교과내용, 어린이와 교과내용은 불가분의 원칙입니다. 권위적인 관계를 벗어나 인격적인 관계로서의 성경교육을 위해서는 하나님 말씀과 삶의 연결과 하나로서의 삶이 중요합니다. 교사가 믿음이 없고, 예수를 믿지 않고 하나님의 말씀을 묵상하지 않고 기도하지 않는다면 교사가 될 수가 없습니다.

② 공동체적 모델

단순히 이스라엘의 역사나 성경지식을 배우는 것이 아니라 교사와 어린이들이 더불어 사는 삶과 더불어 신앙과 삶을 나누는 공동체가 되어야 합니다. 그뿐만 아니라 함께하는 공동체로서의 참된 교육이 이루어지며, 다양성을 가지고 더욱 더 풍성한 교제가 이루어져야 합니다.

③ 체험적 모델

체험적이면서도 경험을 나누는 풍부한 기독교교육. 성경교육 즉,

신앙교육은 이론만이 아니라 체험적인 것, 즉 경험이 참으로 중요합니다. 하나님의 말씀을 돌에 새기는 것이 아니라 마음에 새겨 살아야 합니다. 교회나 가정에서 하나님의 말씀을 배운 것을 그대로 가지고 있는 것이 아니라 삶 가운데서 나타나며, 더 나아가 이웃을 위해 살아가는 것이 더 중요합니다. 세상에 나아가 복음을 전하며 말로만이 아니라 삶 가운데서 그리스도를 나타내야 합니다. 그러는 가운데 진정한 그리스도인의 냄새를 풍기며 살아가야 하며, 믿음의 힘과 응답의 경험, 믿음으로 말미암아 이루어진 경험이 중요합니다.

④ 참여적 교육

하나님의 말씀을 배우고 가르치는 데는 믿음과 헌신이 요구됩니다. 희생, 즉 헌신이 없이는 그 어떤 것도 이룰 수가 없습니다. 성경교육은 관심을 불러일으키며 공감대 형성해 가는 가운데 그리스도의 제자로서의 훈련하는 과정이 필요합니다. 모든 교육과정에서 어린이들의 참여가 극대화될 때 교육의 효과도 극대화된다는 것을 인식해야 합니다. 또한 참여적 성경교육은 적극적인 실천과 참여를 통해서만 온전한 깨달음에 이를 수 있음을 의미합니다.

⑤ 함께하는 교육

오늘날 교회에서는 보통 학년별, 연령별로 나누어 어린이 교육을 수행하는데 형제, 자매의 연령을 나누지 말고 함께 교육을 실시할 필요가 있습니다. 그리고 전도한 친구들과 교제하고 함께하는 가운데 진정한 가르침과 돌봄, 사랑과 이해와 협력이 더 풍성하게 이루어질 수 있습니다.

⑥ 상상(꿈)이 펼쳐지는 하나님의 말씀교육

하나님 말씀을 배우는 성경교육을 통하여 하나님 말씀 속에 있는 상상의 나래를 펼칠 줄 알아야 합니다. 쉽게 말해서 성경의 역사 속으로 들어가 그 상황과 구체적인 모습을 상상할 줄 알아야 하며, 말씀을 통해 거룩한 꿈을 꾸고 그 꿈을 위해 노력하며 그리스도의 인도하심을 받아 그 꿈을 이루어나가야 합니다. 그러기 위해서는 교재나 글뿐만 아니라 현대의 다양한 전달 매체에 해당하는 그림, 영상, 노래와 연극 등을 통해 상상력이 풍부한 교육을 수행해 나갈 수 있습니다. 한걸음 더 나아가서 단기선교, 농어촌 봉사 등 여러 가지 활동을 통하여 목표와 비전이 분명한 그리스도인으로서 성장해 갈 수 있습니다.

⑦ 창조적인 교육

남의 것을 베끼거나 답습하는 것이 아니라 우리 어린이들 개개인에게 맞는 교육방법을 찾고 연구하여 새로운 맞춤식 교육을 수행해 나가야 할 것입니다. 하나님이 무에서 유를 창조하셨듯이 우리가 희생을 감수하고 노력만 한다면, 얼마든지 어린이들과 함께 창조적인 것을 이루어 나갈 수 있으며, 그로 인하여 다른 교회나 사회에 긍정적인 영향력을 행사할 수 있게 됩니다.

⑧ 풍성한 삶을 이루어 나가는 교육

한국의 보건복지부가 2013년 11-12월, 전국에서 18세 미만의 아동을 양육하는 4천여 가구를 대상으로 한국 아동의 '삶의 만족도'를 조사하였습니다. 그런데 한국 아동의 삶의 만족도는 100점 만점에 60.3점으로 OECD 회원국 가운데 최하위로 나타났습니다. 이처럼 우리의 어린이들이 이 세상을 살아가면서 학교나 가정에서 치이고 친구들에 부대끼며 어떤 어린이는 교회에서도 동일한 경험을 하면서 엄청난 스트레스를 받고 있습니다. 이러한 어린이들에게 삶을 만족스럽게 채워 줄 수 있는 참된 기독교교육을 수립해 나감으로써 우리의 어린이들이 건강한 그리스도인으로서 삶을 영위해 나갈 수 있도록 해야 합니다.

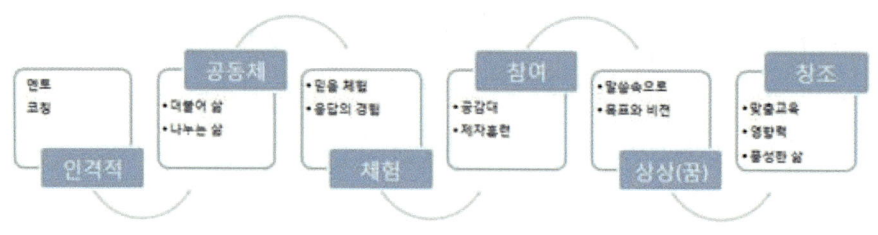

⑵ 기독교 문화를 구현하라

사사시대는 자기 소견대로 살아가는 시대였습니다. 오늘의 이 시대도 마찬가지라고 느껴집니다. 자기의 감정, 느낌, 결정과 생각이 중요합니다. 다른 사람을 배려하는 것이 아니라 자기 멋대로 살아가는 자기 중심적인 문화입니다. 이러한 세상문화 속에서 그리스도인으로서 살아가기란 참으로 힘이 듭니다. 세상을 등지고, 세상문화를 버리고 살아가기는 더욱더 어렵습니다. 그래서 평범한 그리스도인으로서 어떻게 살아가야 할지 막막할 때가 많습니다.

그러므로 괴테는 본인의 책 『파우스트』에서 "인간들은 알 필요가 없는 것을 좋은 것인 양 알려 하고 알 필요가 있는 것은 오히려 알고 싶어 하지 않는다"라고 하였습니다. 이 시대를 살아가는 우리의 후손들이 올바른 문화 가운데 살아가야 함에도 불구하고 세상의 문화는 소돔과 고모라처럼, 로마 시대처럼, 폼페이의 타락처럼 계속 깊은 수렁으로 빠져 들어가고 있습니다. 이렇게 잘못된 문화와 세상 가운데서 예수님은 세상을 등지라고 말씀하시지 않았습니다. 오히려 너희가 세상에서 '빛과 소금'이니 그 역할을 감당해야 한다는 점을 강조하셨습니다. 리처드 니이버는 우리의 어린이들이 '문화를 재생산해 내는 기독교'를 만들어 가야 한다고 언급하였습니다. 그리스도인들, 즉 신앙의 유산을 가진 어린이들이 영적이면서도 건전하고 비전이 있는 올바른 문화를 창조해 나가면서, 세상 속에서 그들이 빛과 소금의 역할을 해 나가야 한다는 것입니다.

2) 생각하기

우리 교회의 교육방법은 어떠한 방법을 채택하고 있으며 나는 어떠한 방법을 사용하고 있습니까? 나는 어린이들을 바로 알고 그들의 필요를 채워 주고 있습니까? 나는 얼마만큼 하나님의 말씀을 믿고 그것을 나의 삶에 적용하면서 어린이들을 대하고 있습니까? 이 시대의 특징인 포스트모던 시대를 얼마만큼 이해하고 있으며 또 어떻게 받아들이고 있습니까?

우리 교회와 나는 무엇을 중요시 여기고 있습니까?

춘추시대 제 나라 재상 관중은 말하기를, "일 년 계획은 곡식을 심는 것만 한 것이 없고, 십 년 계획은 나무를 심는 것만 한 것이 없고, 평생 계획은 사람을 키우는 것만 한 것이 없다"(一年之計 莫如樹穀 十年之計 莫如樹木 終身之計 莫如樹人)라고 하였습니다.

교회교육은 그 목표가 주 안에서 성숙하며 그리스도의 몸을 세워 나가는 것입니다. 성숙은 그리스도를 닮아가는 것(Christlikeness)을 말하며, 삶 속에서의 전달(성숙과 변화와 전파)을 교회뿐만 아니라 가정에서 이루어가는 것에 초점을 둡니다. 교회교육은 이러한 목표와 방법에 바탕을 두어야 합니다.

(1) 관계성의 측면에서 볼 때, 대화(Conversation), 교제(Communication), 관계(Relationship), 영적 교제(Communion)를 이루어 나가야 합니다.

(2) 세상문화 속에서 그리스도인으로 살아가기 위해서 필요한 것으로 지능(Intelligence)을 위한 것과 감정적(Emotional)인 것과 사회성(Sociality)과 영적(Spiritual)인 것과 생활에 있어서의 태도(Attitude), 창의

력(Creativity), 신체적(Physical)인 활동, 자연친화적(Natural)인 교육과 아울러 재정(Finance)교육과 사회에서 그리스도인으로서의 삶을 위하여 도덕(Morality)적인 것이 중요합니다. 또 개인의 삶에서나 사회에서 지켜야 할 도리와 규례를 정직하게 행함으로써 이루어 나가야 할 윤리(Ethics)를 교육하여 참과 거짓을 분별하도록 해야 합니다.

이외에도 오늘날 충동적이고 감정적이며 자기 생각대로 행동하는 험악한 상황을 올바로 헤쳐 나가며 하나님이 주시는 "뱀 같이 지혜롭고 비둘기 같이 순결한" 삶을 살아갈 수 있어야 합니다.

현대사회에서는 자기 중심적이고 자기 주관적인 삶을 살며 좀처럼 인내하지 못하고 어떠한 어려움에 부딪쳤을 때 그 역경을 잘 헤쳐 나가지 못하는 경향이 있습니다. 성공적이고 보람 있는 삶을 살아야 함에도 불구하고 가장 손쉬운 자살을 선택하기도 합니다.

그리스도인은 성령의 열매에 해당하는 사랑(Love), 희락(Joy), 화평(Peace), 인내(Patience), 자비(Kindness), 양선(Goodness), 충성(Faithfulness), 온유(Gentleness), 절제(Self-control))의 열매를 맺도록 가르치고 이것이 삶 속에서 배어나올 수 있도록 해야 합니다. 교회나 가정이 함께 어린이들을 양육해야 진정한 그리스도인으로 성장할 수 있도록 해야 합니다.

교회는 교회교육에 있어서 인간의 욕심으로 하려 하지 말고 어린이들이 진정으로 하나님을 사랑하도록 교육해야 합니다. 이 세상을 변화시키고 하나님 나라를 확장하려면, 담임목회자와 교회의 중직자들과 모든 교인들이 함께해야 합니다. 또한 교사들은 철저한 소명과 사명의식을 가지고 성령의 역사하심을 간구해야 할 뿐아니라, 하나님 앞에 서는 마지막 순간까지 우리에게 맡겨진 어린이들을 위해 전도와 심방, 기도와 철저한 말씀 준비를 해야 할 것입니다.

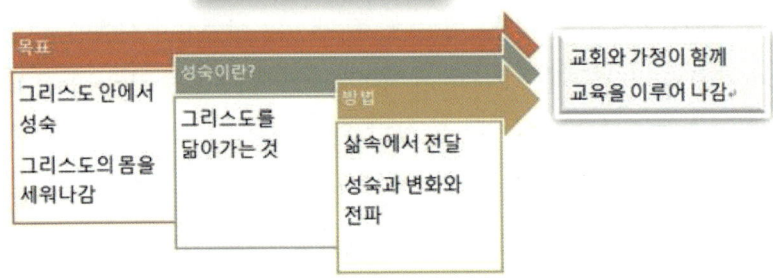

제2부

어린이 전도

제1장 어린이 전도의 정의와 목적

제2장 어린이 전도의 중요성

제3장 어린이 전도의 이론과 실제

제4장 어린이 전도의 상담이론과 실제

제5장 어린이 새 신자 양육

제6장 어린이 전도와 세계선교

| 제 1 장 |

어린이 전도의 정의와 목적

    어린이 전도의 서술적 개념은 복음이 아직 알려지지 않았거나 충분히 알려지지 않은 어린이들에게 교회기관 혹은 자발적 단체를 통해 복음을 선포하는 교회의 의식적 행위입니다. 그리고 교사는 주님을 따르는 사람이며, 주님의 가치관으로 변화된 사람이며, 그 변화로 주님의 제자를 양육하는 사람입니다. 주님의 뜻대로 살아가는 사람이기에 교사는 그 삶 자체가 전도입니다.

    하나님은 사람들을 불러 하나님 나라를 구체화시키며, 교회는 이를 위하여 부르심을 받고 교육을 통해서 수행해 나갑니다. 어린이 전도는 교회의 모든 활동을 평가하고 측정하는 기준이 되며, 교회의 존재 이유 그 자체입니다. 따라서 어린이 전도는 교사와 복회자에게 중요한 개념입니다. 어린이 전도는 복음이 아직 알려지지 않았거나 충분히 알려지지 않은 어린이들에게 교회나 전도단체(para-church)를 통해 복음을 선포하는 교회의 본질적이고 의식적 행위입니다.

1. 어린이 전도의 정의

어린이 전도를 정의하는 일은 다양한 견해와 의견과 질문을 동반하기 때문에 쉬운 일이 아닙니다. 특히 과거와 현재의 의미와 목적이 서로 다른 역사성을 감안해야 하기 때문에 까다로운 작업이라 할 수 있습니다.

서술적 관점에서 볼 때 전도의 개념은 하나님과 동역하는 인간이 가르치는 사역이며, 규범적인 측면에서는 기독교적 지식과 그 원리의 전수이며 기독교적 가치관의 전수입니다.[1] 또 전도는 사람들로 하여금 예수 그리스도를 믿게 하고 교회의 지체가 되도록 하는 교회 밖에서 행하는 실행가능한 모든 교육의 방법으로 규정합니다.

어린이 전도는 어린이를 예수 그리스도 안에서 구원의 신앙으로 인도하고 예수의 제자가 되는 훈련을 시켜 세상에서 기독교적 섬김을 실천하는 사람으로 준비시킵니다. 또한 어린이 전도는 어린이 마음 안에 성경적 세계관을 구축하여 그들이 성경적 세계관의 관점에서 매사를 결정하는 것을 돕습니다. 어린이 전도를 통해 어린이들을 믿음에 이르게 하고, 믿음 안에서 성숙하도록 도우며, 교육을 통해 다른 어린이들을 섬길 수 있도록 인도하며 그것을 통해 하나님 나라를 확장해 가야 합니다.

어린이 전도는 교회의 신앙적 유산이라는 의미와 함께 어린이들의 신앙과 삶을 발전시키도록 도와주는 의미가 있습니다. 교육은 전도를 위하여 그리스도인을 준비시키고, 훈련시켜 전도현장에서 그리스도의 대사로서 살아가도록 무장시킵니다. 교육과 전도는 교회의

---

1 Kendig Brubaker Cully(ed), *The Westminster Dictionary of Christian Education* (Philadelphia: The Westminster Press, 2005), 546.

부수적 가치가 아니라, 신앙공동체의 생명을 표현 하도록 가르치는 핵심적 가치입니다.

1) 그랜도프(Werner G. Greandorf) 정의

어린이 전도는 성경에 근거한 성령의 능력을 힘입은 그리스도 중심적인 교수와 학습과정으로서, 개인을 현대적 교수법으로 삶의 모든 영역에서 그리스도를 통한 하나님의 목적과 계획을 알고 경험하게 한다. 또한 전인적 성숙에 이르게 하고 또 이를 준비시켜 교육의 대가이신 그리스도를 본받아 성숙한 제자를 만들라는 명령에 초점을 두고 효과적인 사역을 할 수 있도록 돕는 일이다.[2]

이 정의는 그리스도 자신과 제자를 만들라는 명령을 강조함과 동시에 성령의 역할과 교수와 학습의 기능, 하나님의 목적과 계획, 섬김을 위한 준비 등의 개념을 포함하고 있습니다.

2) 파즈미노(Robert W. Pazmino)의 정의

어린이 전도를 기독교 신앙과 일치되는 지식과 가치와 태도와 기술과 감수성과 행동들을 공유하기 위한 계획적이고 조직적이며 일관된 하나님과 인간의 노력이다.[3]

---

[2] Werner G. Greandorf, *Introduction to Biblical Christian Education* (Philadelphia: The Westminster Press, 1981), 234.

[3] Robert W. Pazmino, *Foundational Issues in Christian Education* (Grand Rappids: Eerdmans

이 정의는 개인이나 단체 혹은 구조를 성령의 능력으로 변화시키고 새롭게 하며 개혁시키시는 하나님의 뜻을 확증하고 있습니다.

3) 브라운(Beth E. Brown)의 정의

어린이 전도란 성령의 인도와 능력 아래 진리와 그 실천의 상호작용으로서 학습자의 삶에 그리스도의 형상을 따르는 변화를 가져오게 하는 것이다. 이것은 성령의 역사 아래 진리와 실생활의 적용을 포함한다. 변화가 목표이고 이 변화란 그리스도의 형상과의 일치를 뜻한다.[4]

4) 마이클 그린(Michael Green)의 정의

예수 그리스도에 대한 기쁨과 확신으로 흘러넘침이다 (overflow, 살전 1:5). 한 거지가 다른 거지에게 빵을 얻을 수 있는 곳을 알려 주는 것이다.[5]

이러한 어린이 전도의 정의들은 성경적 기초, 건전한 신학, 성령의 능력, 교수와 학습, 성숙, 준비의 요소들, 변화, 교회의 전도와 봉사 등 기본적인 요소들을 포함합니다. 그러므로 어린이 전도는 그리스도인을 가르치는 지식 교육 이상을 포함합니다. 그것은 지식 전달 이상의 목적을 가지며, 올바른 성경교육은 인간의 태도, 동기, 의

Publishing Company, 1997), 59.
4 Beth E. Brown, *This New Life of Yours*(Denver: Baptist Pablication, 1966), 20.
5 마이클 그린, 『현대 전도학』 (서울: CLC, 2001), 15.

지를 변화시키는 결과를 가져오게 합니다. 교육은 영적 성숙을 향한 계속적인 인격 수정을 포함하며, 어린이들을 "온전케 하며"(엡 4:11), 하나님의 형상을 회복(restoration)하는 것입니다. 어린이 전도의 목적은 어린이를 원래의 창조 상태로 회복하는 전도사역의 일환입니다.

5) 전도학 정의

카이퍼(Abraham Kuyper)는 "전도학은 그리스도 밖에 있는 사람들을 개종으로 이끄는 하나님이 정하신 가장 유익한 방법에 대한 탐구이다." 마이클버스트(Olav Myklebust)는 "전도학은 세상에 하나님 나라를 가져오기 위해 일하시는 성부, 성자, 성령의 구원 활동에 대한 연구이다"라고 했습니다.[6]

전도학은 결코 정적인 학문은 아니며, 성장하고 적응하며, 항상 변화하는 세계와 연결되어 있으며 결코 완성된 것이 아닙니다. 전도학은 모든 새로운 상황 속에서 내적인 통합을 유지할 수 있어야 합니다. 이러한 이유로 전도학에 대한 가장 간단한 정의를 티펫(Tippett)은 "역사의 과정을 통해 하나님께 나오게 된 어린이들에 대한 연구"라고 했습니다. 전도학은 전도를 연구하는 학문(science of missions)으로서 신학, 전도역사, 전도철학 그리고 문화 상황 속에서의 전략적인 수행에 관한 공식적인 연구를 포함합니다.[7]

바울은 하나님이 사람을 구원하시는 섭리 순서에 대해 보냄을 받은 자 없이는 복음이 전파될 수 없고, 들을 수도, 믿을 수도, 주님의 이름을 불러 구원받을 수도 없다고 말함으로써 전도자들이 반드

---

6 R. B. Kuiper, *God Centered Evangelism* (Grand Rappids: Baker Book House, 1980), 17.
7 전호진, 『선교학』 (서울: 개혁주의신행협회, 2001), 16.

시 필요함을 역설했습니다. 즉 소명을 받은 교사들을 통하여 복음사역을 수행하는 것입니다. 그러므로 오늘의 모든 교사는 그리스도의 보내심을 받은 자로서 그리스도의 대사(ambassador)입니다.[8] 그 교사는 능력의 복음을 전하는 사도이며, 그의 복음은 인성에 담긴 신성입니다. 연약한 인간의 피조성 속에 담겨 있는 하나님의 신성입니다.

영국의 제임스 패커(James I. Packer)는 『복음전도와 하나님의 주권』(Evangelism and the Sovereignty of God)에서 포괄적인 의미의 전도 개념을 다음과 같이 정의했습니다.

> 죄인을 불러 예수 그리스도를 구주로 모시게 할 뿐만 아니라 교회의 교제 속에서 왕으로 모시도록 하는 것이다. 그리고 그 교회란 예배하며 전도할 뿐만 아니라 땅 위에서 주를 위해서 일하는 사명을 가진 성도의 모임이다.[9]

1974년 로잔(Lausanne)에서 모였던 세계복음전도에 대한 국제대회(International Congress on World Evangelism)의 보고서인 『그의 복음을 온 지구가 듣게 하라』(Let the earth hear His voice)에서 복음전도를 다음과 같이 정의했습니다.

> 복음을 전파한다는 것은 예수 그리스도께서 우리의 죄를 위해서 죽으시고 또 성경에 따라 죽은 자 가운데 다시 살아나셨으며, 이제는 통치하시는 주님으로서 모든 죄에 대한 용서와 자유롭게 하는 성령의 은사를 믿고 회개하는 자들 모두에

---

8 R. B. Kuiper, *God Centered Evangelism* (Grand Rappids: Baker Book House, 1980),17
9 James I. Packer, *Evangelism and the Sovereignty of God* (London: IVP,1976), 39.

게 좋은 소식을 전하는 일이다. 우리 그리스도인들이 이 세상 속에 존재하는 것은 복음전도에 있어서 필수불가결한 일이며, 그것을 이해하기 위하여 세심한 주의를 기울여 듣는 것을 목적으로 하는 대화 역시 중요하다. 그러나 복음전도 그 자체는 사람들을 개인적으로 그리스도께로 나아와 하나님과 더불어 화목하게 하도록 설득할 의도로 역사적이며 성경적인 그리스도를 구세주와 주님으로 선포하는 일이다. 복음의 초대를 발함에 있어서 우리는 제자 직분에 따르는 희생을 회피할 수 있는 자유를 갖지 못한다. 예수님은 여전히 그를 따르는 자들은 모두 자기 자신을 부인하고 자기의 십자가를 지고 그가 속한 새로운 사회 속에서 동일하게 생활하면서 따라오라고 말씀하시며, 또 부르고 계신다. 복음전도의 결과들에는 그리스도께 대한 순종과 교회 안에서의 협력과 세계 속에서의 책임감 있는 봉사가 모두 포함된다.[10]

존 영(John M. L. Young)은 『전도의 동기와 목적』(The Motive and Aim of Mission)에서 전도란 도대체 무엇인가?'라고 묻고 스스로 답변을 했습니다.

전도란 것은 잃어버린 자의 구원과 토착 교회의 설립, 하나님 왕국의 출현, 또한 하나님의 모든 영광을 위해서 하나님의 교회를 통하여 그의 완전한 말씀을 모든 나라에 선포하려고 그리스도의 사자들을 보내시는 삼위일체이신 하나님의 일을 말

---

[10] J. D. Douglas(ed), *The Lausanne Covenant, Let the Earth Hear His Voice* (World Wide Publications), 4.

한다. 참된 전도는 그 근본이 하나님 안에 있다. 또한 하나님이 선택한 인간에 의해 이루어지는 일이며 하나님의 영광을 위해 세계의 도처에 퍼져 나가는데 전도의 목적이 있다. 전도란 용어는 아직 복음을 모르거나 조금밖에 모르는 다른 나라들에게 하나님의 종들을 통해 복음을 전도하도록 주로 외국에 하나님의 백성을 파송하는 일을 말한다.[11]

1950년대에 인도 선교사로 있었던 맥가브란(Donald A. McGavran)은 자유주의적 전도 신학자들이 전도를 고전적, 전통적인 정의에서 이탈시켜 비정상적으로 정의하는데 대하여 혐오감을 느꼈습니다. 그는 성경적인 전도 개념을 강조해 왔습니다. 전도에 관한 지상명령의 유일한 주제는 모든 백성으로 예수님의 제자를 삼는 데 있다고 강조하며, 전도를 다음과 같이 정의합니다.

> 전도란 예수 그리스도를 따르지 아니하는 사람들에게 전도하기 위하여 복음을 들고 문화의 경계를 넘는 것이며, 또한 사람들을 권하여 예수를 주와 구주로 영접하게 하여 그의 교회의 책임 있는 회원이 되게 한다. 또 성령이 인도하시는 대로 전도와 사회정의를 위한 일을 하며, 하나님의 뜻이 하늘에서 이룬 것같이 땅에서도 이루어지게 하는 것이다.[12]

지금까지 전통적인 전도의 정의를 통해서 결론을 얻을 수 있었습니다. 전도와 선교란 다가오는 하나님 나라와 하나님의 심판을 앞두

---

11 John M. L. Young, *The Motive and Aim of Mission* (Philadelphia: The Westminster Press, 1985), 46.
12 Donald A. McGavran, *Contemporary theology of Missions* (Grand Rapids: Baker Book House, 1983), 26.

고 예수 그리스도께서 세상의 구주라는 사실을 땅 끝까지 전하는 것입니다. 그리하여 모든 어린이를 예수님의 제자로 양육하는 것입니다. 어린이의 영혼을 복음에 접하게 하는 것뿐만 아니라 어린이 생활 전역이 복음화 되도록 하는 것을 의미합니다. 예수 그리스도는 죄에서 해방을 준 구세주로서 뿐만 아니라 인간의 전 생애를 주관하시는 왕으로 모시도록 하는 것입니다.

2. 어린이 전도의 목적

오늘날 교회교육의 전반적 흐름은 '어린이 교육과 전도'를 절실히 필요한 학문으로 인식하고 있다는 것입니다. 전도사역의 주된 목적이 어린이 전도의 목적인 어린이들의 심령 안에서 하나님의 생명을 경험하게 하는 것과 본질적으로 일치합니다. 어린이 전도는 하나님의 생명을 북돋우고 발전시켜 "온전한 사람을 이루어 그리스도의 장성한 분량이 충만한 데까지 이르게"(엡 4:13)하는 것입니다.

어린이 전도의 목표는 하나님의 생명을 양육하며 유지하는 것이며, 이것이 하나님의 정하신 순서요, 계획이요, 전략입니다. 그리고 어린이 전도의 목표 중의 하나인 지역교회의 리더십과 어린이 개개인의 자아성숙에 필요한 성경의 원리를 체계적으로 교육하는 것입니다. 영적으로 성숙한 어린이들을 그리스도의 형상을 본받게 하고 예수님의 삶의 행적을 따라서 각자 받은 은사와 분량만큼 전도를 완수하도록 지도하는 것입니다.

러셀(Letty M. Russell)은 "어린이 전도는 하나님이 온 인류와 세계를 구원하시려는 전도와 그곳으로 초대하는 과정이라고 전제하면서 교육의 목표를 참 인간성 회복이다"라고 했습니다. 즉 하나님의 형상의 회복입니다. 전도는 어린이들을 하나님의 왕자요 공주로 받아들이며 참 인간성을 회복하시려는 하나님의 전도명령에 참가하게끔 모든 사람에게 주어진 그리스도의 초청에 자발적으로 기쁘게 참여케 하는 일이라고 했습니다.[13]

---

13 Letty M. Russell, *Christian Education in Mission* (Philadelphia: Westminster Press, 1997), 358.

| 제 2 장 |

어린이 전도의 중요성

1. 어린이 전도의 의미

성경은 어린이 전도의 귀한 사명을 책임 맡은 교회학교 교사들이 하나님의 분명한 말씀으로 시대적 사명을 더욱 충실히 감당하는 것으로 가르치고 있습니다. 전도는 열렬한 정서적 감정에 의해서 수행됩니다. 열렬한 사랑의 증거가 영혼을 건지는 교사-전도자로부터 발산하여 나옵니다. 교사는 어린이들이 다시 태어나고 그들의 삶을 예수 그리스도께 바칠 수 있도록 열렬한 관심을 나타내야 합니다.

성경에는 전도에 의미를 주는 4가지의 단어들이 있습니다. '가르치다'(didasko)와 교사(teacher)란 단어가 250회 이상 나옵니다.

예수께서 회당에서 가르치시며(마 9:35).
너희가 내 증인이 되리라(행 1:8).

'설교하다'(euaggelizo)는 좋은 소식을 알리다, 복음을 전파한다는 의미입니다(행 13:32; 히 4:2). '전파하다'(kerusso)는 알리다, 전하다는 의미입니다(마 3:1; 24:14; 딤전 3:16). '증거하다'(martureo)는 증인, 또는 순교자라는 의미이다.

1) 설교하다.

전도자 빌립은 복음을 설교하려고 돌아 다녔습니다(행 21:8). 설교자는 구원의 기쁜 소식을 전파하여 그리스도를 영접하도록 사람들을 설득하려고 시도하는 전도자입니다.

2) 전파하다.

고대 왕의 사자는 마을에서 마을을 돌아다니면서 왕의 포고를 알렸습니다. 전파하다(알리다)의 강조점은 진리의 단순한 나타냄에 있으며 듣는 자의 반응에 있는 것이 아닙니다. 교사-전도자는 복음의 기쁜 소식을 선포하고 있는 것입니다.

3) 증거하다.

"너희가 내 증인이 되리라(행 1:8)." 증인은 진리의 증거나 실증을 줍니다. 예수 그리스도에 대하여 증거하는 교사-전도자는 그리스도의 메시지가 진실되다는 실증을 제공합니다.

4) 제자를 삼다.

전도의 의미는 제자를 삼는(mathateua) 것입니다. 제자는 회개라는 개념을 내포하고 마지막 결과들과 관련되어 있습니다. 전도와 교육을 통해 회심한 사람은 학습자, 학생, 제자가 됩니다.

2. 어린이 전도의 중요성

바울은 "그가 혹은 사도로 혹은 선지자로 혹은 복음 전하는 자로, 혹은 목사와 교사로 삼으셨으니"(엡 4:11)라고 하였습니다. 목사는 설교(선포)와 교육의 1인 2역을 담당해야 합니다.

신구약 성경은 어린이 전도의 중요성에 지대한 관심을 갖고 있습니다. 구약성경의 강조점은 이스라엘 국가를 세우시고 12지파 중 레위지파로 하여금 가르치는 일을 하도록 하는 것입니다(신 31:9-13).

이스라엘은 하나님의 명령에 순종하고 율법을 철저히 지켰을 때 강국이 되었습니다. 그러나 율법이 지켜지지 않았을 때에 이스라엘은 약소국이 되었습니다. 하나님의 명령과 율법이 잘 가르쳐졌을 때에는 적으로부터 보호를 받았습니다(대상 17:7-10) 모세는 "네 어린이에게 부지런히 가르치며 집에 앉았을 때에든지 길에서 행할 때에든지 누웠을 때에든지 일어날 때에든지 이 말씀을 강론할 것이며"(신 6:7)라고 하셨습니다. 자녀들에게 부지런히 가르쳐 신앙을 보존시키라는 명령입니다.

신약성경의 강조점도 어린이 '교육과 전도'에 있습니다. 예수님은 교사였습니다. "예수께서…여러 가지로 가르치시더라"(막 6:34)고 하셨습니다. 예수님은 많은 사람들의 필요가 무엇인가를 아셨고 또 연민의 정을 가지고 계셨습니다. 그러나 그것만으로는 만족하지 않으셨습니다.

예수님은 그들의 필요를 말씀으로 가르쳐 충족시켜 주셨습니다. 예수님은 인간들의 마음속에 있는 영적 욕구를 아셨기에 여러 가지로 가르쳐 주신 것입니다. 진실로 예수님은 완전하신 교사-전도자였습니다. 예수님은 성경에 60회 이상 직접 하나님의 말씀을 가르친 기록이 있습니다. 그래서 예수님을 랍비(Rabbi) 즉, 선생이라고 불렀습니다.

1) 전도자 예수님

① 예수님은 권위로 가르치셨다(마 7:29).
② 예수님은 개인들에게 가르치셨다(요 3:1-11).
③ 예수님은 많은 무리들을 가르치셨다(요 6:2-10).
④ 예수님은 그의 열 두 제자들을 가르치셨다. 인내와 반복으로 가르치셨다(마 5:2).
⑤ 예수님의 지상명령도 가르침이다(마 28:19-20).

예수님은 지상명령 "가서, 제자삼아, 세례주고, 가르치라"는 말씀이 실천될 때 복음이 온 땅에 전파될 것을 확신하셨습니다. 전도를 통해 회심한 어린이는 교육을 통해 제자가 됩니다. 예수님은 가르쳐 지키게 하라고 강조하셨습니다.

2) 전도자 바울

(1) 사도들도 집에서 회당에서 매일 복음을 가르쳤다.

사도들이 "백성을 가르침"(행 4:2)과, "예수는 그리스도라 가르치기와 전도하기를 쉬지 아니하니라"(행 5:42) 하였습니다.

(2) 바울은 근본적으로 교사-전도자였다.

바울은 어디든지 가서 복음을 전했고 교회를 세웠습니다(행 13:44; 18:11; 28:20-31). 바울이 가르칠 때 "온 성이 듣고자 모였고"(행 13:44), "하나님의 말씀을 가르치니라"(행 18:11) 하였습니다.

초대 교회의 역사를 보면 가장 강조된 것이 가르치는 사역이었습니다. 모든 그리스도인들은 가르치는 일에 전념을 하였습니다. 초대 교회 당시에는 로마제국의 1/10이, 3세기에는 로마제국의 전 지역에서 복음이 '가르치는 방법'에 의하여 선포되었습니다.

많은 사람이 예수님을 영접하고 예수님의 이름이 알려지게 되자 로마제국은 하나님의 말씀을 두려워했습니다. 역사가들에 따르면 복음은 노예와 여자들을 통하여 가르쳐졌습니다.

(3) 어린이 전도의 강조

성경은 하나님의 어린이들에게 하나님의 말씀을 가르치라고 강조합니다. 성경은 '어린이 교육과 전도'의 중요성과 방향을 다음과 같이 제시해 줍니다.

　① "삼가 이 소자 중에 하나도 업신여기지 말라"(마 18:10).
　② "어린이가 내게 오는 것을 용납하고 금하지 말라"(막

10:14).

③ "누구든지 나를 믿는 이 소자 중 하나를 실족케 하면 차라리 연자 맷돌을 그 목에 달리 우고 깊은 바다에 빠뜨려지는 것이 나으니라"(마 18:6).

④ "네 어린이에게 부지런히 가르치며"(신 6:6).

⑤ "마땅히 행할 일은 아이에게 가르치라 그리하면 늙어도 그것을 떠나지 아니하리라"(잠 22:6).

⑥ "내 어린 양을 먹이라 하시고"(요 21:15)

⑦ "이 소자 중에 하나라도 잃어지는 것은 하늘에 계신 너희 아버지의 뜻이 아니니라"(마 18:14).

하나님의 어린이들이 지켜야 할 가장 큰 책임은 하나님의 명령에 순종하는 것입니다. 왜냐하면 순종하므로 축복을 받기 때문입니다(사 48:18). 예수님이 승천하시기 직전에 내려주신 지상명령도 가서 모든 족속에게 복음을 가르치라는 것입니다.

세계는 흔들리고 있습니다. 이 흔들리는 세계를 바로 잡기 위해서는 내일의 주인공인 어린이 전도에 힘써야 합니다.

| 제 3 장 |

어린이 전도의 이론과 실제

교사는 어린이들에게 참 복음을 가르쳐야 합니다. 기쁜 소식을 전해야 합니다. 교사는 예수님을 영접하지 못한 어린이들에 대해 세 가지 책임이 있습니다.

첫째, 복음을 가르쳐야 한다.
둘째, 예수님을 개인의 구주로 영접시켜야 한다.
셋째, 어린이를 직접 지도하고 상담해야 한다.

1. 복음을 가르쳐야 한다.

교사는 어린이를 위한 기쁜 소식인 복음을 알고 있어야 합니다. 복음의 내용을 다시 한번 기억해 봅시다.

① 하나님은 어린이를 사랑하십니다.

② 예수 그리스도는 하나님의 완전하신 외아들이십니다. 어린이를 위해서 이 땅에 오셨습니다.
③ 어린이도 하나님 앞에서는 죄인입니다. 오직 하나님만이 거룩하고 흠이 없으십니다.
④ 예수 그리스도는 하나님의 아들로서 어린이의 죄 때문에 십자가에서 '보혈의 피'를 흘리시고 돌아가셨습니다.
⑤ 예수 그리스도는 죽음에서 부활하셨습니다.
⑥ 어린이가 예수님을 마음 문을 열고 믿음으로 영접하면 구원을 받습니다.

교사는 어린이들에게 복음을 짜임새 있게 가르치고 확신시켜야 합니다. 성경 이야기가 '가르침'에 있어서는 중요합니다. 교사는 예수 그리스도의 살아 있는 복음을 영혼이 죽어있는 어린이들에게 가르쳐야 합니다. 복음을 가르칠 때 다음의 네 가지 방법을 사용하면 효과적입니다.

1) 현명한 방법을 사용해야 한다.

성경공부를 통해서 항상 복음의 여섯 가지 사실을 가르치는 것이 중요합니다. 성경공부나 설교나 끝나기 전에 복음이 전해져야 합니다. 오늘날 교사들의 큰 잘못 가운데 하나가 '공과'에 기록된 이야기만을 술술 전하는 것이 아닐까요? 어린이가 복음을 듣고 예수님을 영접하겠다는 결심을 주지 못하는 가르침은 무슨 소용이 있을까요? 어린이들은 성경 이야기를 흥미 있게 들을 것입니다. 그러나 불행하게도 재미있는 이야기로만 듣고 예수 그리스도를 개인의 구주로 영접하지 않는다면 그 성경공부는 핵심이 없는 것입니다. 그러므로 성경공부를 준비할 때 교사는 복음을 꼭 삽입하여 힘 있고 현명하게 가르쳐야 합니다. 성경공부가 끝날 때에는 복음이 어린이들 가슴속 깊이 새겨져야 합니다.

2) 간단하고 쉽게 설명해야 한다.

어린이들에게 어려운 '교리'가 중요하지는 않습니다. 가능한 간단하고 쉬운 단어로 예수를 영접하면 구원 얻는다는 사실을 가르치는 것이 중요합니다. 교사도 모르는 단어를 사용하는 것은 무리입니다. 중요한 단어는 쉽게 설명을 해 주면서 어린이들의 언어를 사용하며 잘 적응하는 교사가 어린이들로 부터 환영을 받습니다.

3) 분명하게 가르쳐야 한다.

① 교사가 준비한 말씀이 어린이들에게 분명히 이해되야 합니다.
② 너무 긴 이야기를 해서는 좋지 않습니다.
③ 좋은 예화를 사용해야 합니다.
④ 슬라이드 같은 시청각 교재를 사용하는 것이 좋습니다.

4) 마음을 끄는 교사가 되어야 한다.

어린이의 입장에서 어린이를 이해하고 어린이의 마음을 끄는 교사에게는 항상 많은 어린이가 교사의 주위에 모이고 매달리게 됩니다. 어린이의 마음을 끄는 설교와 성경공부의 가르침은 교사의 생명입니다.

2. 영접의 기회를 주어야 한다.

예수를 영접하지 않았던 어린이들에게 복음을 전한 후에는 어린이들이 스스로 개인의 구주로 영접할 수 있는 기회를 주는 것이 꼭 필요합니다.

1) 왜 교사가 어린이들에게 예수님을 개인의 구주로 영접하도록 기회를 주어야 할까요?

하나님은 말씀을 통해서 어린이를 축복하실 것을 약속하셨습니다. 그 하나님의 말씀은 귀한 선물입니다. 하나님이 지금 어린이들에게 말씀하고 계시며 사랑하고 계십니다. 하나님이 교사들을 통해서 복음을 어린이들에게 전하고 계십니다. 교사는 어린이에게 도움이 되어야 하고 상담자가 되어야 합니다. 그리고 예수님을 어떻게 어린이 개인의 구세주로 영접할 것인가를 가르쳐야 합니다. 물론 교사들이 어떤 어린이가 주님을 영접했는지를 다 알 수는 없고 특별히 한국적인 관습으로 어린이들은 영적인 문제에 대해서 부끄럽게 생각하고 교사의 초대가 없는 한 개인적으로 찾아와서 상담하는 것을 생각조차 하지 않고 있음을 교사들은 깊이 반성해야 합니다.

제가 영국에서 가장 보람이 있었던 일은 13살 된 어린이들을 지도할 때, 그 교제가 나의 방 또는 어린이의 집에서 이루어졌고 그때, 두 손을 마주잡고 '예수님 영접'에 대한 영적 상담을 자유스럽게 할 수 있었던 것입니다. 교회학교의 설교자나 성경공부를 가르치는 교사는 성경공부를 끝맺을 무렵에 예수님을 영접할 수 있는 기회를 주고 어린이들의 신상과 심령 상태를 면밀히 알고 있어야 합니다. 그럴 때에만 어떤 어린이가 예수님을 영접하기 원하고 있으며 또 어떤 어린이가 수줍어하는지를 알게 되어 문제점을 해결할 수 있기 때문입니다.

2) 무엇이 예수님을 영접하는 기회입니까?

예수님을 영접시킬 때 교사들이 억지로 믿도록 강요하거나 설득시키거나 흥분하여 놀라게 해서는 안 됩니다. 특별히 예수님과의 만남이 없는 어린이들이 실제로 있다는 것은 인정하나 이러한 기회를 주는 것조차 반대하는 교사들이 있는데, 저는 이러한 일에 결코 동의하지 않습니다.

3) 예수님을 영접시킬 때 교사는 어떻게 해야 할까요?

(1) 어린이가 예수 그리스도를 개인의 구세주로 영접할 수 있는 중요한 문제점에 대하여 교사는 도움을 주고, 길잡이가 되어야 합니다.

(2) 교사들이 가르치는 하나님의 말씀의 목적은 어린이들에게 예수님을 영접시키는 것입니다. 이 복음은 예수님을 영접하기 원하는 어린이들의 마음의 문을 엽니다. 복음은 어린이들에게도 추상적인 소리가 아닙니다. 이것은 살아 움직이는 생명력 있는 말씀으로서 어

린이의 생각과 마음과 뜻에 역사하셔서 어떤 중요한 결단을 요구합니다. 그러므로 어떤 어린이가 "선생님! 저도 예수님을 영접하겠어요"라고 단순한 마음으로 요청하면 교사는 아주 세심한 상담을 해야 합니다. 교사는 이 귀중한 영접의 시간에 어린이의 심중을 향해서 한 걸음씩 다가가서 성경말씀으로 채워주고는 결단을 스스로 내리도록 도와주어야 합니다.

(3) 교사의 가장 중요한 자세는 꼭 성경말씀으로 상담하는 자세를 갖추는 것입니다. 물론 반 어린이들에게 성경말씀을 가르칠 때에는 권위로 인정받아야 하지만 특별히 개인 상담 시 영혼의 문제를 다루는 예수님 영접의 기준은 반드시 성경말씀이어야 합니다.

(4) 교사는 어린이들에게 똑같은 기회를 주어야지 특정한 어린이에게 관심을 갖고 상담을 하는 것은 금해야 합니다. 그리고 조용한 분위기를 만들고 진지한 자세로 "예수님을 영접하기 원하세요?"라고 해야지 아무 때나 물어 볼 필요가 없는 것입니다. 그리고 어린이 자신이 예수님을 영접하겠다는 의사를 선생님께 보일 때 상담을 하여 영적 도움을 주어야 합니다.

1977년 6월 옥스퍼드대학교 기독어린이회 예배시간에 전 미국 대통령 닉슨의 법률담당 보좌관 찰스 콜슨이 '권력의 남용과 유용'이라는 제목으로 설교를 할 때 "예수를 영접하라"는 마지막 부분의 설교에 정말 놀라운 역사가 있었음을 저는 잊을 수가 없습니다. 워터게이트 사건의 장본인으로서 자기의 죄를 회개하고 예수님의 십자가 보혈로 용서를 받고 중생한 크리스천으로서의 신앙 간증은 옥

스퍼드대학교 기독어린이 120명이 제단 앞에 무릎을 꿇고 회개하도록 하였습니다. 부모님의 손에 이끌리어 교회학교에 다니고, 40년 동안 교회를 나갔지만 자신은 주님을 영접하지 못하고 교회의 뜰만 밟은 그리스도인으로서 엄청난 죄를 범했다는 것이었습니다. 우리 교사들은 이러한 교회학교 교육을 반성해야 하고 어린이들에게는 예수님이 교사의 간증을 통해서 어떻게 역사하시는가를 보여 주어야 합니다.

4) 어떻게 예수님을 영접하는 기회를 주어야 합니까?

어린이들에게 예수님을 영접하게 하는 두 가지 주된 방법들이 있는데 이 방법은 여러 조항으로 나눌 수 있습니다.

(1) 즉각적인 반응 요청

하나님의 말씀을 듣고 곧바로 예수님을 영접하기 원하는 어린이 또는 무엇인가를 원하는 어린이가 있을 때, 교사는 그 어린이를 예수님께로 초대해야 합니다.

① 앞으로 나오게 하여 선생님 곁에 서게 한다.

성경공부를 마치고 교사가 기도할 때가 중요한 기회입니다. 어린이 여러분! 지금 기도로 이 시간을 마치겠어요. 우리 모두 머리를 숙이고 눈을 감고 예수님께 기도해요. 성경말씀에 "영접하는 자 곧 그 이름을 믿는 자들에게는 하나님의 어린이가 되는 권세를 주셨으니" (요한 1:12)라고 하였습니다. 어린이 여러분은 죄를 지었기 때문에 예수님이 꼭 필요합니다. 예수님께 여러분의 죄를 이야기 하고 용서를 빌고 예수님을 여러분들 마음속에 영접하시면 여러분은 하나님의 귀한 자녀가 됩니다. 만일 여러분이 예수님 영접하시기를 지금 원하시면 앞으로 나오세요. 그리고 선생님 곁에 서주세요. 예수님은 지금도 어린이를 기다리고 계십니다.

② 손을 들게 한다.
어린이 여러분! 머리를 숙이고 눈을 감고 우리 예수님께 기도해요. 오늘 선생님이 성경말씀을 가르쳤지요? 여러분의 죄를 용서받아야 한다고 했지요? 그리고 예수님께 죄로부터 구원해 달라고 부탁해야 기도를 드려야 한다고 배웠지요? 그래야 여러분이 죽은 후에도 하늘 나라에 갈 수가 있어요. 하나님은 여러분들이 언제 맞이할지 모르는 죽음 앞에서 준비하기를 원하십니다. 예수님을 영접하기를 원하십니다. 예수님이 말씀하시기를 "내 아버지 집에 거할 곳이 많도다. 그렇지 않으면 너희에게 일렀으리라. 내가 너희를 위하여 처소를 예비하러 가노니"(요 14:2)라고 하셨습니다. 그래요! 하늘 나라 가는 길은 한길 밖에 없어요. 예수님을 통한 길이지요. 오늘 성경말씀을 통하여 하늘 나라 가는 길을 보여 주겠어요. 만일 여러분이 성경공부 끝난 후에 선생님과 상담하고 싶다면 손을 잠깐만 들어주세요? 예, 감사합니다. 예수님을 영접하는 것에 대해 하나님이 어떻게 말씀하시는지 성경을 보겠어요.

③ 일어서게 한다.
어린이 여러분! 예수님이 여러분을 죄에서 구원해 주시고 하나님 앞에 흰 눈같이 깨끗하게 씻어 주십니다. 성경말씀에 "그 아들 예수의 피가 우리를 모든 죄에서 깨끗하게 하실 것이요"(요1:7)라고 하셨

습니다. 우리 모두 머리를 숙이고 두 손 모아 눈을 감겠습니다. 예수님을 자신의 개인의 구세주로 영접하기 원하는 어린이는 잠깐만 일어나 주세요? 예, 참 좋아요! 앉아 주세요. 이렇게 성경공부 시간에도 교사는 누가 예수님을 영접하기 원하는지 파악하고 모임 후에 만나 개인 상담을 해주어야 합니다.

④ 눈을 뜨고 선생님을 바라보게 한다.

어린이 여러분! 우리 예수님께 기도합시다. 오늘 선생님이 성경말씀을 통하여 죄로부터 구원을 받고 예수님이 여러분 마음속에 들어오시도록 영접해야 한다고 가르쳤지요. 예수님이 말씀하시기를 "볼지어다. 내가 문밖에 서서 두드리노니 누구든지 내 음성을 듣고 문을 열면 내가 그에게로 들어가 그로 더불어 먹고 그는 나로 더불어 먹으리라"(계 3:20)고 하셨어요. 만일 여러분 중에서 예수님을 영접하시기 원하는데 어떻게 해야 하는지 모른다면 지금 눈을 뜨고 선생님을 바라보세요. 예, 참 고맙습니다. 눈뜬 어린이는 선생님과 함께 성경말씀을 통해서 어떻게 예수님을 영접하는지 공부하고 상담하도록 해요.

⑤ 조용한 기도실로 인도한다.

오늘 어린이 여러분이 성경공부를 열심히 해서 선생님은 얼마나 기쁜지 모릅니다. 다 같이 머리 숙이고 손을 모으고 눈을 감고 기도합시다. 여러분은 지금 하나님을 기쁘시게 할 수 있고 또 죄 용서함을 받을 수 있어요. 예수님께 부탁하면 됩니다. 성경말씀에 "예수님은 곧 길이요 진리요 생명이니 나로 말미암지 않고는 아버지께로 올 자가 없느니라"(요 14:6)라 하셨어요. 하나님을 기쁘시게 하고 하늘 나라에 갈 수 있는 길은 오직 예수님을 통해서만 가능합니다. 혹시 여러분들 중에서 어떻게 예수님을 영접하는지 모르지만 오늘 예수님을 꼭 영접하고 싶은 마음이 있는 어린이는 지금 조용히 일어나세요. 그리고 선생님 뒤편에 있는 기도실로 가세요. 목사님께서 여러분을 기쁘게 맞아 주시고, 여러분이 어떻게 성경말씀으로 구원받는가를 가르쳐 주실 것입니다.

위의 방법 중 어떤 것에든지 어린이가 반응하여 예수님을 영접하기를 원한다면, 즉시 그 어린이를 위해 기도해 주고 성경말씀으로 확신시켜 주는 상담하는 것이 꼭 필요합니다.

(2) 이후의 반응(later response) 요청

예수님을 영접하기 원하는 어린이 중에는 모임 후 혹은 교회학교가 끝난 후에 어떤 특별한 시간이 주어지기를 바라는 경우가 있습니다.

① 앞에 있는 의자에 앉게 한다.

지금 기도로 모임을 끝내겠어요. 오늘 배운 성경 구절을 기억하시기 바랍니다. "죄의 삯은 사망이요 하나님의 은사는 그리스도 예수 우리 주안에 있는 영생이니라"(롬 6:23). 만일 여러분 중에 예수님을 개인의 구세주로 영접하기 바라고 또 죄 용서 받기를 원하시면 이 모임이 끝난 후 앞자리에 있는 의자에 앉아 주세요. 성경말씀을 통해서 여러분이 어떻게 예수님을 영접할 수 있는지를 알려 드리겠어요.

② 기도실로 인도한다.

예수님이 여러분의 마음속에 들어오시기를 바라며 또 죄를 용서

하여 주시기 원하신다고 했지요? 성경말씀에 "누구든지 주의 이름을 부르는 자는 구원을 얻으리라"(롬 10:13)고 했습니다. 여러분이 "예수님, 저의 마음속에 들어오세요. 예수님 마음을 닮아 가기를 원해요"라고 예수님께 직접 요청하면 여러분이 구원받을 수 있어요. 만일 여러분 중에서 예수님을 영접하시기 원하시면 예배가 끝난 후에 기도실로 오세요. 선생님이 여러분과 상담하고 성경을 통해 해답을 찾아 드리는 것이 정말 기쁘답니다.

③ 한 장소를 정한다.

예수님이 "내게 오는 자는 내가 결코 내어 쫓지 아니하리라"(요 6:37)고 했어요. 예수님은 어린이 여러분이 죄로부터 돌아서기를 원하시며 예수님을 영접하시기를 바라고 계십니다. 예수님은 여러분의 모든 죄를 깨끗이 씻고 여러분이 하나님의 어린이가 되기를 또한 원하신답니다. 성령님께서 아직도 여러분 마음속에 역사하지 않으셨습니까? 오늘 여러분 마음속에 예수님을 영접하시겠습니까? 예수님에 대해서 개인적으로 더 알기 원하고 또 예수님을 영접하기 원하는 어린이는 예배가 끝난 후, 선생님께 오세요. 함께 기도하고 예수님을 영접하면 예쁜 꽃처럼 우리 마음이 향기롭고 예뻐질 거예요.

④ 앉은 자리에 그대로 있게 한다.

어린이 여러분! 오늘 하나님의 말씀이 여러분의 마음 문을 두드렸나요? 우리가 죄인이기 때문에 구원자가 필요하다는 것을 깨달았나요? 성경말씀에 "네가 만일 네 입으로 예수를 주로 시인하며 하나님이 그를 죽은 자 가운데서 살리신 것을 네 마음에 믿으면 구원을 얻으리라"(롬 10:9)라고 했어요. 여러분! 예수님을 구원자로 영접하겠습니까? 어떻게 해야 구원을 받는지 자세히 알고 싶지 않습니까? 만일 원하시는 어린이가 있다면 바로 집으로 돌아가지 마시고 지금 앉은 그 자리에 남아 주세요. 성경에 말씀하신대로 어린이 여러분이 예수님을 믿고 구세주로 시인하면 여러분은 예수님을 영접한 어린이가 되는 것입니다.

5) 상황에 따라 어떤 방법으로 예수님을 영접해야 할까요?

(1) 모임의 형태에 따라서 이런 방법은 어린이가 많이 모이는 교회학교에서는 적당하지 않을 수 있습니다. 오히려 적은 수가 모이는 교회학교에서 적당한 방법입니다.

(2) 시설의 준비 상황에 따라 기도실이나 어린이 상담을 위한 전담교사가 없을 때, 각 교사는 재치 있는 방법을 사용하여 어린이를 예수님께 초대해야 합니다.

(3) 교사는 항상 성령님의 인도하심을 따라 길잡이가 될 수 있도록 간구해야 합니다. 예수님을 영접하는 어린이도 성령님께서 함께 하실 때만 진정으로 예수님을 영접할 수 있습니다.

위에 기술한 내용들은 영국교회와 유럽의 보수적인 교회에서 실시하는 구체적인 사례입니다. 그렇다고 어느 나라에서나 어린이 전도 방법이 똑같을 수는 없습니다. 프랑스나 스위스, 영국에서는 거의 이런 방법을 사용하나 독일의 루터교회나 화란의 장로교회에서는 성인들과 동일한 방법을 사용합니다. 그러므로 예수님을 영접하는 방법은 한국교회에서도 중요한 연구의 대상이 될 수 있습니다.

오늘의 교회학교 교육 이대로가 좋은가! 양적인 교육인가? 질적인 교육인가? 영국의 보수교회가 그 생명줄을 이어 받는 것은 언약 공동체 교육을 철저히 하므로 어린이들이 자라서 중고등부, 대학부 그리고 장년에 이르기까지 교회교육이 계속적으로 연결되기 때문에 신앙적으로 질서와 체계가 잡혀있고 교회 내에 심각한 문제점이 없다는 것을 오랜 세월 동안 체험하였습니다. 우리 한국교회가 배울 점이 많다고 할 것입니다.

6) 예수님을 영접하는 기회를 주는 데에 따르는 지침

(1) 영국의 여러 교회에서 예수님을 영접하는 기회를 주는 방법 중에는 즉각적인 반응(Immediate response)보다는 얼마 이후의 반응(Later response)의 방법을 많이 사용합니다. 교회학교 교사들이 많이 사용하는 방법은 어린이 성경공부, 어린이 모임, 야외 어린이 전도회, 교회학교 수양회 등입니다. 예수님을 영접하는 초대를 하고 난 후에 상당히 긴 시간의 간격으로 인해 마음의 변화가 생기는 문제가 있고 혹은 환경적으로 어린이가 반응을 보이는 데 방해가 될 수 있다면서 이 방법에 대해 의문을 제기하기도 합니다. 그러나 교사들이 기억해야 할 것은 죄의 깨달음과 중생하는 것은 성령님이 하시는 일이며, 성령님께서 예수님을 영접하기 원하는 어린이를 위해서 어떤 환경이나 방법으로도 잘 인도하실 것을 믿어야 합니다.

(2) 가장 좋은 방법을 선택하는 데 있어서 교사는 성령님의 인도하심에 순종해야 합니다. 하나님 말씀을 어린이에게 전하면서 항상

똑같은 방법을 사용하는 것은 좋지가 않습니다. 어린이들이 어떠한 방법에 익숙해지면 관심도가 떨어지므로 여러 가지 변화 있는 색다른 방법을 모색하여 시간적으로나 말씀에 따라 적당한 방법을 연구해야 합니다.

(3) 예수님을 영접하는 기회를 주는 방법에 있어서 다른 교사들이 사용하는 방법에 대해 비판하거나 한 가지 방법만을 주장하는 것은 좋지 않습니다. 비록 어느 교사의 어떤 방법에 대해서 동의할 수 없거나 익숙하지 않았다고 해서 이상하게 여길 필요는 없습니다. 어린이마다 제각기 다른 성격을 갖고 있으며 외향적인 어린이와 내성적인 어린이를 지도하는 기술은 다를 수밖에 없습니다. 예수님 영접을 위한 초대 방법이 교사의 체험에 따라 항상 같을 수는 없습니다.

3. 어린이의 영접상담을 한다.

교사가 항상 염두에 두어야 할 일은 어린이가 교사에게 예수님을 영접하는데 대하여 상담을 하고 싶다는 의사를 보일 때에는 초대를 해야 합니다. 그런 후에 초대받은 어린이를 성경의 가르침에 따라 상담해야 합니다. 어린이가 초대에 반응을 보였다고 해서 예수님을 영접한 것은 아닙니다. 교사는 상담 과정을 통해서 어린이가 예수님을 영접할 수 있도록 성령님께서 역사하고 인도하시도록 간절히 기도해야 합니다. 유럽 어린이 전도협회 대표이신 삼 도헬리 교수는 오랜 어린이 전도의 경험을 통해서 이렇게 교훈을 주고 있습니다.

많이 모이는 어린이 모임에서는 말씀을 증거하고 성령님께서 어린이의 마음을 감동시켜 예수님 영접을 원하는 어린이에게는 모임 후에 맨 앞줄 의자에 나와서 앉으라고 합니다. 야외 어린이 모임에서는 특별히 관심이 있는 어린이와 모임이 끝난 후 자연스럽게 대화를 합니다.

어린이 성경공부 반이나 교회학교를 인도할 때에는 어린이 중에 저와 이야기하고 싶은 사람이 있으면 앉은 자리에 남아 있으라고 합니다. 물론 어린이들에게 예수님을 영접하는 기회를 주는 방법들에 대해서 어떤 규칙을 만들지 않고 성령님의 인도하심을 따라 여러 방법을 사용합니다. 사실 어떠한 방법을 사용하든지 그것은 문제가 안 됩니다.

분명히 해야 할 것은 초대받은 어린이가 교사와 어떻게 예수님을 영접하는가에 대해서 긍정적인 해답을 얻는 것이 중요한 것입니다. 그러므로 어린이를 초대할 때 절대로 강요해서는 안 됩니다. 초대한 어린이가 예수님 영접하기를 원할 때 교사에게 와서 마음의 문을 열어 놓고 이야기하도록 하는 것입니다.

어린이가 성령님의 인도하심을 따라 결단할 수 있도록 해야 합니다. 초대받은 시간을 예수님을 영접하기 위한 시간으로 사용해서는 결코 안 됩니다. 교사는 예수님을 영접하는데 있어 꾸밈없이 상담할 수 있는 기회로 생각해야 합니다.

만일 어린이를 초대할 수 없고 또 상담할 수 있는 시간이 없다면 교사는 기도로 모임을 마치고 어린이 스스로 결단의 시간을 갖도록 해 주십시오. 어린이 여러분! 오늘 성경말씀에 "영접하는 자, 곧 그 이름을 믿는 자들에게는 하나님의 어린이가 되는 권세를 주셨으니" (요 1:12)라고 했지요. 여러분 중에 예수님을 마음속에 또 삶에 또 모시고 올바르게 자라기를 원하면 이렇게 기도하세요.

고마우신 예수님!
저의 마음속에 저의 생활 속에 들어와 주세요.
저의 죄를 용서해 주세요.
저는 지금 예수님을 영접하기 원합니다.
제가 너무 기쁘고 감사해요.
예수님 이름으로 간절히 기도합니다. 아멘.

만일 어린이 여러분이 하나님께 진심으로 이러한 기도를 드렸다면 하늘에 계신 하나님이 매우 기뻐하시고 여러분의 이름을 하늘 나라의 생명책에 기록할 것입니다. 거듭난 교사가 성경말씀을 중심으로 가르치고 성경 구절을 외워 주님의 심장을 가지고 어린이와 상담할 때 성령의 역사가 일어나는 것을 체험할 수 있습니다. 유럽의 어린이와 한국 어린이가 생긴 모습은 다르나 '마음 밭'은 하나도 다르지 않으며 역사하시는 성령님도 한 분이심을 믿습니다.

교사는 예수님을 모르는 어린이가 있을 때에는 어디서나 예수님 영접할 수 있는 기회를 주어야 합니다. 교회에 나온 어린이가 다시 교회에 오지 않을 수도 있고 다시는 이야기할 기회조차 없을지도 모르기 때문입니다. 교사는 참 하나님의 말씀을 어린이들에게 전한 후 예수님을 영접하는 기회를 주어야 합니다. 만일 어린이가 예수님의 보혈에 대한 '하나님의 선물'을 깨닫지 못하고 예수님이 꼭 필요하다고 느끼지 못할 때에 초대하는 것은 무의미한 일입니다.

교사는 성경말씀에 기초를 둔 분명하고 단순하며 어린이 스스로 결정할 수 있도록 어린이 개인의 인격을 존중하고 명확하고도 간결한 말씀으로 예수님을 영접하는 기회를 주어야 합니다. 교사는 어린이에게 강요하는 언어를 사용하는 것을 절대적으로 피해야 합니다. 비록 어린이라 하더라도 죄의식과 중생은 성령님께서 직접 다루시는 사역이며 교사가 거듭나지 못한 영혼을 잘못 확신시켜 후회나 영적 환멸에 이르도록 인도하는 것은 용서받지 못할 태도입니다. 교사의 사명은 정말로 중요합니다. 하나님이 주신 가장 귀한 직분임을 한시라도 잊어서는 안 될 것입니다.

여기서 예수님 영접에 대한 몇 가지 문제와 그 해결책을 찾아보겠습니다.

질문 1

어린이들에게 예수님 영접의 기회를 주는 것을 반대하는 교사들의 질문이 있습니다.

(1) 어린이들이 교사의 초대에 반응을 보일지 모르나 그들은 예수님 영접을 이해하지 못하며 그러한 문제에 진지하지 못합니다.

(2) 어린이들 중에는 이 중대한 문제를 다른 친구들이 하기 때문에 그저 따라하는 반응을 보일 수 있으며 특히 교사의 초대에 스스로 원하지 않지만 동의할 수도 있습니다.

(3) 어린이들이 선생님을 기쁘게 하기 위해서 또는 전혀 다른 문제를 상담하는 기회를 만들기 위해 반응을 보일 수가 있습니다.

답변

사실 위와 같은 의문이 있을 수 있습니다. 그러나 예수님 영접을 위한 초대는 앞에서 언급한 것과 같이 교사와 어린이가 개인 상담을 하는 것입니다. 이 상담 시간을 통하여 어린이가 진심으로 예수님을 개인의 구세주로 영접하고 이해하며 마음의 준비가 되어 있는지 교사는 정확하게 알 수 있습니다.

만일 어린이가 이해하지 못하거나 진지하지 않은 상태에서 다른 친구들이 하기 때문에 그저 따라서 한다든지 혹은 선생님을 기쁘게 하기 위해서 반응을 보이고 초대에 응했다면, 교사는 그 어린이에게 죄로부터 해방되기 위해서는 예수님이 꼭 필요하다는 성경말씀을 다시 한번 가르쳐 주고 상담을 마쳐야 합니다.

질문 1

교회학교나 어린이 성경공부 모임 후에 상담할 시간적 여유가 없을 때에는 어떻게 합니까?

답 변

만일 상담을 할 수 있는 시간이 없을 때 교사는 예수님 영접에 대한 학습사항을 성경공부 순서의 첫 부분에 넣습니다. 그리고 초대에 반응을 보인 어린이는 부장 선생님이나 목사님, 전도사님이 별도의 공간에서 상담할 수 있습니다. 영국교회에서는 이런 방법을 주로 많이 사용하고 있습니다.

질문 2

교사들이 예수님 영접에 대한 상담을 어린이들과 해 본 경험이 없어 어떻게 해야 하는지 모르며 교사들 스스로가 거듭나지 못했는데 어떻게 어린이들과 상담할 수 있습니까?

답변

이 문제는 한국교회 뿐만 아니라 유럽교회의 가장 큰 문제점의 하나입니다. 오늘날 교회 목사님이나 교회학교 지도자들이 당면한 문제이며, 해결하기 어려운 문제임을 부인할 수 없습니다. 예수님을 영접하지 못한 교사가 어떻게 어린이와 영적인 문제를 상담하고 생명의 말씀을 전할 수 있겠습니까?

제가 영국 글라스고우 트론장로교회에서 함께 교사로 있었던 메리의 간증을 잊을 수가 없습니다.

> 우리 진달래 반 소녀·소년들이 목사님의 설교를 듣고 진지한 자세로 그들의 마음속에 예수님을 영접하기 원하였는데 어린이들이 어떻게 해야 할지를 몰랐고 나도 몰랐어요. 나는 어린이들에게 생명의 만나를 주지 못하고 죽은 양식을 주기만 했던 가련한 교사였습니다. 그러나 예수님이 나를 사랑하셔서 중생함을 받고 이제는 '생명의 만나'를 어린이들에게 줄 수 있는 교사가 되었어요!

그렇습니다. 교사들은 어린이들에게 하나님의 말씀을 가르칠 뿐만 아니라, 어떻게 예수님을 개인의 구주로 영접하는가를 어린이에게 가르쳐야 합니다. 만약 중생하지 못한 교사라면 생명의 만나를 줄 수 있는 교사로 변화되어야 합니다. 예수님은 지금도 "네가 열심을 내라, 회개하라. 내 음성을 듣고 문을 열면 내가 그에게로 들어가…"(계 3:19-20)라고 말씀하십니다.

| 제 4 장 |

어린이 전도의 상담이론과 실제

교사는 예수님을 영접하지 않은 어린이들에게 복음을 힘 있게 전하고 성령님께서 어린이들의 마음속에 역사하시도록 뜨거운 기도를 해야 합니다. 교사는 어린이들에게 예수님을 영접할 기회를 주고 성령님께서 어린이의 마음 문을 열도록, 어린이가 교사를 찾아올 수 있는 용기를 갖도록 기도해야 합니다. 교사의 열망은 어린이들에게 하나님의 말씀을 가르치고 예수님을 영접할 수 있는 기회를 주는 것입니다.

그런 다음에 어린이와 상담하는 것이 교사에게는 중요한 책임이 되는 것입니다. 어린이가 '예수님 영접'의 초대에 반응을 보였다면 이것은 교사의 책임이며 특권입니다. 어린이와 같이 앉아서, 어린이의 문제가 무엇인가를 알아내고, 성경말씀으로 어린이의 문제를 해결하고, 어린이의 손목을 붙잡고 예수님께 기도하는 시간이 교사에게는 가장 보람 있는 시간이 아닐까요? 어린이를 죄와 사망에서 구원받는 생명의 길로 인도하는 것이 교사의 사명입니다.

우리나라 교회는 어른들을 위해서는 많은 시간을 할애하나 어린이를 위해서는 심방이나 상담 시간을 왜 많이 내지 않는 것입니까? 교회와 교사는 어린이 전도를 위해 더 많은 관심과 시간을 할애해야 합니다. 어른 심방에 전념하는 시간과 노력만큼 어린이를 위해서 영적 도움을 줄 수 있는 시간과 상담이 필요하고 이에 대한 교회 지도자들의 각성이 절실히 요구됩니다. 어린이가 신앙으로 바로 서서 성장한다면 후일 교회 심방의 필요성은 그만큼 적어질 것입니다.

1. 구원 상담의 이론

1) 어린이를 예수님께 어떻게 인도해야 할까요?

교사는 어린이와 구원 상담을 하기 위해서 예비 지식이 필요합니다. 다음의 사항들을 주의 깊게 명심하면서 어린이와 구원 문제를 상담합시다.

(1) 어린이에게 복음을 분명히 전할 수 있도록 성령님께 의존해야 합니다. 성령님께서는 상담 교사를 인도하시고, 어린이가 죄를 깨닫고 하나님의 말씀을 통해 구원의 확신을 얻고 거듭나기를 바라고 계십니다.

(2) 어린이마다 성격과 환경이 다르다는 것을 기억해야 합니다. 다른 어린이보다 많은 도움이 필요한 어린이에게는 꼭 개인적 상담을 해주어야 합니다.

(3) 어린이에게 군대식 명령이나 주입식 강요는 피해야 합니다. 교사는 어린이와 서로 의사소통하도록 상담을 한 후 질문을 받고, 그에 대한 답을 말해 주고 그 답을 충분히 이해했는지 확인해야 합니다. 다음 질문이 있을 때에도 마찬가지입니다.

(4) 너무 많은 성경 구절을 사용하지 않는 것이 좋습니다. 너무 많은 성경말씀은 오히려 어린이에게 혼동을 초래합니다. 몇 가지 중요한 구절을 사용하되 상담의 지침서는 성경임을 어린이가 확신하도록 해야 합니다.

(5) 교사는 분위기를 부드럽게 하고 어린이의 가정 형편, 환경 및 이름을 사전에 알아 두어야 합니다. 상담 시간에 미소를 띠면서 먼저 어린이의 의문점이나 질문을 이해하여 전적으로 받아들인 후 한 문제씩 사안에 맞게 성경적인 답변을 해주어야 합니다.

교사가 상담의 본론에 들어가기 전에 '소개 질문'을 먼저 하는 것이 좋습니다. 이 질문은 상담할 어린이의 문제와 필요한 것이 무엇인지를 미리 알아야 하기 때문입니다. 의사가 환자를 진찰해 보지 않고 약을 준다면 환자에게 효험이 없는 것처럼 교사도 어린이를 먼저 진찰해야 합니다. 예수님 영접을 위한 초대에 반응을 보인 어린이는 다음과 같은 네 가지 경우 중 어느 하나에 해당되는데, 이때 각 항목마다 다른 방법으로 상담을 하는 것이 필요합니다.

(1) 예수님을 영접할 준비가 안 된 어린이가 있습니다. 즉 신중하지 않거나 호기심으로 또는 다른 친구가 반응을 보일 때 그제서야

따라하는 경우가 있습니다.

(2) 하나님 말씀 및 교사의 질문을 전혀 이해하지 못하는 나이 어린아이가 있습니다.

(3) 어린이 중에 전에 예수님 영접을 하였는데 또 다시 예수님을 영접해야 하는 것으로 착각하는 경우가 있습니다.

(4) 예수님을 개인의 구세주로 영접하기를 간절히 바라는 어린이가 있습니다.

아래와 같이 세 가지 질문을 하므로 어린이가 위의 네 가지 항목 중에 어디에 속해 있는지 알 수 있으며 사안에 따라 적절하게 도움을 줄 수 있습니다.

질문 1

왜 선생님과 상담하기를 원하세요? 선생님과 어떤 문제로 의논하고 싶으세요? 만일 어린이가 예수님을 영접하기 원한다든지 죄 용서함에 대한 답을 원한다든지 하면 계속해서 질문 2, 3으로 진행하여 묻고 계속 상담을 합니다. 그러나 어린이의 반응이 다른 친구의 영향이거나 신중하지 않고 호기심으로 상담을 하고자 하면 교사는 어린이에게 죄의 위중함과 예수님 영접의 필요성을 상세하게 설명해야 합니다. 그리고 다음 기회에 또 상담할 것을 약속하고 어린이를 위해서 기도한 후 돌려보내야 합니다.

질문 2

　죄를 지은 적이나 혹시 나쁜 일 한 적이 있나요? 만일, 어린이가 '예'라고 대답하고 다른 질문에 계속하여 대답을 할 경우 죄에 대한 의식이 있는 것입니다. 그럴 때에는 계속해서 세 번째의 질문을 합니다. 그러나 어린이가 '아니요'라고 대답하든지 또 죄를 전혀 의식하지 못하고 이해하지 못한다면 너무 어린아이입니다. 그러므로 교사는 어린이에게 죄가 무엇인지를 깨달을 수 있도록 설명해야 합니다. 어린이가 '예수님 영접' 이전에 먼저 자신의 죄를 깨닫고 예수님을 통해서만 구원을 받을 수 있음을 가르쳐야 합니다. 비록 나이가 어리고 이해를 못한 어린이라 할지라도 쉽게 설명을 해주고, 어린이 마음속으로 예수님 영접하기를 진심으로 원한다면 언제든지 다시 와서 선생님과 상담할 수 있는 기회를 주어야 합니다. 물론 어린이 스스로 잠자리에서나, 정원에서나 어디에서든지 예수님을 영접할 수 있으며 또 기도할 수 있다고 가르쳐야 합니다.

질문 3

　예수님! 나의 마음속에 나의 모든 생활에 들어와 주세요. 그리고 지금까지 지은 죄를 모두 용서해 주세요라고 예수님께 요청하고 고백한 적이 있는지요? 만일 어린이가 '아니요'라고 대답한다든지, 또는 구원을 받았는지에 대한 질문을 받은 후에 의심이 있다면 계속 상담을 해주어야 합니다. 그러나 어린이가 '예'라고 대답한다면 이 어린이가 전에 예수님을 영접한 것을 다시 한번 확신시켜 주고 '영접'한 간증을 할 수 있도록 기회를 주는 것이 좋습니다. 왜냐하면 어린이의 간증을 통해서 교사는 그 이야기가 사실인지 아닌지를 확인하고 도울 수가 있기 때문입니다.

어린이 중에는 예수님을 영접했으면서도 다음과 같은 점에 대해서 의심을 갖는 경우가 있으므로 교사의 도움이 꼭 필요합니다.

(1) 어린이는 예수님을 영접하고도 생활하는 도중 나쁜 죄를 지어서 예수님이 나를 떠나셨을 지도 모른다고 생각할 수 있습니다.
(2) 어린이 중에는 예수님과의 교제를 계속적으로 갖지 못하고 게을리 하다가 지금은 구원의 확신이 약해져 있는지도 모릅니다.
(3) 어린이 중에는 예수님을 영접했어도 계속적인 가르침의 결핍으로 구원의 확신을 갖지 못할 수도 있습니다.
(4) 어린이 중에는 도움이 필요한 다른 신앙적 문제를 갖고 있기 때문에 구원의 확신을 못할 수도 있습니다.

교사는 어린이에게 사랑으로 대해야 하며 어떠한 문제라도 도와줄 수 있는 자세를 보여 주어야 합니다. 만일 어린이가 죄가 문제되어 고민한다면 교사가 함께 마음 아파하면서 하나님께 용서의 기도를 드릴 수 있도록 인도해 주고, 다시는 잘못을 반복하지 않도록 그 방법을 성경적으로 가르쳐 주고 함께 기도해야 합니다.

> 만일 우리가 우리 죄를 고백하면 저는 미쁘시고 의로우사 우리 죄를 사하시며 모든 불의에서 우리를 깨끗게 하실 것이요 (요일 1:9).

이 말씀을 설명해 주고 외우도록 하는 것이 좋습니다. 죄를 자백하여 용서를 구하는 기도와 용서에 대한 감사 기도를 가르쳐야 합니다. 만약 다시 죄를 지었을 때 용서를 받기 위해 스스로 기도할 수 있도록 말입니다.

용서의 기도

예수님! 오늘 제가 죄 지은 것을 고백합니다.
예수님! 예수님을 기쁘시게 하지 못하고 잘못을 해서 대단히 죄송합니다.
예수님! 저의 죄를 다시 한번 깨끗이 씻어 주세요.
예수님! 다시는 이러한 잘못을 하지 않도록 도와주세요.
예수님 이름으로 기도합니다. 아멘.

이러한 간단한 기도를 교사가 어린이에게 가르쳐 주는 것이 필요합니다. 만일 어떤 어린이가 구원에 대한 확신이 결핍되어 있다면 "내가 과연 너희를 버리지 아니하고, 과연 너희를 떠나지 아니하리라"(히 13:5)하신 예수님의 말씀을 교사가 설명해야 합니다. 어린이가 예수님을 영접하기 위해서는 죄를 고백하고 단 한번의 간절한 요청으로 충분하고, 비록 죄를 다시 범했어도 예수님을 다시 영접해야 한다는 생각은 잘못이라고 분명히 가르쳐 주어야 합니다. 그러므로 여기서 교사가 어린이를 예수님께 인도할 수 있고 또 상담할 수 있는 가장 기본적인 경우를 제시합니다.

① 예수님 영접을 간절히 원하고 준비가 된 어린이
② 자기의 죄를 알고, 죄를 용서받기 위해서는 예수님이 필요하다고 깨닫는 어린이

③ 전에 예수님을 영접하지 않았던 어린이

'소개 질문'이 끝난 후에는 예수님께 어린이를 인도하는 다음 단계가 매우 중요합니다. 상담 전에 교사가 검은 색, 하얀 색, 빨간 색의 색종이를 각각 준비하여 하늘 나라 가는 방법을 설명하는데 도움이 되도록 이용해 봅시다.

죄에 대한 설명(검은 색종이 사용)

(1) 죄란 무엇입니까? 생각과 말과 행동에 있어서 성경적으로 볼 때 잘못된 것을 설명해 줍니다.

(2) 죄의 종목은? 거짓말, 도둑질, 불순종, 욕하는 것, 친구와 싸우는 것 등을 상세하게 설명합니다.

(3) 죄의 심각성을 강조합니다. 어린이는 누구나 다 죄인이며(롬 3:23) 죄는 삶을 망치고 남에게 피해를 주고 하나님과의 관계를 멀어지게 하는 '검은 마음'이라고 설명합니다.

2) 예수님에 대한 설명 (빨간 색종이 사용, 빨간 색은 예수님의 보혈의 피를 상징)

(1) 어떻게 예수님은 어린이의 죄를 깨끗이 씻을 수 있을까요?라고 질문을 합니다. 어린이를 구원하시기 위해 예수님이 십자가에서 귀한 보혈의 피를 흘려주셨음을 상기시켜 줍니다.

(2) 예수님은 죽음 가운데서 부활하셨고 지금도 살아 계셔서 하나님 우편에 계시고 어린이를 사랑하신다는 것을 가르쳐 줍니다.

교사는 어린이가 죄에 대해 이해했다고 확신할 때까지 진지하게 상담하는 자세로 반복해서 설명해 주는 것이 좋습니다. 예수님만이 어린이의 죄를 씻을 수 있습니다. 왜냐하면 예수님이 어린이를 가장 사랑하셨기에 십자가에서 돌아가셨다는 확신을 시켜 주는 것은 얼마나 귀한 일입니까?

3) 구원에 대한 설명(하얀 색종이 사용)

(1) 구원이 무엇인지 설명합니다. 구원은 하나님이 어린이에게 주신 가장 귀한 선물입니다. 예수님이 어린이의 죄를 씻으시고 하나님 앞에서 깨끗하게 하십니다(시 51:7). 어린이가 예수님을 마음속에 그리고 삶 전체에 영접했을 때 어린이는 구원받은 것입니다.

(2) 성경말씀을 찾아 읽으면서 예수님이 어린이를 위해서 무엇을 하시기 원하시며, 또 어린이가 무엇을 하기를 바라는지를 설명합니다. "영접하는 자 곧 그 이름을 믿는 자들에게는 하나님의 어린이가 되는 권세를 주셨으니"(요 1:2)라는 말씀을 강조하는 것이 좋습니다.

① 어린이의 삶과 마음속에 예수님을 꼭 영접해야 할 필요성에 대해서 가르쳐야 합니다.
② 어린이가 예수님을 영접하면 하나님의 어린이가 되고 하나님의 가족이 된다는 것을 가르쳐야 합니다.

볼지어다. 내가 문밖에 서서 두드리노니 누구든지 내 음성을 듣고 문을 열면 내가 그에게로 들어가 그로 더불어 먹고 그는 나로 더불어 먹으리니(계 3:20).

이 말씀을 사용할 때 강조할 점이 있습니다.

① 어린이는 예수님께 그의 마음 문과 삶의 문을 열어야 한다는 것입니다.
② 만일 마음 문을 열면 예수님이 들어오셔서 그의 죄를 씻어 주신다는 것입니다. 교회에 다니는 어린이인 경우에는 "누구든지 주의 이름을 부르는 자는 구원을 얻으리라"(롬 10:13)는 말씀을 사용하면 좋습니다.

(3) 어린이가 만족스럽게 교사의 설명을 이해했을 경우, 교사는 "지금 예수님 영접하기를 원하나요?"라고 물어 봅니다. 중요한 결정을 해야 할 시점에서 다시 한 번 질문을 하는 것이 좋습니다. 예수님을 영접하고 그의 삶을 예수님이 주장하시게 하고 예수님이 원하는 어린이가 되겠다고 다짐하는 순간이 얼마나 귀합니까? 어린이기 진지히지 않기니 '예수님 영접'에 대해서 깊은 생각이 없디면 예수님도 더 깊은 상담을 원하지 않습니다. 참 그리스도인이 된다는 것은 쉽고 편안한 생활이 아니라는 것을 설명해야 합니다. 왜냐하면 예수님을 영접한 어린이가 세상 친구들보다 더 나쁜 행동을 한다는 비웃음을 당하기 때문입니다.

(4) 만일 어린이가 '예수님 영접'의 중요한 질문에 '예'라고 대답

한다면, 교사는 어린이가 그의 마음속에 또 그의 삶에 예수님이 들어오시라고 기도할 수 있도록 용기를 주어야 합니다.

예수님 영접의 기도

예수님! 나는 죄인인 것을 압니다.
나 홀로는 구원받을 수 없습니다.
지금 예수님이 십자가에 돌아가신 그 보혈의 피로
나의 죄가 씻어지고 용서될 것을 확신합니다.
예수님이 나의 마음 문을 두드리는 것을 압니다.
나의 마음에 지금 들어 오셔서 나의 삶을 주장해 주세요.
나를 하나님의 아들(딸)로 삼아 주세요.
예수님 이름으로 기도합니다. 아멘.

만일 어린이가 부끄러움을 타지 않고 스스로 기도할 수 있는 나이라면 앞의 기도문을 가르쳐 주는 것이 좋습니다. 그러나 어린이가 너무 어리거나 부끄러워 할 때에는 또 여러 어린이가 함께 있을 때에는 교사가 기도를 하고 어린이가 따라서 기도하게 하는 것도 좋습니다.

4) 구원의 확신에 대한 설명

어린이가 예수님을 영접했을 때 이미 예수님이 어린이의 삶에 함께하신다는 것을 '하나님의 말씀'을 통해서 깨닫도록 해야 합니다. 구원의 확신은 어린이의 느낌에 좌우되는 것이 아니며, 어린이를 상담하는 교사의 말에 있는 것도 분명히 아닙니다. 오직 하나님의 말씀이 기준이 된다는 것을 확신 시켜야 합니다. 만일 어린이가 하나님의 말씀으로부터 구원의 확신을 갖지 못했을 때는 사단의 유혹이나 나쁜 친구들의 유혹에 쉽게 넘어가는 것입니다.

(1) 교사는 하나님의 말씀을 기준으로 해서 상담을 해야 한다. "영접하는 자 곧 그 이름을 믿는 자들에게는 하나님의 자녀가 되는 권세를 주셨으니"(요 1:12)하셨습니다. 교사는 이 말씀을 강조해야 합니다. 예수님이 무엇을 약속하셨습니까? 예수님이 어린이를 위해서 무엇을 하셨습니까? 어떻게 그 사실을 알 수 있을까요? 어린이는 대답할 것입니다. 예수님이 친히 말씀하시고 또 성경에 기록되어 있기 때문입니다. 어린이가 예수님이 꼭 약속을 지키시는 분으로 믿는다고 고백하는 대답이 있을 때, 이 어린이는 하나님의 말씀을 믿고 이해했다고 할 수 있습니다. 교사는 계속해서 "지금 예수님은 어디에 계셔요?" "어린이는 어떻게 알고 있어요?"라고 질문을 해야 합니다.

(2) 어린이가 다음의 네 가지 사실을 알 수 있게 한다.

① 모든 죄는 용서받았습니다.
② 하나님은 하늘에 계신 아버지이십니다.
③ 어린이가 미래의 어느 날에는 하늘 나라에 갈 것입니다.
④ 예수님은 어린이를 "버리지 아니하고 또 떠나지 아니하리라" (히 13:5)는 약속을 주셨습니다.

(3) 교사는 예수님을 영접한 어린이가 스스로 예수님께 '감사 기

도'를 할 수 있도록 기회를 주는 것이 좋다.

감사 기도

예수님! 나의 기도를 들어주셔서 감사합니다.
예수님이 내 마음에 들어오셔서 영원토록 계실 것을 확실히 믿습니다.
나는 마음 문을 열었고 예수님이 약속대로 들어오셨습니다.
나의 모든 죄는 십자가 보혈의 피로 깨끗이 씻겼습니다.
예수님! 영원한 생명을 선물로 주심을 감사합니다.
예수님이 나의 개인의 구세주입니다.
나는 하나님의 아들(딸)입니다.
나의 이름이 하늘 나라의 '생명 책'에 기록된 것을 믿으며 또 예수님이 하늘 나라에 나의 처소를 준비하고 계심을 확신합니다.
예수님의 이름으로 감사하며 기도드립니다. 아멘.

다음은 예수님을 영접한 '어린이 생활'의 성경적 교훈에 대해 살펴보려 합니다. 하나님은 어린이가 그리스도인으로서 해야 하는 다음과 같은 일들이 있음을 가르쳐 줍니다.

① 매일 성경을 읽을 것을 권합니다. 어린이들은 마가복음부터 읽는 것이 쉽고 이해하기가 좋습니다.
② 매일 기도를 해야 합니다. 하늘에 계신 하나님께 때와 장소를 가리지 않고 기도할 수 있도록 해야 합니다. 특별히 아침과

저녁에 시간을 정해 놓고 하나님과 영적 교제를 하도록 해야 합니다.

③ 전도하도록 해야 합니다. 다른 친구들이 비웃고 이해하지 못하더라도 하나님의 말씀을 전하며 함께 구원받을 수 있도록 전도하는 것이 예수님을 영접한 어린이의 사명입니다.

④ 하나님의 말씀에 순종해야 합니다. 예수님을 영접한 어린이는 생활이 변화되어야 합니다. 나쁜 마음을 청산하고 새사람이 되어 부모님 말씀에 순종하고 친구들을 사랑하고 주일에는 꼭 교회를 나가는 규칙적인 생활을 하는 어린이가 되도록 가르쳐야 합니다. 이렇게 순종하는 일이 힘이 들지만, 하나님께 기도하면 순종할 수 있는 힘과 하나님을 위해서 살 수 있는 능력을 분명히 주실 것임을 교사는 가르쳐야 합니다.

⑤ 죄를 범했을 경우 용서받도록 해야 합니다. 만일 어린이가 어떤 잘못을 했을 경우 회개하고 용서받아야 한다고 가르쳐야 합니다. 하나님은 어린이가 나쁜 죄를 범하는 것을 바라지 않습니다. 그러나 구원받은 어린이가 잘못을 범할 수도 있습니다. 만일 죄를 범했을 때 즉시 자백하고 용서를 빌며 또 다시 범죄하지 않게 해 달라고 기도할 수 있게 가르쳐야 합니다. 요한일시 1:9을 암기하도록 하세요.

⑥ 예수님을 영접하는 다른 어린이와 교제를 갖도록 해야 합니다. 어린이에게는 성경공부 시간 또는 교회학교에 출석하여 하나님의 말씀을 배우는 것이 매우 중요합니다. 그리고 구원받은 어린이들과 계속 교제하는 것도 중요합니다.

⑦ 예수님이 말씀하시기를, "내가 과연 너희를 버리지 아니하고 떠나지 아니하리라"(히 13:5)는 말씀을 어린이에게 약속하셨다

는 것을 다시 강조하는 것이 좋습니다.

2. 구원 상담의 실제

어린이가 교사의 복음을 듣고 예수님을 영접하기 원할 때 교사는 상담을 해야 합니다. 성령님께서 어린이의 마음을 감동시켜 예수님을 영접할 수 있는 기회를 주었을 때 교사와 어린이는 기도실이나 조용한 곳에서 상담을 해야 합니다. '교사와 어린이'와의 상담 사례를 요약합니다. 교사들에게 도움이 되기를 바랍니다.

1) 구원 상담의 사례

교사 : (미소를 지으면서) 창수야 반갑구나. 잘 있었니?

창수 : 선생님, 안녕하세요.

교사 : 창수 몇 살이지요.

창수 : 11살 입니다.

교사 : 그래, 11살이구나. 창수야! 지금 선생님과 어떤 문제를 상담하기 원해요.

창수 : 선생님, 예수님을 저의 마음속에 영접하고 싶습니다. 어떻게 하면 됩니까?

교사 : 아! 그래요. 참 기쁜 일이구나! 우리 기도실에 가서 상담할까요? 창수 예수님을 영접하면 하나님이 얼마나 기뻐하실까요. 창수, 죄 지은 적이 있니? 또 나쁜 일을 했던 적이 있어요.

창수 : 네, 친구들에게 거짓말도 했어요. 내 동생하고 싸움도 했어요.

교사 : 그러한 일들은 모두 죄예요. 창수야! 예수님이 창수 마음속에 들어오셔서 그러한 모든 죄를 용서해 주시라고 회개하고 기도한 적이 있어요.

창수 : 아직까지 못했어요.

교사 : 그래요. 그러면 창수가 오늘 마음 문을 열고 예수님을 영접하세요.

(교사는 검정, 빨강, 흰색의 색종이 책을 보이며 상담한다.)

창수 : 색종이는 왜 꺼내요?

교사 : 창수야, 하늘 나라 가는 길을 설명해 줄게. 이 검정색은 무엇을 생각나게 하나요.

창수 : 나쁜 마음, 죄요.

교사 : 그래, 무엇이 죄라고 생각하나요.

창수 : 싸우고, 거짓말하고, 도둑질하고, 싸우는 것입니다.

교사 : 창수가 죄 지은 것 중에 한 가지를 이야기할 수 있어요? 이런 검은 마음을 가졌던 것을…

창수 : 몰랐어요.

교사 : 성경을 찾아볼까요. 로마서 3장 23절에 "모든 사람이 죄를 범하였으며 하나님의 영광에 이르지 못하더니"라고 했지요? "모든 사람이"라고 했지요. 선생님, 창수 부모님, 친구들, 동생, 누나 모두가 죄인이라고 말하는 것이지요. 왜 동생, 누나 모두가 죄인이라고 말하는 것이지요. 왜 모든 사람들이 죄를 범했다고 생각해요.

창수 : 성경이 가르쳐 줍니다. 모든 사람은 죄인이라고요.

교사 : 하나님의 아들 예수 그리스도만 죄가 없지요. 그래서 예수님은 우리 죄를 대속하시기 위해서 십자가에서 보혈의 피를 흘리셨어

요. 창수의 죄도 선생님의 죄도 다 씻음을 받을 수 있어요. 창수야, 죄 없으신 예수님이 왜 십자가에서 돌아가셨어요.

창수 : 나의 죄 때문이에요.

교사 : 그래, 맞아요! 창수의 죄 때문에 예수님은 십자가에 돌아가셨어요. 하나님은 창수를 사랑하시지요. 그래서 창수의 죄를 씻어주시기 위해서 예수님이 십자가에 돌아가셨어요.

창수 : 선생님, 하나님의 사랑이 왜 그렇게 크신가요.

교사 : 창수는 하나님의 아들이기 때문이지요. 창수야, 그러면 죄가 무엇인가 이해할 수 있나요.

창수 : 검정색처럼 까만 것입니다. 하나님 말씀에 순종하지 않는 어린이는 죄인이지요.

교사 : 좋아요. 자 그럼 이 빨간 색은 무엇을 생각나게 하지요.

창수 : 예수님의 "보혈의 피"가 생각나요.

교사 : 창수야, 선생님은 창수가 지은 죄를 씻어 줄 수 없어요. 그런데 한 분, 꼭 그분만이 죄를 씻을 수 있어요. 누구라고 생각해요.

창수 : 예수님이지요.

교사 : 예, 그래요! 그런데 왜 예수님만 씻을 수 있을까요?

창수 : 예수님이 나를 위해 십자가에서 돌아가시고 보혈의 피를 흘려주셨기 때문입니다.

교사 : 예, 맞았어요. 성경에 예수님만이 구세주라고 했어요. 요한1서 7절에, "그 아들 예수의 피가 우리를 모든 죄에서 깨끗하게 하실 것이요"라고 하셨습니다. 예수님은 창수의 죄를 속죄해 주기 위해서 십자가에서 돌아가셨어요. 그러나 지금은 무덤에 계시지 않아요. 3일 후에 어떤 일이 일어났는지 알고 있나요.

창수 : 무덤에서 부활하셨습니다.

교사 : 그래요. 예수님은 부활하셔서 지금도 살아 계셔요. 예수님의 보혈의 피가 창수를 죄에서 해방시켜 주셨어요. 창수는 죄인이라고 고백했어요. 또 예수님이 구세주임도 알게 되었구요.

창수 : 네, 예수님은 저의 구세주이심을 믿습니다.

교사 : 창수! 이 흰색은 무엇을 생각나게 하지요?

창수 : 내 마음이 하얗게 깨끗해져서 죄가 없어진 마음의 상태 같아요.

교사 : 맞았어요. 창수는 마음이 하얗게 되기를 원하지요? 이제 우리 '구원'에 대하여 얘기해 볼까요? 구원은 창수를 위해서 하나님이 주신 선물이지요. 예수님은 창수의 죄를 깨끗하게 하셨고 또 하나님 앞에서 깨끗하게 되었음을 시인하기를 원하시지요. 창수의 마음과 삶에 예수님을 영접할 수 있겠어요? 선생님 말씀이 이해가 안 가면 질문을 해 보세요.

창수 : 이해 했습니다.

교사 : 성경말씀을 같이 읽을까요.

창수 : 네.

교사 : 요한계시록 3장 20절을 읽어 보세요.

창수 : "볼지어다. 내가 문 밖에 서서 두드리노니 누구든지 내 음성을 듣고 문을 열면 내가 그에게로 들어가 그로 더불어 먹고 그는 나로 너불어 먹으리라."

교사 : 예수님이 무어라고 말씀하셨어요.

창수 : "볼지어다. 내가 문 밖에 서서 두드리노니"라고 말씀하셨습니다.

교사 : 누구의 문을 예수님이 두드리고 계셔요?

창수 : (침묵을 지킨다.)

교사 : 누구의 마음 문을 똑똑! 두드리실까? 예수님이 창수의 마음 문을 두드리고 계시나봐요.

창수 : 예수님이 내 마음에 들어오시려고요.

교사 : 그래요. 주님은 창수의 삶과 마음에 들어오시기를 원하고 계세요. 여기서 말하는 마음은(heart) 창수의 몸속에 있는 심장을 말하는 것이 아니에요. 이것은 창수를 가리키는 것이에요. 즉, 창수의 영혼과 믿음과 삶을 말하지요. 예수님은 들어가시기를 원하지만 강제적으로 하시지는 않아요. 그 다음 성경말씀이 무엇이지요?

창수 : "누구든지 내 음성을 듣고 문을 열면 내가 그에게로 들어가"인데요.

교사 : 여기서 '누구든지'는 사람을 의미해요. 사람 즉 남자, 여자, 소년, 소녀 그리고 창수도 포함됩니다. 왜 예수님이 창수의 마음에 들어가시려고 할까요?

창수 : 저의 죄를 씻기 위해서요.

교사 : 예수님이 창수의 마음 밖에 계실 때에 창수의 죄를 씻으실 수 있다고 생각하나요?

창수 : 아니요, 할 수 없어요.

교사 : 만일 창수가 집에 돌아와 방에 있는데 방이 더러워져 있고 방문은 닫혀 있다고 상상해 보세요. 창수 어머니께서 집에 들어와 방을 청소하기 위해 문을 두드립니다. 창수는 어떻게 하겠어요?

창수 : 문을 열고 들어오시게 하겠지요.

교사 : 왜요?

창수 : 그래야지만 어머니께서 방을 치워주실 테니까요.

교사 : 어머니가 문 밖에서 방을 치우실 수 있다고 생각해요.

창수 : 치우실 수가 없지요.

교사 : 그러면 어떻게 해야 할까요?

창수 : 문을 열고 들어오시게 해야지요.

교사 : 어머니가 들어오셔서 무엇을 하시죠?

창수 : 방을 치워 주세요.

교사 : 예수님이 지금 어디에 계실까요?

창수 : 내 마음에 들어오시려고 노크하고 계셔요.

교사 : 그럼 창수는 어떻게 해야죠?

창수 : 문을 열고 들어오시라고 해야지요.

교사 : 창수가 문을 열면 예수님은 어떻게 하실까요.

창수 : 들어오셔요.

교사 : 들어오셔서 무엇을 하시죠.

창수 : 나의 죄를 씻어 주세요.

교사 : 예수님이 마음 밖에 계신다면 할 수 있나요? 할 수 없나요?

창수 : 할 수 없어요.

교사 : 예수님이 마음속에 계실 때는 할 수 있어요.

창수 : 예

교사 : 지금 예수님은 창수가 무엇을 하기를 원하실까요?

창수 : 마음 문 열기요.

교사 : 예수님이 들어오신다는 것을 어떻게 알 수 있나요?

창수 : (침묵을 시킨다)

교사 : 우리 다시 성경 구절을 볼까요? 한번 읽어봐요. 네.
볼지어다…

창수 : "볼지어다. 내가 문 밖에 서서 두드리노니 누구든지 내 음성을
듣고 문을 열면 내가 그에게로 들어가…"

교사 : 예수님이 들어가신다는 것을 어떻게 알 수 있어요?

창수 : 예수님이 성경에 말씀하셨기 때문에요.

교사 : 예. 그래요. 그것이 바로 약속이지요. 예수님은 항상 약속을 지키실까요? 물론이지요. 예수님은 한번도 약속을 어기신 적이 없어요. 만일 어긴다면 그것은 죄이지요. 예수님은 죄를 지을 수가 없어요. 다시 한번 읽어 보세요.

창수 : "볼지어다. 내가 문 밖에 서서 두드리노니 누구든지 내 음성을 듣고 문을 열면 내가 그에게로 들어가…"

교사 : 예수님은 창수의 마음속을 완전히 주장하셔서 예수님이 원하는 그러한 사람이 되기를 원하세요. 또한 죄도 씻어 주셔서 어느 날 하늘 나라에도 가게 하기 위해서지요. 그리스도인이 된다는 것이 결코 쉬운 일은 아니에요. 왜냐하면 친구들이 놀릴 때도 있고 손해를 볼 때도 있어요. 그러나 예수님께서 힘을 주실 거예요. 잠깐 동안만 한번 생각해 봐요. 그리고 진정으로 예수님을 창수의 마음속에 영접하기를 원하는지 생각을 마쳤으면 창수가 선생님께 하고 싶은 것을 이야기 하세요. (얼마 동안 침묵을 지킨다)

창수 : 예수님을 내 마음속에 들어오시라고 하겠어요.

교사 : 참 좋아요. 지금 예수님께 큰 소리로 기도하고 말할 수 있겠어요? 이제 예수님께 고백을 할까요? 우리 머리를 숙이고 눈을 감을까요. 그런 후 지금 창수가 선생님께 말한 것처럼 예수님께 말할 수 있나요? 창수가 예수님께 말씀을 드리고 나면 선생님이 나중에 기도할께요.

창수 : 예수님, 오늘 내 마음속에 들어오셔서 내가 했던 나쁜 일들을 없애주시고 나의 마음속을 깨끗하게 해 주세요.

교사 :"하늘에 계신 아버지, 감사드립니다.
오늘 창수가 죄로부터 구원을 받고 예수님을 구세주로 영접한것

을 감사드립니다.

예수님의 이름으로 기도드립니다. 아멘."

선생님도 창수가 오늘 예수님을 영접해서 얼마나 기쁜지 몰라요. 창수? 지금 예수님이 들어오신 것을 느낄 수 있지요.

창수 : 예.

교사 : 그러면 어떻게 예수님이 들어오신 것을 알 수 있어요?

창수 : 예수님이 들어오신다고 약속하셨어요.

교사 : 맞았어요. 어디에 그런 약속이 적혀있지요?

창수 : 여기에요. (성경을 가리킨다.)

교사 : 예, 요한계시록 3장 20절을 우리 다시 한번 읽어 볼까요? "볼지어다 내가 문밖에 서서 두드리노니 누구든지 내 음성을 듣고 마음 문을 열면 내가 그에게로 들어가…" 예수님은 지금 어디에 계세요?

창수 : 내 마음속에요.

교사 : 어떻게 알죠?

창수 : 예수님이 들어오시겠다고 성경에 약속하셨으니까요.

교사 : 지금 예수님이 창수의 삶과 마음속에 들어가 계셔요. 창수가 알아야 할 게 있어요. 먼저 예수님이 창수의 모든 죄를 용서해 주셨어요. 창수의 죄는 지금 어디에 있어요?

창수 : 모두 용서 받았어요. 예수님에 의해 모두 씻겨졌어요.

교사 : 또 알아야 할 것은 하늘에 계신 창수의 아버지 하나님이에요. 창수는 하나님의 가족이며, 어린이이지요. 누가 창수의 아버지라고요?

창수 : 하나님.

교사 : 또한 언젠가는 예수님처럼 하늘 나라에 간다는 것을 알 수 있겠

지요.

창수 : 네, 예수님을 제 마음속에 영접해서 참 기뻐요.

교사 : 예수님이 창수를 절대 버리지 않겠다고 약속하셨어요. 우리같이 기도하고 또 창수도 예수님께 감사 기도해요. 네.

함께 기도 : 예수님이 오늘 제 마음속에 들어오셔서 감사합니다. 그리고 저를 버리지 않는다고 약속해 주셔서 참 기뻐요. 예수님이 저의 구세주가 되어 주셔서 감사합니다.

교사 : 이제는 자기 전에 성경책을 매일 읽어야 해요.

창수 : 성경을 매일 읽어야 된다고요?

교사 : 예. 매일 읽어야 해요. 어디에 마가복음이 있는지 알아요?

창수 : 마태복음, 마가복음, 누가복음, 요한복음 순서예요.

교사 : 예, 4복음서 중에 2번째가 마가복음이에요. 여기에요. (마가복음을 편다.) 성경을 읽을 때 여기서부터 읽으면 좋아요. 자기 전에 조금씩 읽으면 좋아요. 무엇을 매일 해야 한다고요?

창수 : 성경을 읽어야 합니다.

교사 : 어느 복음부터 읽는 게 좋다고 그랬죠?

창수 : 마가복음부터요.

교사 : 그 다음으로 하나님께 자주 기도해야 해요. 어느 때나 어느 장소에서나 예수님께 기도로써 말할 수 있어요. 잠자기 전이나 교회에서나 학교에서나 어디에서든지 항상 창수의 모든 문제나 어려움을 이야기 드려야 해요. 예수님은 대화하시기를 원해요. 어떻게 하나님께 말할 수 있나요?

창수 : 기도로요.

교사 : 그 다음은 창수가 한 일을 친구에게 이야기하는 것이에요. 창수가 예수님 영접한 것을 이야기하고 싶은 친구가 있는가 한번 생

각해 봐요.

창수 : 내 친구 영길이, 아버지, 어머니!

교사 : 좋아요. 그것을 가리켜 간증이라고 해요. 기억할 것은 어떤 사람이 비웃을지도 몰라요. 그러나 하나님 아버지께서 창수에게 필요한 용기를 주실 거예요. 지금까지 배운 것을 다시 한번 이야기해 봐요.

창수 : 성경 읽기. 먼저 마가복음 읽을 것. 기도. 그 다음 친구에게 이야기할 것.

교사 : 참 좋아요. 그다음 네 번째로 하나님 말씀에 순종해야 돼요. 하나님이 창수의 삶이 달라지기를 원해요. 창수가 성경을 읽고 매일 기도할 때 예수님이 힘을 주실 거예요. 그리고 아버지, 어머니에게도 순종하고, 동생이 놀려도 때리지 않고, 또 학교에서 시험을 볼 때도 나쁜 짓을 안 하도록 도와주실 거예요. 우리 다시 한 번 그 동안 배운 것을 말해 볼까요?

창수 : 성경 읽고, 기도하고, 친구에게 이야기하고, 하나님 말씀에 순종합니다.

교사 : 그리고 창수가 잘못을 했을 경우 예수님께 용서해 달라고 기도해야 해요. 이제 예수님이 창수를 절대로 혼자 놓아두지 않으실 거예요. 그러나 기억할 것은 창수가 원하지 않더라도 죄를 지을 경우 하나님은 창수가 하나님께 자백하기를 원하시고 또 용서받기를 원하세요. 이것을 가리켜 '죄를 자백'한다고 해요. 성경에도 "만일 우리가 죄를 자백하면 저는 미쁘시고 의로우사 우리 죄를 사하시며 모든 불의에서 우리를 깨끗게 하시느니라"(요일 1:9)라고 쓰여 있어요. 만일 창수가 죄를 지으면 무엇을 해야 한다고요?

창수 : 하나님께 용서를 빌고 또 다시 나쁜 짓을 하지 않도록 힘을 달라고 해요.

교사 : 우리 다시 한 번 반복해 봐요.

창수 : 성경을 읽고, 기도하고, 친구에게 이야기하고, 하나님 말씀에 순종하고 만일 죄를 지으면 하나님께 용서해 달라고 기도해야 합니다.

교사 : 또 기억해야 할 것은 예수님을 잘 믿는 그리스도인들과 교제하는 것이에요. 창수는 교회에 잘 다녀야 해요?

창수 : 예,

교사 : 성경공부반이나 교회학교에 매 주일마다 나와서 예수님에 대해 더 배우는 일은 참 좋아요. 얼마나 자주 올래요?

창수 : 주일마다요.

교사 : 창수가 가기 전에 한 가지 더 알아야 할 것은 예수님이 훌륭한 약속을 하신 일이에요. "나는 너를 절대로 내어버리지 않겠다"라고 하신 말씀이에요.

창수 : 나는 너를 절대로 내어버리지 않겠다고요.

교사 : 만일 창수가 죄를 지었다 해도 하나님께 용서를 빌면 내어버리지 않으시고, 두려울 때나 또 혼자 있을 때에도 내어버리지 않으셔요.

창수 : 나는 너를 절대로 내어버리지 않겠다!

교사 : 예수님이 지금 창수의 마음속에 계신데 창수는 무엇을 하기 원하세요?

창수 : 성경 읽고, 매일 기도하고, 친구에게 예수님에 대해 이야기하고, 하나님 말씀에 순종하고 제가 잘못했을 때 용서해 달라고 기도하고, 믿는 친구들과 함께하기를 원합니다.

교사 : 예수님이 약속하신 말씀 한번 말해 볼까요.

창수 : "나는 너를 절대로 내어버리지 않겠다."

교사 : 자, 그럼 창수가 묻고 싶거나 이해하지 못한 것이 있으면 말해 봐요?

창수 : 없어요.

교사 : 그럼 우리같이 머리를 숙이고 눈을 감아요. 선생님이 창수를 위해 기도하겠어요.

교사의 기도

감사하신 하나님 아버지!
창수를 구원해 주시고 주님의 어린이로 삼아 주셔서 감사합니다.
주님을 위해 창수가 살아갈 때 축복해 주시고 도와주시옵소서.
예수님의 이름으로 기도합니다. 아멘.

창수! 우리 목사님께 가서 창수가 한 일에 대해 이야기해 볼래요.
그런 후 집에 가서 아버지 어머니에게도 이야기해 봐요. 네.

상담시 의문점

질문 1

신앙에 반대하는 가정에서 온 어린이가 구원을 받았을 때 어린이가 부모들에게 말하도록 해도 좋을까요?

답 변

만일 부모에게 이야기함으로써 어린이가 성경공부 반에 오는데 지장이 있을 것 같으면 안하는 것이 좋습니다. 오히려 학교 친구들에게 이야기하게 하고 계속 성경공부에 나오게 하여 말씀으로 자라게 해야 합니다. 그런 후에 부모에게 이야기하게 합니다. 그러는 동안에 부모는 어린이의 변화된 모습을 보게 됩니다. 만일 성경공부 반에 오는 것을 부모들이 반대하지 않을 것 같으면 즉시 이야기하도록 하는 것도 좋습니다.

질문 2

만일 어린 두 여자아이를 상담할 경우 둘이서 계속 웃을 때 어떻게 합니까?

답 변

① 계속 웃는다는 것은 겸연쩍어 하는 것으로 이해해야 합니다.
② 만일 어린이가 겸연쩍고 부끄러워서 그런다면 어린이들을 편안하게 대합니다. 그런 후에 상담을 진행합니다.
③ 만일 웃는 것이 흥미가 적어서라면 그 어린이들을 예수님께 인도할 수가 없습니다. 먼저 사랑스럽게 그러나 엄하게 충고를 해야 합니다. 그래도 계속 웃을 때는 돌려보내고 다음 기회에 오도록 합니다.
④ 그러나 조심스럽게 해야 합니다. 흔히 어린 여자어린이는 부끄러움 때문에 그럴 수도 있습니다.

질문 3

만일 어린이가 예수님 영접하기를 원하여 상담하러 왔지만 부모나 다른 종교의 두려움 때문에 주저할 경우 어떻게 합니까?

답변

> 어린이들아 주안에서 너의 부모들에게 순종하라 이것이 옳으니라(엡 6:1).

예수님을 영접하는 것은 부모들이나 다른 종교의 세력을 넘어선 하나님으로부터의 명령입니다. 부모들의 반대가 있을지라도 어린이가 예수님 영접하기를 원한다면 용기를 주어야 합니다.

질문 4

10명의 어린이가 예수님 영접하기를 한꺼번에 원한다면 어떻게 상담을 합니까?

답변

어린이들이 모두 조용하게 상담자 앞에 귀를 기울이게 합니다.

(1) 왜 이곳에 왔느냐고 먼저 묻습니다. 각 어린이의 대답을 주의 깊게 들으면서 그 중에 신중하게 생각하지 않는 어린이, 호기심으로 온 어린이, 아니면 다른 어린이를 그저 따라온 어린이가 없나 살펴봅니다. 만일 어린이 중에 예수님을 영접할 준비가 안 된 어린이

는 상담을 하지 말고 돌려보냅니다. 만일 어린이에 대해 질문할 것이 더 있다든지 어린이가 더 긴 이야기를 원하지 않을 때는 계속 다음 질문을 합니다.

(2) 각 어린이에게 전에 죄지은 적이 있느냐고 묻습니다. 또는 그곳에 어린이가 많다면 그룹 전체에게 물어서 순서대로 대답을 든다든지 고개를 끄덕이게 합니다. 그런 후 죄를 지은 적이 있다고 한 어린이들로 한 그룹을 만듭니다. 그리고 이해하지 못한 어린이는 상담하지 않고 같이 기도를 한 후 밖으로 나가게 하든지 아니면 상담하는 다른 어린이들과 같이 있되 한쪽 편에 조용히 있게 합니다. 이 어린이들에게도 상담하는 것을 듣고 깨닫게 하는 것이 좋습니다.

결론

교사로서 어린이가 예수님을 영접하여 구원받는 것을 보는 것보다 더 큰 기쁨은 없습니다(눅 15:10). 구원받은 어린이는 교사가 항상 "생각나는 선생님"이 될 것입니다.

| 제 5 장 |

어린이 새 신자 양육

이 말이 미쁘도다 원하건대 너는 이 여러 것에 대하여 굳세게 말하라 이는 하나님을 믿는 자들로 하여금 조심하여 선한 일을 힘쓰게 하려 함이라 이것은 아름다우며 사람들에게 유익하니라(딛 3:8).

어린이 전도의 가장 중요한 사역 중의 한 분야가 어린이 새 신자 양육입니다. 어린이 새 신자 양육이 얼마나 중요하며 또 그것을 위해서는 얼마나 광범위한 프로그램이 있는가를 살펴보면서 예수님을 영접한 새 신자 어린이에게 보다 효과적인 양육 방법을 연구해야 합니다. 새 신자 양육은 어린이가 그리스도를 경험하면서 자라나도록 도와주는 것이며 어린이가 영적성숙에 이르도록 돕는 것입니다.

1. 양육이란 무엇입니까?

1) 예수님의 지상명령(Great Commission)

> 너희는 가서 모든 족속으로 제자를 삼아 아버지와 아들과 성령의 이름으로 세례를 주고 내가 너희에게 분부한 모든 것을 가르쳐 지키게 하라(마 28:19-20).

예수님이 "가서" 모든 족속들에게 복음을 전하라고 명령하셨습니다. 예수님은 모든 사람들이 예수 그리스도의 복음을 통하여 죄 용서를 받고 믿음으로 살기를 바라셨습니다. 그리고 모든 족속으로 하여금 예수 그리스도의 "제자를 삼으라", "분부한 모든 것을 가르쳐 지키게 하라"고 하셨습니다. 무슨 뜻일까요? 예수님은 전도를 한 후 양육을 통한 지식과 영적성장의 필요성을 말씀하신 것입니다. 특히 "가르치라"는 명령은 회심 후 교육을 통한 새 신자 양육을 의미하고 있습니다. 그러므로 양육이란 교육의 과정입니다.

새로 탄생한 어린이를 홀로 방치할 수는 없습니다. 어머님의 품 안에서 양육되어야 합니다. 마찬가지로 예수님을 영접한 어린이 새 신자도 방치할 수 없으며 교사의 가르침 속에서 성장해야 합니다. 전도도 중요합니다. 그러나 어린이가 구원을 받은 후 모든 것을 성경말씀대로 행하도록 가르치는 것이 더 중요합니다. 교사가 어린이를 가르치고, 용기를 주고, 영적성장의 양식을 먹이는 것을 양육이라고 정의할 수 있습니다.

교사는 예수님의 지상명령을 통해서 어린이의 전도를 하는 데 다음의 두 가지 책임이 있습니다.

(1) 잃어버린 어린이들의 영혼을 찾기 위해 어디를 가든지 복음을 전파해야 합니다. 예수님을 모르는 어린이는 영적으로 죽어 있습니다. "너희의 허물과 죄로 죽었다"(렘 2:1)라고 하셨습니다. 예수님을 모르는 어린이들에게는 영적으로 거듭난 삶이 필요합니다. 요한일서 5:12에 "아들이 있는 자에게는 생명이 있고 하나님의 아들이 없는 자에게는 생명이 없느니라"라고 했습니다. 교사는, 성경공부를 통해서 혹은 설교를 통해서 하나님의 말씀을 가르칠 때 성령님이 역사하셔서 잃어버린 어린이의 영혼을 거듭나게 하며 새로운 삶을 찾도록 가르쳐야 합니다.

(2) 중생한 어린이에게 영적 성장의 양식을 공급해야 합니다. 예수님을 영접한 어린이는 영적 생명력을 갖고 있습니다(요 3:16). 그래서 영적 성장을 위한 영적 양식이 필요합니다. 베드로후서 3:18에, "오직 우리 주 곧 구주 예수 그리스도의 은혜와 저를 아는 지식에서 자라가라"고 했습니다. 교사가 성경공부를 통해서 혹은 설교를 통해서 하나님의 말씀을 가르칠 때 성령님께서는 어린이들을 영적으로 성장하도록 하십니다.

> 갓난 어린이 같이 순진하고 신령한 젖을 사모하라. 이는 이로 말미암아 너희로 구원에 이르도록 자라게 하려 함이라(벧전 2:2)

어린이 새 신자 양육의 중요성을 어떻게 말로 평가할 수 있겠습니까? 교사는 어린이를 예수님께 인도하고 돕고, 생명의 말씀을 먹여 자라도록 하는 것이 중요한 책임입니다.

2. 교사의 새 신자 양육

예수님이 "내 양을 먹이라"(요 21:15)고 하셨습니다. 성령님께서 구원하시고 또 양육하여 자라도록 하시지만 어린이를 위한 교사의 의무는 하나의 목자로서, 어린이들을 푸른 초장으로 잔잔한 시냇가로 인도하여 생명의 꼴을 먹여야 합니다. 교사가 명심하고 기억해야 할 다음 네 가지 기본 원리가 있습니다.

1) 새 신자 양육의 사역은 하나님께 전적으로 달려 있다.

사도 바울의 말씀입니다.

> 나는 심었고 아볼로는 물을 주었으되, 오직 하나님은 자라나게 하셨나니 그런즉 심는 이나 물주는 이는 아무것도 아니로되 오직 자라나게 하시는 하나님뿐이니라(고전 3:6-7).

그러므로 어린이 새 신자를 양육하는 일은 가장 으뜸가는 일이며 중요한 하나님의 일입니다. 하나님은 약속하셨습니다.

> 내가 과연 너희를 버리지 아니하고 과연 너희를 떠나지 아니하리라(히 13:5).
> 주께서 자기 백성을 아신다 하며(딤후 2:19).

하나님이 구원받은 어린이를 은혜 가운데 자라게 하실 수 있으며 그것은 하나님의 일입니다. 그러므로 교사는 하나님과 함께 일하며 단순히 도와드리는 것뿐입니다. 고린도후서 6:1에, "우리가 하나님과 함께 일하는 자로서 너희를 권하노니"라고 하였습니다.

2) 구원받은 것은 믿음의 시작이다.

새 신자가 예수님을 개인의 구세주로 영접한 것은 마지막이 아닙니다. 그리스도인의 새 삶이 시작된 것입니다. 새 신자는 그리스도인의 새 삶이 시작된 것입니다. 그러므로 교사는 새 신자가 그리스도인의 삶을 영위하도록 도와주고 가르쳐야 할 큰 책임이 있습니다. 교사들 중에는 항상 믿지 않는 어린이를 교회로 인도하기만 하면 되는 것으로 생각합니다. 예수님을 영접한 어린이를 돌보는 일을 소홀히 하고 깊은 관심을 갖지 않는 것은 교사의 큰 잘못입니다. 그러므로 구원받은 어린이 새 신자 양육이 중요함을 깨달아야 합니다.

3) 새 신자 양육함이 없이는 갓난아이로 남아 있게 된다.

구원받은 어린이가 성장하기 위해서는 양육이 꼭 필요합니다. 교사는 가능한 한 열심히 새 신자 양육을 위해 노력해야 합니다. 어린이는 스스로 영적 말씀을 섭취하는 집중력이 약합니다. 또 어른들처럼 이해가 쉽게 되는 것이 아니기에 교사의 양육이 필요합니다. 만일 그렇게 양육받지 못하면 항상 '아기 신자'로 남아 있게 되는 것입니다.

4) 양육하기 어려워도 복음은 계속 전파되어야 한다.

때때로 환경에 따라 양육하기가 불가능할 때가 있습니다. 그래서 복음 전파를 하지 않아도 된다고 하는 사람이 있는데 교사는 복음을 전해야 합니다. 강가를 거닐 때 한 어린이가 물에 빠진 것을 보았다면 먼저 구해야 합니다. 구한 후에 마른 옷과 따뜻한 음식이 없더라도 구하기를 거절해서는 안 됩니다. 예수님이 도우실 수 있습니다. 교사는 '기도'로 양육할 수 있어야 합니다.

3. 새 신자 양육의 성경적 원리

1) 예수님의 명령

예수님의 지상명령은 "너희는 온 천하에 다니며 만민에게 복음을 전파하라"(막 16:16)라는 말씀과 "너희는 가서 모든 족속으로 제자를 삼아"(마 28:19)라는 말씀으로 표현될 수 있습니다. 그러므로 교사는 구원받지 못한 어린이에게 복음을 전하고 또 구원받은 어린이들은 가르쳐서 '예수의 제자'를 삼는 '전도와 교육' 두 가지 사명이 있습니다.

2) 예수님의 모범

예수님이 제자들을 가르치는데 많은 시간을 보내셨습니다.

이에 열 둘을 세우셨으니 이는 자기와 함께 있게 하시고 또
보내사 전도도 하며(마 3:14).

예수님이 제자들을 부르셨을 때 그들은 어느 정도 지식이 있었습니다. 그러나 예수님은 그들에게 인내를 가르쳤습니다. 예수님이 제자들을 떠나 하늘로 승천하실 때 그들에게 복음을 증거하고 하나님의 영광을 위해서 살 것을 가르쳤습니다.

베드로는 성격이 급하고 감정적인 성품의 제자였으나 예수님의 가르침을 받고 양육되어 초대 교회의 훌륭한 지도자가 되었으며 능력 있는 복음 사역자가 되었습니다.

'우뢰의 아들'(막 3:17)이라고 불리었던 요한은 예수님의 지도와 훈련을 철저히 받아 충성스러운 일꾼으로서의 전도자가 되었습니다. 예수님은 자기 제자들의 훈련에 모범을 보여 주셨는데 오늘날 교사들도 예수님의 뒤를 따라야 하지 않겠습니까? 예수님이 우리에게 맡긴 구원받은 어린이들을 양육하는데 많은 시간과 노력을 바쳐야 하겠습니다.

3) 사도 바울의 모범

바울은 새 신자를 양육하는 일에 많은 시간과 노력을 헌신함으로 바쳤습니다. 사도 바울이 개척 교회와 아직 장성하지 못한 교회를 재방문하여 말씀으로 양육한 것을 우리는 성경을 통해서 수없이 읽을 수 있습니다.

바울의 말씀입니다.

제자들의 마음을 굳게 하여 이 믿음에 거하라고 권하고(행 14:22).

나의 어린이들아 너희 속에 그리스도의 형상이 이루기까지 다시 너희를 위하여 해산하는 수고를 하노니(갈 4:19).

라고 말씀하셨습니다. 신약의 바울 서신은 신자 양육을 위해서 그리고 교회들을 돕기 위해서 바울이 기록한 하나님의 말씀인 것입니다. 바울은 새 신자 개개인들을 양육하였습니다. 그의 편지에 많은 성도들의 개개인 이름이 기록되어 있습니다. 예를 들면 디모데와 오네시모를 '믿음의 아들'이라고 불렀으며 그들을 양육하는데 책임을 느꼈습니다. 구원받은 어린이를 양육하는 오늘의 교사들이 사도 바울의 모범을 배워야 합니다.

4) 사도 바울의 명령

바울은 신자들의 양육에 대한 중요성을 거듭 강조했습니다. 그는 디모데에게 이렇게 권합니다.

또 네가 많은 증인 앞에서 내게 들은 바를 충성된 사람들에게 부탁하나 저희가 또 다른 사람들을 가르칠 수 있으리라(딤후 2:2).

너는 말씀을 전파하라 때를 얻든지 못 얻든지 항상 힘쓰라 범사에 오래 참음과 가르침으로 경책하며 경계하며 권하라(딤후 4:2).

바울은 그리스도인 부모들은 어린이를 양육하라고 말씀하십니다.

> 또 아비들아 너희 어린이를 노엽게 하지 말고 오직 주의 교양
> 과 훈계로 양육하라(엡 6:4).

교사들이 복음을 통해 구원받은 어린이에게 교사들의 보살핌(care and cure)이 필요한 것을 바울의 교훈에서 배우고 어린이 양육에 최선을 다해야 겠습니다.

5) 성령님의 사역

오늘날 성령님께서 교회에 주신 귀한 선물이 가르치는 은사입니다. 바울은 "이는 성도를 온전케 하며 봉사의 일을 하게 하여 그리스도의 몸을 세우려 하심이라"(엡 4:12)고 하셨습니다. 성령님께서는 교회의 교사들에게 또 목회자들에게 역사하시며 중생한 어린이와 또 장년 신자들을 말씀으로 양육하십니다. 어린이 새 신자도 성도의 반열에 포함되는 것입니다. 어린이 또한 그리스도의 몸입니다.

에베소서는 "성도들과 그리스도 예수 안의 신실한 자들에게"(엡 1:1) 쓴 것입니다. 특별히 바울이 중생한 어린이를 양육하고 권면하고 계십니다(엡 6:1-3). 성령님은 교사들을 통해서 역사하십니다. "가르치는 자면 가르치는 일로" 충성할 때 영적 은사를 더 받을 수 있습니다.

하나님이 세우신 교사의 직분은 실로 값진 것입니다. 그러나 누구든지 교사가 될 수는 없습니다. 바울이 "다 교사겠느냐?"라고 질문합니다. 우리는 하나님이 쓰시는 교사가 되고 더욱 어린이 새 신

자를 잘 양육하는 교사가 되어야 하겠습니다.

4. 새 신자의 양육의 성경적 모형

1) 데살로니가 전·후서의 모형

바울은 데살로니가 교회에서 3주일 동안 설교를 했습니다(행 17:2). 이 기간 동안 그는 많은 사람들이 예수를 영접하고 또 교회를 설립되는 것을 보았습니다. 집회 후에 바울은 새 신자들에게 편지를 썼습니다. 바울은 "하나님께로 돌아와서 사시고 참되신 하나님을 섬기며…하늘로부터 강림하심을 기다린다고 말하니"(살전 1:9-10)라고 했습니다.

(1) 돌아와서-과거의 삶으로부터 회개하고 돌아와서,
(2) 섬기며-현재의 삶은 예수님을 섬기며,
(3) 기다린다고-미래의 삶을 심판장으로 오시는 예수님을 기다린 다고 하는 것입니다.

바울은 예수님을 영접한 상태의 신앙만으로는 절대로 만족해하지 않았습니다. 바울의 가장 큰 바람은 새 신자가 성숙된 그리스도인으로 성장하는 것을 보는 것입니다. 바울의 마음속에는 새 신자 양육하는 일이 중요 관심사였습니다. 특별히 데살로니가에서 짧은 기간 동안 전도여행을 하고 떠난 후로부터 더욱 새 신자들에게 관심을 가졌습니다.

바울은 데살로니가에서 쓴 두 서신으로 새 신자 양육 계획에 대한 초안을 우리에게 주었습니다. 이 두 서신에서는 바울이 어떠한 사람이었으며 어떤 일을 하였는가를 보여주고 있으며, 동시에 교사들이 어떠한 태도의 교사가 되어야 하며, 새 신자 양육을 위해서 어떤 일을 해야 하는가에 대해서 배울 수 있어서 우리에게 귀한 도움이 됩니다.

2) 새 신자 양육을 위한 교사

(1) 교사는 부드럽고 이해성이 있어야 한다.

바울은 "오직 우리가 너희 가운데서 유순한 자 되어 유모가 자기 어린이를 기름과 같이 하였으니"(살전 2:7)라고 하였습니다. 바울은 어린이 새 신자 양육을 유모와 같이 부드럽고 이해성 있는 자세로 가르쳐야 함을 보여주었습니다. 어머니만큼 아기에 대해 잘 아는 사람은 없습니다. 어머니는 아기를 양육하는데 최고의 기술과 능력을 가지고 있습니다.

(2) 교사는 사랑으로 양육해야 한다.

바울은 "우리가 이같이 너희를 사모하여 하나님의 복음을 즐겨 함은 너희가 우리의 사랑하는 자 됨이니라"(살전 2:8)고 하였습니다. 이 말씀에서 '사랑'이란 말을 썼습니다. 바울은 자기가 전도한 신자들을 사랑했습니다.

사랑이란 말로 되는 것이 아니며 또 되어진 일과 주어진 것에 국한하지 않습니다. 바울의 사랑은 새 신자를 지극히 사랑하므로 자기 자신을 헌신한 것입니다. 비록 어린이가 감사하는 마음과 사랑하는 마음이 없다 할지라도 교사는 그들을 위해서 헌신적인 사랑을 쏟아야 합니다.

(3) 교사는 열심히 일해야 한다.

바울은 "형제들아 우리의 수고와 애쓴 것을 너희가 기억하리니 너희 아무에게도 누를 끼치지 아니하려고 밤과 낮으로 일하면서 너희에게 하나님의 복음을 전파하였노라"(살전 2:9)고 하였습니다. 바울은 데살로니가에 있을 때 밤이나 낮이나 열심히 전도했습니다. 새 신자들을 위해서 헌신적인 양육을 했습니다. 교사는 시간이 없거나 바쁘더라도 어린이를 양육하는 일에 바울의 자세를 배워야 합니다.

(4) 경건한 태도를 보여야 한다.

바울은 "우리가 너희 믿는 자들을 향하여 어떻게 거룩하고 옳고 흠없이 행하는 것에 대하여 너희가 증인이요, 하나님도 그러시느니라"(살전 2:10)라고 하였습니다. 바울은 영원한 생명을 위해서 일하는 교사-전도자는 새 신자들의 모범이 되어야 한다는 것을 깨달았습니다.

교사의 생활과 가르침이 모범이 되지 못했을 때에는 가치가 없게 됩니다. 경건한 모범이 없이는 아버지와 같은 훈계(11절)를 할 수가 없습니다. 새 신자 어린이는 교사를 본받기 원하고 따르기를 좋아합니다. 교사의 생활과 태도는 어린이들의 절대적인 모범이 되어야 합니다.

3) 새 신자 양육을 위한 교사의 역할

(1) 중생한 새 신자 어린이를 위해 기도해야 한다.

바울이 데살로니가에 있는 새 신자들을 위해서 어떻게 기도했는지 살펴봅시다.

① 바울의 기도는 개인적이다. "우리가 너희 무리를 인하여 항상 하나님께 감사하고 기도할 때에 너희를 말함은…"(살전 1:2).
② 바울의 기도는 특별한 목적이 있다. "또 주께서 우리가 너희를 사랑함과 같이 너희도 피차간과 모든 사람에 대한 사랑이 더욱 넘치게 하사"(살전 3:12).
③ 바울의 기도는 계속적이다. "주야로 심히 간구함은 너희 얼굴을 보고 심히 믿음의 부족함을 온전케 하려 함이니라"(살전 3:10).

바울은 데살로니가에 있는 새 신자들을 위해서 개인적으로 기도해주었고, 특별한 목적 달성을 위해서도 계속적인 기도를 했습니다. 교사는 어린이 양육에 어려움이 부딪힐 때나 문제아가 있을 때만 기도하는 것이 아니고 '쉬지 말고 기도'(살전 5:17) 해야 합니다. 교사가 어린이들을 위해서 개별적으로 주님께 부탁하는 기도를 드릴 때 모든 어려운 일도 해결될 수 있습니다.

바울은 데살로니가에 있는 신자들만을 위해서 기도하지 않았습니다. 그는 신자들이 바울 자신을 위해서 기도하도록 가르쳤고 또 용기를 주었습니다. "종말로 형제들아 너희는 우리를 위하여 기도하기를 주의 말씀이 너희 가운데서와 같이 달음질하여 영광스럽게 되고"

(살후 3:1)라고 한 것과 같이 교사가 어린이들을 위해서 기도하고 어린이도 교사를 위해서 기도하도록 가르치고 용기를 주어야 합니다. 교사와 어린이가 서로 기도할 때 영적 성장에 도움이 됩니다.

(2) 어린이 새 신자에게 솔직하고 바르게 가르쳐야 한다.

> 너희도 아는 바와 같이 우리가 너희 각 사람에게 아비가 자기 어린이에게 하듯 권면하고 위로하고 경계하노니(살전 2:1).
> 내가 너희와 함께 있을 때에 이 일을 너희에게 말한 것을 기억하지 못하느냐(살후 2:5).

바울은 직접적이고 규칙적인 태도로 새 신자를 가르치고 양육했습니다. 그리고 바울은 데살로니가후서에서 이미 데살로니가전서에서 말씀하신 것을 반복하시며 상기시키는 것을 우리는 볼 수 있습니다.

교사가 어린이 양육하는 일에 기도 다음으로 할 일은 솔직한 자세로 직접적이고 규칙적이며 반복적인 교육방법을 사용하는 것입니다. 교사는 자기 반에서 사용하는 공과는 첫 과부터 마지막까지 내용을 충분히 이해하고서 가르쳐야 하고, 다른 반에서 사용하는 계단 공과를 소유하고 교회학교에서 가르치는 성경공부의 전반적인 내용을 알고 있어야 합니다.

(3) 하나님 말씀과 성경 교리를 가르쳐야 한다.

> 이러므로 우리가 하나님께 쉬지 않고 감사함은 너희가 우리

에게 들은 바 하나님의 말씀을 들을 때에 사람의 말도 아니하고 하나님의 말씀으로 받음이니 진실로 그러하도다 이 말씀이 또한 너희 믿는 자 속에서 역사하느니라(살전 2:13).

열매 맺는 어린이 양육은 그리스도인으로서 어린이들의 생활에 필요한 성경말씀을 조직적으로 가르쳐 주는 것입니다. 바울은 데살로니가전서에서 신자들에게 조직적이고 단계적인 방법을 선택하여 가르쳤습니다.

① 사랑(살전 3:12; 4:9)
② 성결(살전 4:1-2)
③ 정직(살전 4:12)
④ 예수님 재림에 대한 준비(살전 4:16-18)
⑤ 권위에 대한 존경(살전 5:12-13)

교사가 어린이를 양육하는 과정에서 성경 교리를 가르치는 것은 아주 중요한 위치를 차지합니다. 그러므로 교사는 성경 교리를 체계적으로 공부해야 합니다. 주일 공과만 허둥지둥 읽고 어린이 양육에 임한다면 그것은 곧 어린이 양육의 실패를 향한 출발점입니다. 바울은 데살로니가 교회에 쓰는 첫 번째 서신에서 성경 교리의 중요성을 다음과 같이 강조하고 있습니다.

① 하나님에 대해서(살전 1:4, 8, 9; 2:4, 5, 10; 3:11; 4:3,7, 14, 16; 5:9, 23)
② 예수님에 대해서(살전 1:1, 3, 11)
③ 성령님에 대해서(살전 1:5-6; 4:8)

(4) 교사는 중생한 어린이를 권면하고 항상 용기를 주어야 한다.

> 또 너희는 많은 환난 가운데서 성령의 기쁨으로 도를 받아 우리와 주를 본받은 자가 되었으니 그러므로 너희가 마게도냐와, 아가야 모든 믿는 자의 본이 되었는지라(살전 1:6-7).

바울은 믿는 자로서 잘못된 태도나 성경 교리에 빠져 있으면 이것들을 지적하고 권면하였습니다. 물론 바울은 신자들의 좋은 점에 대해서는 칭찬을 아끼지 않았습니다. 예수님을 믿는 어린이는 믿지 않는 어린이들의 모범이 되어야 합니다.

교사는 어린이들의 잘못과 실수를 눈감아 주어서는 안 됩니다. 잘못된 점은 시정하여 주고 잘한 점에 대해서는 칭찬을 하고 특별히 전도하는 일에 힘쓰도록 용기를 주어야 합니다.

(5) 중생한 어린이도 어려움을 당할 수가 있다고 가르쳐야 한다.

> 우리가 너희와 함께 있을 때에 장차 받을 환난을 너희에게 미리 알게 하였더니 과연 그렇게 된 것을 아느니라(살전 3:4).

바울은 신자들에게 앞으로 다가올 환난에 대하여 준비하도록 가르쳤습니다. 특별히 온 가정이 믿지 않는 어린이에게는 여러 가지 핍박이 따르고 문제가 생깁니다. 교사는 어떻게 어려움을 이기고 또 하나님이 어떻게 힘을 주시는가를 가르쳐야 합니다.

(6) 복음을 증거하도록 가르친다.

> 주의 말씀이 너희에게로부터 마게도냐와 아가야에만 들릴 뿐 아니라 하나님을 향하는 너희 믿음의 소문이 각처에 퍼진 고로 우리는 아무 말도 할 것이 없노라(살전 1:8).

사도 바울은 새 신자들에게 예수 그리스도를 증거하도록 가르치고 있습니다. 데살로니가 성도들은 이 말씀을 순종하였습니다. 그리고 복음을 전했습니다. 그 복음의 뿌리가 오늘 한국의 어린이들에게도 뻗쳐지고 있는 것입니다.

영국의 유명한 설교자 로이드 존스 목사는 "가장 훌륭한 전도자는 어린이"라고 했습니다. 무슨 뜻입니까? 어린이들은 친구들을 교회에 인도하는데 큰 어려움 없이 동행할 수 있다는 것입니다. 교사는 어린이 신자들에게 믿지 않는 친구들에게 어떻게 복음을 증거하고 예수님께 인도하는가를 잘 가르쳐 주어야 합니다. 왜냐하면 어린이들은 교사의 가르침에 순종하고 전도하는데 열심을 다할 수 있기 때문입니다.

(7) 교회로 인도한다.

> 형제들아 너희가 그리스도 예수 안에서 유애에 있는 하나님의 교회들을 본받는 자 되었으니(살전 2:14).

사도행전 17:4-9에 보면 데살로니가 교회가 설립되었을 때 그들은 '야손'의 가정에서 모인 것으로 보입니다. 사도 바울은 하나님의 계획 안에 있는 교회에 대한 깊은 의미를 깨달았습니다. 한 사람의 신자가 교회에 등록하면 자동적으로 교회의 한 지체가 되는 것입니다. 야손의 가정 모임은 데살로니가 교회의 시초가 된 것입니다. 교사는 어린이가 예수님을 영접했을 때 하나님의 말씀을 충실히 가르치는 교회로 인도하여야 합니다.

(8) 어린이의 가정을 방문한다.

바울은 가정 방문이 주요함을 강조하고 있습니다. 바울은 데살로니가 교인들을 방문할 것에 대하여 기도하였습니다.

> 하나님 우리 아버지와 우리 주 예수는 우리 길을 너희에게로
> 직행하게 하옵시며(살전 3:11).

바울은 그가 신자들을 방문하려는 것을 사단이 방해하는 것에 대하여 기록하고 있습니다.

> 그러므로 나 바울은 한 번 두 번 너희에게 가고자 하였으나
> 사단이 우리를 막았도다(살전 2:18).

교사가 한 어린이를 예수님께 인도하였다면 잊지 말고 가정방문을 하여야 합니다. 교사는 가정방문을 통해서 어린이와 좋은 교제를 갖고 또 영적으로 도와줄 수 있는 기회를 마련해야 합니다. 또한 어린이의 부모들과도 교제를 시작할 수가 있는 기회가 되는 것입니다.

(9) 다른 교사의 도움을 구한다.

바울은 새 신자들을 전부 방문할 수가 없기 때문에 디모데를 보내서 양육을 하도록 했습니다.

> 우리 형제 곧 그리스도의 복음의 하나님의 일군인 디모데를 보내노니 이는 너희를 굳게 하고 너희 믿음에 대하여 위로함으로 누구든지 이 여러 환난 중에 요동치 않게 하려 함이라(살전 3:2-3).

교사가 항상 어린이의 가정을 방문하기는 어렵습니다. 그럴 때에는 다른 교사의 도움을 받아 어린이를 방문하여 어린이에게 필요한 도움과 설명을 할 수 있도록 해야 합니다. 시간이 없다는 이유로 어린이 중에 결석을 많이 해도 방문하지 않는 것은 교사의 책임을 이행하지 않는 것입니다.

(10) 편지를 쓴다.

바울이 쓴 '바울 서신'은 사실 신자들에게 보내는 양육을 위한 편지입니다. 바울은 데살로니가 교회에 두 번이나 긴 편지를 보냈습니다.

> 나 바울은 친필로 문안하노니 이는 편지마다 표적이기로 이렇게 쓰노라(살후 3:17).

교사의 따뜻한 마음이 담긴 편지가 어린이들을 찾아갈 때 어린이는 아주 기뻐합니다. 그리고 다정다감한 교제가 이루어질 수 있습니다. 교사가 어린이 개인에게 편지를 쓰는 것은 그만큼 어린이 전도에 관심이 있다는 것입니다.

어린이의 생일에 예쁜 생일카드 한 장 씩 보내는 교사에게는 하나님이 더욱 축복하신 것을 필자는 체험했습니다. 제가 학생에게 성경공부 내용을 보냈는데 어느 여름 방학 때 초대를 받아 어린이의 집에서 부모님들과 깊은 영적 교제를 가졌던 것을 잊을 수가 없습니다.

(11) 교사는 하나님께 전적으로 의지한다.

> 주는 미쁘시사 너희를 굳게 하시고 악한 자에게서 지키시리라. 너희에게 대하여는 우리의 명한 것을 너희가 행하고 또 행할 줄을 우리가 주안에서 확신하노니(살후 3:3-4).

바울은 하나님이 새 신자들을 지키시고 힘주실 것을 믿고 의지하였습니다. 교사는 어린이들의 양육을 위해서 최선의 노력을 해야 합니다. 그러나 결국은 하나님이 새 신자 어린이를 돌보신다는 것을 믿어야 합니다.

4) 새 신자 양육의 기본 원리

교사가 어린이 새 신자를 양육함에 있어서 기본적으로 기억해야 할 네 가지는 다음과 같습니다.

(1) 그리스도인으로 인정한다.

예수님을 영접했다고 신앙고백한 어린이는 그리스도인으로 인정해야 합니다. 교사는 어린이가 마음 문을 열고 예수님을 영접하고, 구세주로 믿는다고 하면 중생한 그리스도인으로 인정해야 합니다. 그러나 형식적인 신앙고백이거나 나중의 열매가 좋지 않을 것이 예상되는 경우에는 인정하지 않아야 합니다.

사도행전 2:41에 보면, "그 말을 받는 사람들은 세례를 받으매 이 날에 제자의 수가 삼천이나 더하더라"고 했습니다. 초대 교회에서도 예수 그리스도 안에서 신앙 고백한 사람들은 거듭난 신자로 인정했습니다. 교사들이 어떤 어린이가 어려움을 당하고 교사의 말을 순종하지 않는다고 구원받은 것을 의심하는 태도는 잘못된 것입니다. 유럽의 '형제교회'에서는 자기들의 모임과 다른 신자이면 "언제 구원받았습니까?"라고 질문하는 태도를 갖는데 꼭 좋은 방법은 아닌 것 같습니다.

만약 교사가 어린이의 신앙을 의심한다면 이러한 환경에서는 어린이가 영적으로 성장하기가 어렵습니다. 이와 같은 태도는 정원사가 나무를 심어 놓고 나무가 자라는지 매주 뿌리를 파보는 것과 같습니다. 결국 나무가 자라지 못하고 죽게 되는 것처럼 어린이도 영적으로 잘 성장하지 못합니다. 물론 어린이가 예수님을 영접하지 않았는데도 그리스도인이 되었다고 용기를 주고 인정해서는 안 됩니다.

교사는 어린이가 구원을 받았는지 안 받았는지는 오직 하나님만이 판단할 수 있음을 믿어야 합니다. 시간의 흐름에 따라 예수님을 영접한 어린이의 새 삶은 언행에서 그 증거가 나타나는 것입니다. 교사는 어린이의 신앙고백을 인정하는 것이 좋습니다.

(2) 성령의 열매를 맺도록 기도한다.

어린이의 새 삶에 성령의 열매가 맺도록 기도하고 보살펴야 합니다. 어린이 새 신자가 무엇인가 잘못했을 경우, 꾸중하거나 비난의 눈빛으로 보아서는 안 됩니다. 만일 어린이가 진실로 중생했다면 어린이의 삶은 조금씩 변화될 수 있기 때문입니다. 비록 변화의 과정이 더딜지라도 성령님의 감화로 차차 변화 될 수 있으므로 교사는 어린이를 위해서 기도해야 하고 변화 과정을 주시하며 보살펴야 합니다.

마태복음 7:20에, "이러므로 그와 열매로 그들을 알리라"고 하셨습니다. 중생한 어린이에게 처음부터 너무 큰 기대를 갖지 말아야 합니다. 교사는 어린이가 중생 했다고 해서 성숙한 성인 그리스도인들처럼 모든 생활에 철두철미하게 완벽하기를 기대해서는 안 됩니다. 어린이가 실수를 많이 하고 신앙심이 약하다고 해서 중생하지 않았다고 여기는 것은 잘못된 생각입니다. 어린이는 어린이 수준만큼의 신앙생활을 하는 것으로 만족해야 합니다. 성인 신자와 어린이 신자와의 다른 점을 생각해 봅시다.

① 어린이는 친구나 가족 식구들의 영향을 많이 받습니다. 어린이는 교회학교나 특별 성경공부 반에 일주일에 2회 정도 가고 학교나 집에서 더 많이 있습니다. 어린이가 사용하는 언어에 좋지 못한 욕설이 있다면 이러한 언어는 주로 학교나 집에서 듣고 배운 것입니다.

② 어린이는 부모님들의 권위의식 안에 있습니다. 성인들은 자기들이 원하면 교회에 언제든지 갈 수 있고 하고 싶은 일들도 선택할 수가 있습니다. 그러나 어린이는 그럴 수가 없습니다. 예를 들면 한 어린이가 성경공부 반에서 예수님을 영접했다 하더라도 부모님들이 교회에 나가는 것을 반대하면 나갈 수가

없습니다. 어린이는 아직 독립되어 있지 않음을 이해해야 합니다.
③ 어린이의 감정은 피상적입니다. 어린이는 자기 감정을 성인들처럼 숨길 수가 없습니다. 어린이는 감정에서 나오는 대로 장난꾸러기가 되는 것입니다. 어린이는 성인들처럼 감정을 조정할 수가 없습니다. 그러므로 비록 중생된 어린이라도 어린이의 속성은 버리지 못합니다. 어린이는 중생한 성인이 하지 않는 행동을 할 수가 있습니다.

(3) 성령의 열매가 중요하다.

어린이 새 신자의 생활에 성령의 열매가 있으면 기뻐합시다. 갈라디아서 5:22에서 가르치기를 "성령의 열매는 사랑"이라고 하셨습니다. 예수님을 영접한 어린이에게서 찾아야 할 것은 첫째로 사랑의 열매입니다. 어린이에게는 사랑의 열매를 여러 가지 면으로 보일 수 있습니다.

① 예수님에 대한 사랑-구세주이신 예수님을 더 알기 원하는 욕망입니다.
② 말씀에 대한 사랑-성경말씀에 흥미가 있고 하나님의 일에 관심이 깊어집니다.
③ 기도에 대한 사랑-하나님과 기도로 교제하려는 열심이 있습니다.
④ 잃어버린 친구의 영혼 구원에 대한 사랑 - 친구들이 예수님을 알게 되기를 바라는 사랑이 있습니다. 어린이에게 이러한 사랑이 보일 때 교사는 기뻐하고 용기를 더욱 주어야 합니다.

어린이의 생활도 예수님을 영접한 후에는 분명히 변화가 옵니다.

연탄난로를 필 때에 먼저 불쏘시개를 넣고 그 위에 연탄을 놓습니다. 성냥불은 종이나 나무 등에 먼저 붙어 갑니다. 어떤 때는 불이 꺼진 것을 봅니다. 연기가 자욱하여 눈물을 흘리며 몇 번이고 불씨를 붙였어도 가정주부는 실망하지 않고 불을 붙여야 합니다. 연탄 밑 부분에 불씨가 보이고 불꽃이 튀는 것을 볼 때에 주부는 집안 전체가 훈훈한 것 같은 느낌을 맛봅니다. 까만 연탄을 볼 때는 실망이 되나 타오르는 연탄을 볼 때는 용기를 갖게 됩니다. 주부는 부엌에 연탄불이 항상 잘 지피도록 보살펴야 합니다.

이와 같이 중생된 어린이도 마찬가지입니다. 교사는 어린이들의 생활에 까만 연탄 같은 점만을 보고 실망해서는 안 됩니다. 불이 잘 붙도록 주부가 노력하듯이 어린이들이 잘 성장하도록 몇 번이고 반복해서 고쳐주고 보살피는 교사가 되어야 합니다.

(4) 새 신자의 문제점을 찾아야 한다.

어린이의 생활에서 성령의 열매가 없으면 교사는 그 문제점을 찾아야 합니다. 예수님을 영접한 어린이가 얼마 동안의 기간이 지나도 전처럼 삶에 아무런 변화가 없다면, 교사는 무엇이 어린이에게 잘못되었는지를 개인적으로 상담하면서 찾아야 합니다. 그리스도인답지 않은 생활을 어린이에게는 분명히 여러 이유가 있습니다.

① 구원의 확신이 결핍되어 있다.
② 예수님의 영접에 대한 이해가 부족하다.

③ 가정에서의 핍박, 강압, 학교 친구들로부터의 유혹 때문이다.
④ 어린이가 죄를 용서받지 못한 경우이다.
⑤ 어린이가 예수님을 영접하지 않았을 때에는 성장할 수 없다.

어린이와 상담하면서 위와 같은 사실이 있을 경우 교사는 성경말씀을 찾아 읽으면서 어린이의 문제점을 하나씩 해결해 주어야 합니다. 일반적으로 예수님을 영접한 어린이가 영적으로 성장하지 못한 경우는 어린이가 예수님께 자백하지 않은 죄가 있기 때문입니다. 이런 경우에는 요한일서 1:9 "만일 우리 죄를 자백하면 미쁘시고 의로우사"를 설명하고 어린이가 죄를 자백하고 기도하고 용서함을 받도록 가르쳐야 합니다. 그럴 때에 예수님 안에서 어린이가 앞으로 그리스도인으로 성장할 수 있습니다. 또 성경에 나오는 여러 사람이 행한 본보기를 설명해 주는 것도 좋습니다.

교회에 '왔다 갔다'는 열심히 하나 예수님을 영접하지 못한 어린이가 어떻게 영적 성장을 할 수가 있겠습니까? 교사는 피상적인 선입견으로 어린이를 양육할 수가 없습니다. 교사는 어린이의 영적인 성장을 맡아야 하는 너무도 중요한 책임을 지녔습니다. 한 생명도 빼앗길 수 없는 하나님의 어린이로 양육해야 합니다. 어린이가 구원의 순서인 소명, 중생, 회심, 믿음, 칭의, 양자, 성화, 견인, 영화의 단계를 쉽게 설명해야 합니다.

(5) 새 신자의 임무를 알아야 한다.

교사는 구원받은 어린이의 임무가 무엇인지를 알아야 합니다. 단순히 어린이가 중생된 그리스도인으로서 증명되고 생활하기를 바라는 대신에 어린이의 영적 성장을 위해서 무엇이 필요한가를 이해하고 그 필요를 채워주어야 합니다. 어린이에게 필요한 것이 무엇일까요?

① 사랑이다. 예수님의 사랑에 대해서 깨달을 수 있도록 가르쳐야 합니다.
② 인내이다. 구원받은 어린이도 많은 실수를 범합니다. 그러므로 그리스도인으로 삶을 시작한 어린이에게 인내가 필요함을 가르쳐야 됩니다.
③ 이해이다. 구원받은 어린이는 그리스도 안에서 '갓난아이'임을 이해시켜 주고, 앞으로 더 많은 하나님의 말씀을 하나씩 배워야 함을 가르쳐 주어야 하며, 교사들 자신이 어린이를 충분히 이해해야 합니다.
④ 영적 양식이다. 구원받은 어린이는 '하나님의 말씀'이 필요합니다. 어린이가 가장 필요한 것은 영적 양식입니다. 어린이가 영적으로 성장할 수 있도록 계속적으로 영적 양식이 공급되어야 합니다.

(6) 구원받은 어린이에게 새 삶을 가르쳐야 한다.

① 먹는 법
② 걷는 법
③ 말하는 법
④ 순종하는 법

예수님을 영접한 어린이는 그리스도 안에서 갓난아기입니다. 그래서 어린이는 하나씩 배워야 합니다.

① 먹는 법

첫째, 교사는 어린이에게 성경말씀을 중점적으로 가르치고, 교회학교 시간, 성경공부 시간, 특별활동 시간에 성경말씀을 어떻게 어린이가 섭취하는가를 살펴보아야 합니다.

둘째, 어린이 스스로 성경을 읽고 어떻게 성경말씀으로부터 영적 양식을 섭취할 수 있는지를 배울 수 있도록 가르치고, 이를 실천토록 해야 합니다. 어린이가 성경을 읽고 예수님과의 은밀한 교제 시간을 갖도록 해야 합니다.

독일의 하이스버그는 수양회 때 존이 이른 아침 뒷동산 벤치에서 성경을 읽고 기도하는 모습을 잊을 수가 없다고 했습니다. 그때 존은 일곱 살이었습니다.

② 걷는 법

첫째, 어린이가 하나님과 함께 어디든지 동행해야 한다는 것을 가르쳐야 합니다. 어린이 중에는 주일에 교회에 가서 성경을 배우고 예배드림으로써 '일요일 교인'으로만 생각하고, 월요일에서 토요일까지는 학교나 가정에서 딴 세계의 생활을 하는 경우가 있는데 하나님과 어디에서나 동행하는 법을 배우도록 해야 합니다. 어린이가 어디서든지 하나님의 말씀을 순종하고, 믿고 사랑하는 마음을 갖도록 해야 합니다

둘째, 어린이는 다른 사람들 앞에서 공손한 태도를 보여야 한다고 가르쳐야 합니다. 어린이는 예수 그리스도 안에서 성령의 열매를 다른 사람들에게 보여야 하는 것입니다. 그럴 때에 친구나 어른들이 참 착한 어린이라고 칭찬을 할 수 있을 것이고, 증거가 될 수도 있습니다. 바울은 "성령의 열매는 사랑과 희락과 화평과 오래 참음과

자비와 양선과 충성과 온유와 절제"(갈 5:22)라고 가르쳐 주고 있습니다.

③ 말하는 법
첫째, 어린이는 하나님께 어떻게 기도하는가를 배워야 합니다. 기도로 하나님과 교제해야 하기 때문입니다.

둘째, 어린이는 다른 사람들에게 하나님에 대하여 어떻게 이야기하고 증거를 하는가에 대하여 배워야 합니다. 어린이는 친구들에게 가장 훌륭한 전도자가 될 수 있습니다. 어떻게 친구들을 예수님께 인도하는가를 배워야 합니다.

④ 순종하는 법
첫째, 어린이는 하나님께 어떻게 순종해야 하는가를 배워야 합니다. 하나님이 성경말씀을 통해서 어린이에게 순종에 대하여 가르치고 있음을 어린이가 깨닫도록 교사는 철저히 가르쳐야 합니다. 하나님의 말씀을 전폭적으로 믿고 순종할 수 있도록 가르쳐야 합니다.

둘째, 어린이는 부모님께 순종해야 된다는 것을 배워야 합니다, "어린이들아 너희 부모를 주안에서 순종하라. 이것이 옳으니라"(엡 6:7)라는 명령을 준수해야 합니다. 바울은 어린이가 부모님께 순종해야 하는 중요성에 대하여 강조하는데 교사는 이 점에 대하여 가르쳐야 합니다.

어린이가 하나님의 말씀을 배울 때는 오랜 시간이 필요합니다. 어린이가 하루아침에 성인이 될 수 없는 것처럼 성경말씀을 완전히 배우기까지는 많은 시행착오가 있습니다. 그러므로 교사는 어린이를 가르칠 때 인내하며 너무 많을 것을 기대하는 것은 좋지 않습니다.

교사는 하나님이 맡겨 주신 어린이를 가르치는 귀한 사명을 감당할 수 있도록 기도하고 어린이들이 성장하여 어디를 가나 예수 그리스도의 충실한 증거자가 되는 것을 바라보는 기쁨을 가져야 합니다.

5) 새 신자 양육의 목적

예수 그리스도를 영접한 어린이를 양육하는 책임 맡아야 할 교사는 세 가지 목적이 있음을 알아야 합니다.

(1) 성숙한 그리스도인이 되도록 양육한다.

바울은 "각 사람을 그리스도 안에서 완전한 자로 세우려 함이니 이를 위하여 나도 내 속에서 능력으로 역사 하시는 이의 역사를 따라 힘을 다하여 수고하노라"(골 1:28-29)고 하셨습니다. 교사는 어린이가 예수님 안에서 잘 성장되도록 양육해야 합니다.

> 이는 성도를 온전케 하며 봉사의 일을 하게 하며 그리스도의 몸을 세우려 하심이라. 우리가 다 하나님의 아들을 믿는 것과 아는 일에 하나가 되어 온전한 사랑을 이루어 그리스도의 장성한 분량 충만한 데까지 이르리니(엡 4:12-13).

여기 '온전'이라는 뜻은 죄가 없다거나 완전한 어린이가 된다는 뜻이 아닙니다. 어린이 양육의 목적은 어린이가 예수님 안에서 성숙해지며 신앙으로 잘 자라며 그리고 충분히 발달되게 하는 데 있습니다.

어린이는 처음 그리스도인의 생활을 배우기 때문에 교사의 기도와 가르침이 물론 필요하지만 근본 되는 목표는 어린이가 아장 아장 스스로 걸을 수 있도록 보살펴야 하는 것입니다. 이 말은 무슨 뜻인가요? 어린이 스스로 성경을 읽고 기도하며 그리고 하나님과 은밀한 교제를 통하여 하루하루 성장하면 영적 능력이 있는 생활을 할 수 있게 되는데 이러한 경지에 이르기까지 인도해야 한다는 의미입니다. 어린이가 친구들에게 복음을 증거하고 하나님의 복음사업에 사용할 수 있는 헌금을 드린다는 것은 쉬운 일이 아닙니다. 그러므로 교사는 어린이가 성숙한 그리스도인이 되도록 양육을 철저히 해야 합니다.

(2) 다른 사람에게 복음을 전할 수 있도록 한다.

바울은 "또 네가 많은 증인 앞에서 내게 들은 바를 충성된 사람들에게 부탁하라 저희가 또 다른 사람들을 가르칠 수 있느니라"(딤후 2:2)고 하셨습니다. 예수님을 영접하고 구원받은 어린이가 성숙한 그리스도인이 되어서 '기쁜 소식'을 다른 사람들에게 가르칠 수 있어야 합니다. 예수님은 그리스도인들이 '예수 그리스도의 제자를 삼는 증인'들이 되기를 원하고 계십니다.

누가는 "오직 성령이 너희에게 임하시면 너희가 권능을 받고 예루살렘과 온 유대와 사마리아와 땅 끝까지 이르러 내 증인이 되리라 하시니라"(행 1:8)고 말씀하셨습니다. 구원받은 어린이는 누군가가 자기들에게 복음을 증거했듯이 믿지 않는 다른 사람들에게 그리스도의 복음을 증거하는 방법을 배워야 합니다. 교사는 어린이에게 그리스도의 증인이 되도록 양육시켜야 합니다.

(3) 교회 출석을 인도한다.

어린이가 성경말씀을 충실히 가르치는 교회에서 신실한 성도가 되도록 하기 위해서 양육은 필수적이라 할 수 있습니다. 신약성경에는 그리스도인들이 함께 모여 예배를 드리고 또 예수님이 맡겨주신 일을 완수하기 위해 모여 기도했습니다. 성경은 그리스도인들에게 "하나님의 교회에서 모퉁이의 돌이 되라"고 하였습니다. 성도는 '그리스도의 몸'이라고 했습니다. 바울이 "우리가 다 하나님의 아들을 믿는 것과 아는 일에 하나가 되어 온전한 사람을 이루어 그리스도의 장성한 분량이 충만한 데까지 이르니"(엡 4:13)라고 하신 말씀은 바로 우리 그리스도인들에게 명령하신 '하나님의 뜻'입니다. 어린이도 그리스도인의 몸된 교회의 구성원으로 맡겨진 직분이 있습니다.

어린이는 교회에서 성경말씀을 배우고 또 하나님이 맡겨 주신 사명을 찾는 것이 최고의 기쁨이 되는 것을 알아야 하는 것입니다. 교사는 구원받은 어린이가 살아 있는 복음을 증거하는 교회에서 다른 그리스도인들과 교제하며 즐기는 것을 보는 기쁨을 맛보아야 하고 그것을 양육의 목적으로 생각해야 합니다. 어린이가 교회에 출석하여 하나님께 예배하고 봉사하는 교회의 한 기둥임을 깨닫도록 양육해야 합니다. 어린이는 교회에서 믿음의 형제, 자매들과 교제를 하면서 하나님께 예배를 드리고 또 잘 성장하며, 복음을 증거 하는 것으로 하나님의 교회의 튼튼한 뿌리가 되어 후일의 귀한 사역자가 되는 것입니다. 바울은 "이를 위하여 내속에서 능력으로 역사하시는 이의 역사를 따라 힘을 다하여 수고하노라"(골 1:29)고 했습니다. 이 말씀은 오늘의 교사들에게 주신 권한 말씀입니다. 바울은 자기 힘으로 성도를 양육하지 않고 '하나님의 힘'으로 일하는 것임을 알았습니다. 우리 교사들도 어린이 양육을 하면서 성령님께서 그 능력으로 힘을 주시고 인도해 주시고 준비해 주실 것을 확신하고 또 그렇게 해야 합니다.

6) 새 신자 양육의 내용

하나님의 말씀을 믿는 어린이들에게는 영적 양식이 필요합니다.

> 사람이 떡으로만 살 것이 아니요 하나님의 입으로 나오는 모든 말씀으로 살 것이 아니요 하나님의 입으로 나오는 모든 말씀으로 살 것이라 하였느니라(마 4:4).
> 갓난 어린이 같이 순전하고 신령한 젖을 사모하라 이로 말미암아 너희로 너희의 구원에 이르도록 자라게 하려 함입니다 (벧전 2:2).

구원받은 어린이에게 하나님의 말씀을 가르치는 것은 대단히 중요합니다. 하나님은 교사가 어린이들에게 규칙적이고 체계적인 복음을 전하는 것을 기쁘게 생각합니다. 교사는 어린이가 성경공부 시간에 꼭 참가하도록 인도해야 하며 특별히 기독교 교리와 신조에 대하여 철저히 가르쳐야 합니다. 어린이에게 단번에 모든 것을 가르치는 것은 불가능합니다. 그러므로 한 단계씩 계속적으로 가르치고 하나님 말씀의 교리를 반복하여 암기하도록 교육시켜야 합니다. 교사의 가르침은 교육과 본보기에 의해서 해야 합니다.

(1) 교육: 하나님의 말씀을 가르치는 것은 매우 중요하다.

> 모든 성경은 하나님의 감동으로 된 것으로 교훈과 책망과 바르게 함과 의로 교육하기에 유익하니 이는 하나님의 사람으로 온전케 하며 모든 선한 일을 행하기에 온전케 하려 함이니라(딤전 3:16).

(2) 본보기: 하나님의 말씀에 따라 사는 것은 매우 중요하다.

> 너희가 우리의 편지라. 우리 마음에 썼고 뭇 사람이 알고 읽는 바라(고후 3:2).

어린이는 모방하기를 좋아합니다. 그리고 행동은 말보다 큰 영향을 줍니다. 어린이는 '본보기'가 필요하고 그리스도인의 생활을 배워야 합니다. 교사는 그리스도인의 본보기로 어린이에게 모범이 되어야 합니다.

5. 새 신자와 구원의 확신

교사는 구원받은 어린이에게 하나님의 말씀을 가르쳐야 합니다. 특별히 구원의 확신과 그리스도 안에서의 지위에 대하여 가르쳐야 합니다.

1) 왜 구원의 확신에 대하여 가르쳐야 합니까?

어린이가 만일 하나님의 말씀으로 부터 구원의 확신이 없다면 사단이나 믿지 않는 친구들이 유혹을 할 때 넘어지기 쉽기 때문입니다. 그러므로 성경말씀에 의한 구원의 확신이 없다면 어린이는 기쁨과 평안과 능력을 잃고 약하게 되며 흔들리는 그리스도인이 됩니다. 그러나 성경말씀을 통하여 예수님을 영접한 체험의 신앙은 흔들릴 수가 없으며 무럭무럭 자라나는 것입니다.

2) 무엇을 가르쳐야 할까요?

구원의 확신에 대하여 다음 세 가지를 가르쳐야 합니다.

(1) 구원의 확신은 느낌에 있지 않고 하나님 말씀의 약속에 있다.

> 아들이 있는 자에게는 생명이 있고, 하나님의 아들이 없는 자에게는 생명이 없느니라 내가 하나님의 아들의 이름을 믿는 너희에게 이것을 쓴 것은 너희로 하여금 너희에게 영생이 있음을 알게 하려함이라(요일 5:12-13).

(2) 구원의 확신은 어린이 생활에서 보여지며 생의 기초가 된다.

> 누구든지 그의 말씀을 지키는 자는 하나님의 사랑이 참으로 그 속에서 온전케 되었나니 이로써 우리가 저 안에 있는 줄을 아노라(요일 2:5).

어린이가 하나님은 의로우신 줄 알므로 의를 행할 것이며, 하나님께로 난 어린이는 죄를 짓지 아니합니다. 어린이의 마음속에 하나님의 '씨'가 있기 때문입니다.

(3) 성령님은 하나님의 말씀을 사용하시며, 어린이가 하나님의 어린이인 것을 어린이 생활 속에서 역사하신 증거로 확신을 시킨다.

> 그의 계명들을 지키는 자는 주안에서 거하고 주는 저 안에 거하시나니 우리에게 주신 성령으로 말미암아 그가 우리 안에 거하시는 줄을 우리가 아느니라(요일 3:24).

하나님은 어린이에게도 성령을 주심으로써 어린이가 성령 안에 거하고 성령님께서 어린이 안에 거하시도록 인도하십니다. 그래서 예수님을 영접한 어린이는 그 안에 증거가 있는 것입니다. 교사는 더 구체적인 구원의 확신에 대하여 다음 사항을 가르치는 것도 효과 있는 가르침이 될 것입니다.

어떤 한 어린이가 마음과 생활에 예수님을 영접하면 그 어린이는 다음과 같은 진리를 알 수 있습니다.

① 예수님이 어린이의 마음과 생활에 함께 살고 있다.

> 볼지어다 내가 문 밖에 서서 두드리노니 누구든지 내 음성을 듣고 문을 열면 내가 그에게 들어가 그로 더불어 먹고 그는 나로 더불어 먹으리라(계 3:20).

② 어린이의 모든 죄는 용서받았다.

> 모세의 율법으로 너희가 의롭다 하심을 얻지 못하던 모든 일
> 에도 이 사람을 힘입어 믿는 자마다 의롭다 하심을 얻는 이것
> 이라(행 13:39).

③ 하나님은 하늘에 계신 아버지시며 어린이는 하나님의 어린이다.

> 영접하는 자 곧 그 이름을 믿는 자들에게는 하나님의 어린이
> 가 되는 권세를 주셨으니(요 1:12).

④ 어린이는 선택받은 그리스도인으로서 하늘 나라에서 예수님과 함께 있기 위해서 하늘 나라에 갈 것이다.

> 내 아버지 집에 거할 곳이 많도다. 그렇지 않으면 너희에게
> 일렀으리라. 내가 너희를 위하여 처소를 예비하면 내가 다시
> 와서 너희를 내게로 영접하여 나 있는 곳에 너희도 있게 하리
> 라(요 14:2-3).

3) 구원의 확신에 대하여 언제 어떻게 가르쳐야 할까요?

(1) 교사는 어린이를 예수님께 인도한 후 즉시 성경말씀대로 믿으면, 하나님의 어린이가 되었다는 것을 확신시키는 것입니다. 하나님의 말씀인 성경에 기록되어 있음을 강조해야 합니다.

(2) 교사는 규칙적으로 구원의 확신에 대하여 가르쳐야 합니다. 특별히 성경말씀을 가르칠 때 주제가 구원에 대해서이면 자세하게 설명해야 합니다. 성경 구절 중에 구원에 관한 말씀은 외우도록 하는 것이 좋습니다. 요한복음 3:6을 노래로 가르쳐 외우도록 하면 좋습니다.

(3) 교사는 어린이의 변화되는 생활을 지켜보아야 합니다. 구원받은 어린이의 삶은 새로운 삶의 시작입니다. 어린이의 교회 출석, 전도에 대한 관심과 증인된 삶 등에 대해 가르치고 실천하도록 본을 보여야 합니다.

(4) 교사는 어린이와 개인적으로 구원의 확신에 대해서 교제를 가져야 합니다. 예수님을 영접한 어린이지만 새 삶의 증표가 없는 어린이와는 개인 상담을 통하여 문제점을 찾고 함께 기도합니다. 또 구원에 대한 확신이 없는 어린이와는 조용한 시간을 이용하여 성경말씀을 중심으로 자세히 설명해 주고 특별 지도를 해야 합니다.

6. 하나님의 말씀인 성경

교사는 어린이에게 하나님의 말씀인 성경에 대하여 가르쳐야 합니다.

1) 왜 성경에 대하여 가르쳐야 합니까?

(1) 하나님이 그의 말씀이 어린이 마음속에 항상 있기를 원하고 있다.

너희는 나의 이 말을 너희 마음과 뜻에 두고(신 11:18).
그리스도의 말씀이 너희 속에 풍성히 거하며(골 3:16).

(2) 성령님께서는 성경말씀을 사용한다.

① 생명을 주시고(벧전 1:23),
② 품행을 지도하시고(시 119:11),
③ 방향을 제시하시고(시 119:105),
④ 사단을 정복하게 하십니다(마 4:14).

2) 성경의 무엇을 가르쳐야 합니까?

(1) 성경이 무엇인가에 대하여

① 모든 성경은 하나님의 감동으로 된 것이다(딤후 3:16).
② 사람에 의해 기록된 성경인데 기록자는 성령님의 인도하심과 하나님의 선택을 받은 자가 영감으로 기록했다(벧후 1:21).
③ 많은 수난과 사단의 유혹에도 불구하고 성경은 영원히 보존될 것이다(마 24:35).
④ 성경은 세계에서 가장 많은 언어로 번역 출판되었고, 앞으로도 계속 읽혀질 것이다.

(2) 성경은 어떤 역할을 하는가에 대하여

① 하나님의 말씀은 능력이 있어서 삶을 변화시킨다(히 4:12).
② 성령님께서는 성경말씀을 통해 구원받지 못한 어린이의 죄를 깨닫게 하시고 예수님께로 인도하신다(벧전 1:23).
③ 성령님은 성경말씀으로 구원받은 어린이가 영적으로 성장하도록 도우신다(벧전 2:2).

(3) 성경을 어떻게 사용하는가에 대하여

① 매일 읽는다.
② 매일 읽고 깨닫는다.
③ 매일 기억한다.
④ 매일 듣고 다닌다.

3) 성경을 어떻게 가르쳐야 합니까?

(1) 교사는 어린이들이 어디서 왔으며 어디로 가는지에 대해 가르친다.
(2) 교사는 어린이들이 성경을 항상 애용하도록 가르쳐야 한다.

① 각 어린이가 성경을 갖고 있는가를 확인하고 없는 어린이는 꼭 사도록 설득합니다. 돈이 없는 어린이는 교회에서 구입하여 특별한 행사 기간 중에 선물로 주는 것도 좋습니다.
② 성경 읽기표를 작성하여 나누어주고 교사는 매주 점검을 하여 어린이가 이해 못하는 구절은 설명해 줍니다. 어린이에게는 마

가복음, 사도행전, 요한복음, 창세기, 시편 순서로 읽게 하는 것이 좋습니다.
③ 교사는 언제, 어디서, 어떻게 그리고 왜 성경을 읽어야 하는가에 대하여 친절히 가르쳐야 합니다.
④ 만일 어린이가 성경을 읽기에 너무 어리다면 그림 성경이나 부모님들이 가르쳐 주고 설명하는 방법으로 지도합니다.
⑤ 어린이가 성경 66권의 목차를 암기하고 찾는데 익숙하도록 직접 가르치고 연습해야 합니다.
⑥ 어린이는 기억력이 좋으므로 성경 구절을 암기하는 것이 좋습니다. 여러 통계 자료에 의하면 7-13세에 외운 성경 구절은 노년기가 되어도 잊혀지지 않는다고 합니다.
⑦ 교사는 어린이가 교회에 출석할 때 성경책을 꼭 가지고 다니도록 지도해야 합니다. 그리고 학교에 갈 때도 책가방 속에 넣어 가지고 언제든지 읽을 수 있도록 지도합시다. 성경은 영적 양식이고 어린이의 영적 생활에 항상 공급해야 되므로 어디든지 가지고 다니도록 가르쳐 주고 실천에 옮기도록 적극적인 방법을 사용합시다. 교회에서 설교 시간이나 성경공부 시간에 목사님이나 교사들이 성경을 봉독할 때, 언제든지 어린이 스스로가 찾아서 볼 수 있도록 합시다.

(3) 교사는 다음 일곱 가지 예를 들어 성경을 가르친다.

① 성경은 '칼'이다.

하나님의 말씀은 살았고 운동력이 있어 좌우에 날선 어떤 검보다 예리하여 혼과 영과 관절과 골수를 찔러 쪼개기도 하나니(히 4:12).

② 성경은 '방망이'다.

내 말이 반석을 쳐서 부스러뜨리는 방망이 같지 아니하냐(렘 23:29).

③ 성경은 '씨앗'이다.

너희가 거듭난 것이 썩어진 씨로 된 것이 아니요(벧전 1:23).

④ 성경은 '거울'이다.

누구든지 도를 듣고 행하지 아니하면 그는 거울로 자기의 생긴 얼굴을 보는 사람과 같으니(약 1:23).

⑤ 성경은 '불'이다.

내 말이 불같지 아니하냐(렘 23:29).

⑥ 성경은 '등불'이다.

주의 말씀은 내 발에 등이요, 길에 빛이나입니다"(시 119:150).

⑦ 성경은 '영적 양식'이다.

　　내가 너희를 젖으로 먹이고(고전 3:2).

　성경은 하나님이 어린이에게 세 번째로 주신 큰 선물입니다. 예수님, 성령님 그리고 성경입니다. 성경은 구원의 기본적 진리인 십자가의 도를 가리킵니다.

7. 기도

　교사는 어린이가 하나님과 유일하게 대화할 수 있는 기도에 대하여 가르쳐야 합니다. 어떤 어린이가 어린이 주변에서 일어나는 문제들을 대통령에게 도와 달라고 어느 때든지 면회해서 말할 수 있도록 허락을 받았으면 얼마나 영광스러운 일이겠습니까? 예수님을 영접한 어린이가 세상의 어떤 대통령보다 더 능력이 많으신 왕중의 왕 예수님께 모든 것을 간구하면 다 들어 주신다는 사실을 깨닫는다면 세상에서 더 이상 바랄 것이 무엇이 있겠습니까?
　교사는 예수님이 어린이를 사랑하시며 어린이의 기도를 듣고 응답해 주심을 분명히 가르쳐야 합니다.

하나님께 가까이

　온 세상 가족의 아버지가 되시는 하나님!
　내가 하나님께 가까이 가서 이야기하기를 원합니다.

하나님은 어디에서든지 모든 어린이들을
돌보아 주심을 감사합니다.
하나님 내가 하나님께 나갈 때
나를 버리지 않으신다는 말씀을 믿습니다.
나의 기도 소리를 듣고 계시는 하나님!
나의 친구가 되셔서 내 손을 잡아 주시고,
언제나 예수님 가까이로 이끌어 주셔요.
지금 나의 곁에 계심을 느낄 수 있도록 도와주세요.
예수님 이름으로 기도합니다. 아멘.

이 기도문은 어린이 말콤이 쓴 "하나님께 가까이"의 기도입니다. 말콤은 나의 성경공부 반 어린이로서 하나님께 가까이 가기를 원하고 나의 가르침을 열심히 배운 어린이입니다. 나는 말콤이 기도를 통하여 하나님과 교제하고 성령을 통하여 영이 장성하고 마음이 깨끗하여져서 항상 모범 어린이임을 볼 수 있었습니다. 교사가 어린이들이 두 손을 모으고 기도하는 모습을 보는 것만큼 만족스러울 때가 또 있을까요?

1) 어린이에게 기도하는 것을 가르쳐야 한다.

(1) 예수님이 하나님께 기도하신 본을 보여 주셨기 때문입니다.

예수님은 물러가사 한적한 곳에서 기도하시니라(눅 5:16).
새벽 오히려 미명에 예수께서 일어나 나가 한적한 곳으로 가사 거기서 기도하시더니(막 1:55).

(2) 성경말씀 여러 곳에서 기도라고 명령하셨기 때문입니다.

> 기도를 항상 힘쓰고 기도에 감사함으로 깨어 있으라(골 4:2).

(3) 성경에서 신앙이 깊은 성도들은 기도의 사람들이었음을 교회의 역사에서도 볼 수 있습니다. 다니엘은 하루 세 번씩 무릎을 꿇고 기도했습니다(단 6:10). 다윗도 "저녁과 아침과 정오에 기도하니 여호와께서 내 소리를 들으시리로다"(시 55:17)라고 하셨습니다. 사도 바울도 "너희를 위하여 기도할 때마다 하나님 곧 우리 주 예수 그리스도의 아버지께 감사하나이다"(골 1:3)라고 하셨습니다. 예수님의 형제 야고보는 무릎을 꿇고 기도하여 무릎이 낙타의 무릎같이 굳어졌다고 전해오고 있습니다.

2) 어린이는 기도에 대하여 배워야 한다.

(1) 기도는 전지전능하시고 우리를 사랑하시는 하나님께 꾸밈없이 이야기하는 것입니다.

(2) 구원받은 어린이는 언제든지 기도할 수 있어야 합니다. 교사는 어린이가 아침 일찍 혹은 조용한 시간에 예수님께 기도하는 습관을 갖도록 지도하고 특별히 식사 전에 감사기도를 하도록 가르쳐야 합니다.

식사기도

하늘에 계신 하나님 아버지!
이렇게 좋은 음식을 주어서 고맙습니다.
이 음식을 먹고 건강한 힘을 얻어 예수님을 더욱 잘 섬기도록
인도해 주세요.
오늘 굶주리는 모든 친구들도 먹여 주세요.
오, 주님!
우리에게 일용할 양식을 주시니 감사합니다.
예수님 이름으로 기도합니다. 아멘.

3) 누가 기도할 수 있을까요?

기도는 하나님을 믿는 어린이와 모든 가정을 위해 있습니다. 하나님이 자신을 하늘에 살아계신 아버지로 사랑하고 믿는 그리스도인들의 기도를 들으시고 응답하신다고 약속하셨습니다(요 15:7; 잠 15:29).

4) 어떻게 기도할까요?

(1) 예수님 이름으로(요 14:14-14),
(2) 하늘에 계신 아버지 하나님께(요 16:23),
(3) 성령님의 인도하심에 따라서(요 16:13),
(4) 믿음으로(막 11:24),
(5) 하나님의 뜻을 인식하면서(요일 5:14-15).

(6) 확실한 제목의 간구를 갖고(빌 4:6).

아플 때의 기도

오, 하나님 아버지!
아파서 견딜 수가 없어요.
내게 용기를 주세요.
내가 우는 것을 보시면 내가 얼마나 아픈지 아실 거예요.
갈릴리에서 병자들을 고치신 예수님!
나의 머리에 예수님 손이 닿기를 원해요.
예수님의 영광을 위해서 나를 빨리 일으켜 주세요.
예수님 이름으로 기도합니다. 아멘.

5) 기도 응답의 방법

하나님이 어린이의 기도를 다음 세 가지 방법으로 응답하십니다.

(1) 하나님이 어린이의 기도를 듣고 즉시 허락하여 주신다.

그들이 부르기 전에 내가 응답하겠고 그들이 말을 마치기 전에 내가 들을 것이며(사 65:24).

한나가 하나님께 아들을 요구하는 기도를 했을 때 아들 사무엘을 주신 것처럼 하나님은 어린이의 기도를 즉시 응답하여 주십니다.

(2) 하나님이 어린이의 기도를 듣고 '안 된다'라고 응답하실 수도 있다. 바울이 자기 육체의 가시를 떠나게 하기 위하여 세 번 기도하였으나 "내 은혜가 네게 족하도다"(고후 12:9)라고 하나님이 응답하셨습니다.

(3) 하나님이 어린이의 기도를 듣고 '기다리라'고 하실 수도 있다. 막달라 마리아가 예수님께 자기 오빠 나사로를 고쳐 달라고 하였을 때 즉시 오시지 않았습니다. 친구가 동생이 예수님을 영접하도록 7년 동안 기도한 후에 하나님이 응답하셨음을 간증하였습니다. 어린이들은 기도한 후 하나님의 시간과 하나님의 뜻이 있을 때까지 기다려야 합니다.

> 세리는 멀리서 감히 눈을 들어 하늘을 우러러 보지도 못하고 다만 가슴을 치며 가로되 하나님이여 불쌍히 여기옵소서. 나는 죄수이로소이다(눅 18:13).

세리가 고백 기도를 할 때 하나님이 들어 주셨습니다. 사도 요한은 "만일 우리가 우리 죄를 자백하면 저는 미쁘시고 의로우사 우리 죄를 사하시며 모든 불의에서 우리를 깨끗하게 하실 것이요"(요일 1:9)라고 하셨습니다. "미쁘시고"는 하나님의 신실성과 응답의 확실성을 말합니다. 어린이들에게 다음 네 가지 종류의 기도를 할 수 있도록 가르쳐야 합니다.

(1) 숭배의 기도이다. 어린이는 하나님을 경배하고 찬양하는 기도(시 95:6)를 해야 합니다.

(2) 고백의 기도이다. 어린이는 모든 알고 있는 죄를 고백하고 회개하는 기도(시 32:5)를 해야 합니다.

(3) 감사 기도이다. "아무 것도 염려하지 말고 오직 모든 일에 기도와 간구로 너희 구할 것을 감사함으로 하나님께 아뢰라"(빌 4:6)고 하셨습니다.

(4) 간구의 기도이다. "모든 사람을 위하여 간구의 기도와 도고와 감사를 하되 임금들과 높은 지위에 있는 모든 사람을 위하여 하라"(딤전 2:1)고 하였습니다. 물론 어린이의 기도는 유일신 하나님께(사 12:5), 예수님의 이름으로(요 14:13), 성령님의 능력을 통해서(엡 6:18) 기도해야 함을 교사는 잊지 않고 가르쳐야 합니다.

찬양의 기도

거룩하신 하나님!
예수님께 예배하러 왔어요.
입 다물고 조용히 하게 해 주세요.
나를 보살펴 주시는 예수님의 사랑을 느끼게 해 주세요.
마음의 귀로 예수님의 음성을 듣게 해 주세요.
하나님! 지금 예배하러 왔어요.
내 마음을 찬미로 채워주세요.
내 마음을 기쁨으로 채워 주세요.
하나님께 영광 돌리게 해 주세요.
예수님 이름으로 기도합니다. 아멘.

특별히 교사는 어린이의 기도 중에 "사랑의 하나님…나는 하나님을 사랑합니다…나의 잘못된 것을 용서해 주세요…감사합니다…예수님 이름으로 기도합니다…아멘." 이러한 기도 순서를 가르쳐 주어야 합니다. 느헤미야 1장의 '느헤미야의 기도'에서 네 가지 내용의 기도가 포함되어 있는 것을 배울 수 있습니다. 숭배기도(5절), 고백기도(6-7절), 감사기도(10절), 간청기도(8-11절)입니다.

어린이의 기도는 하나님께 이야기하는 어린이의 꾸밈없는 영혼의 소리입니다. 그러므로 어린이가 언제든지(눅 18:1), 아침(시 5:3), 밤과 낮(시 88:1), 매일(시 86:3) 기도하도록 가르쳐야 합니다.

우리 교회의 교회학교 교육 중에서는 어린이가 하나님과 대화하는 '기도'에 대하여 별로 중요시하지 않는 것 같습니다. 영국의 복음주의 교회는 어린이들이 스스로 하나님께 기도할 수 있도록 철저히 가르치고 있습니다. 어린이의 기도에서 예수님의 재림, 일용할 양식, 용서, 죄와 시험에서 승리, 구원, 병든 친구, 지혜와 이해력, 학과시험, 선교사를 위하여, 부모님과 친구들을 위하여 기도하도록 합니다. 영국 어린이의 기도를 듣고 응답하고 계시는 하나님이 우리 어린이들의 기도도 듣기를 원하고 계십니다.

저의 학급 어린이였던 죠지가 시험 날짜가 돌아오면 항상 소심해서 손을 잡고 기도해 주었는데 시험을 본 후 전화로 "선생님의 기도로 편하게 시험을 잘 보았다"는 확신과 기쁨, 감사를 표시해 왔음을 기억합니다. 또 죠지는 이렇게 기도했다고 합니다.

죠지의 기도

하나님!

나는 하나님이 이번 시험 때에 나와 함께 하셔서 내가 시험 문제를 이해할 수 있도록 해 주시기를 바랍니다.

하나님! 시험 문제를 이해할 수 있도록 도와주시고 또 정답을 쓸 수 있도록 내 생각을 다스려 주세요.

내가 배웠던 것을 생각나게 해주시고 내게 평안을 주세요.

내가 소심하지 않고 시험을 잘 볼 수 있도록 해주세요.

제가 기도의 응답이 있었다고 말할 수 있게 해주세요.

예수님의 이름으로 기도합니다. 아멘.

8. 새 신자의 양육의 책임

1) 가정의 책임

바울은 "아비들아 너희 어린이를 노엽게 하지 말고 오직 주의 교양과 훈계로 양육하라"(엡 6:4)고 하셨습니다. 예수님을 영접한 가정은 사랑이 샘물처럼 솟아나는 가정일 것입니다. 웃음 꽃이 피고 비바람이 불어 닥쳐도 흔들리지 않기에 온 식구가 오손도손 행복하게 살아갈 수 있을 것입니다. 행복한 가정은 지상에서의 '천국 생활'을 맛본다고 합니다.

성경은 부모님들이 가정에서 어린이들의 양육에 대해서 책임 있게 가르치도록 해야 합니다.

마땅히 행할 길을 아이에게 가르치라. 그리하면 늙어도 그것을 떠나지 아니하리라(잠 22:6).

너희는 이 일을 너희 자녀에게 고하여 너희 자녀는 자기의 자녀에게 고하고 그 자녀는 후시대에 고할 것이니라(욜 1:2~3).

부모들이 어린이들을 돕고 가르치는데 가장 중요함을 성경이 가르쳐 주고 있습니다. 가정교육 다음으로는 교회교육, 학교교육이 중요한 순서가 되는 것입니다.

(1) 가정 예배와 성경공부

그리스도인 부모들은 날마다 규칙적으로 함께 모여 가정예배를 드리는 것이 어린이들의 신앙교육에 좋습니다. 가정예배 시간은 성경을 읽고, 기도와 찬송, 성경 암송, 친척들을 위한 기도, 상담 그리고 하루 일과를 하나님께 맡기는 기도를 빠뜨리지 않아야 합니다. 영국 그리스도인 가정의 어린이 교육을 보면 신앙적으로 철저함을 느낄 수 있습니다. 보통 5살 이전에 부모님들이 성경에 나오는 재미있는 줄거리를 이야기식으로 가르쳐 줍니다.

아담과 하와의 에덴동산 이야기, 노아 방주의 이야기, 모세의 어린 시절 그리고 지팡이로 홍해를 가르고 애굽을 떠나는 이야기, 다윗이 골리앗을 쓰러뜨리는 이야기, 신약성경의 세례 요한, 예수님의 일생을 재미있게 가르쳐 줍니다. 물론 천연색 그림으로 된 어린이 성경책을 사용합니다. 먼저 성경을 가르치고, 글자 쓰기와 숫자를 가르치는 그리스도인 가정들에게서 우리도 배울 점이 많이 있습니다.

(2) 대화와 상담

유치원에 가기 전에는 어린이가 부모님들의 손에서 자라기 때문에 주로 어머니가 어린이를 안고 기도하며, 유치원 이상 학교에 다니는 어린이와는 저녁 침실에 들어가기 전에 꼭 가정에서 하루 동안 일어났던 일과 어린이의 학교생활에 대해 대화하는 것이 중요합니다. 어린이의 하루 생활 중 잘못된 점을 부모님들의 가르침으로 고칠 수가 있기 때문에 꼭 어린이의 생활을 알고 있는 것이 그리스도인의 가정에서 매우 중요합니다. 어린이의 잘못된 것의 기준을 성경을 찾아서 가르쳐 주는 것이 효과적인 방법입니다.

(3) 부모들의 본보기

부모님들이 가정생활에서 언어 행동, 태도 등이 어린이들 앞에서 매우 중요함을 인식하고 항상 모범 된 본을 보여야 합니다. 부모님들이 하나님의 은혜 속에 살면서 어린이들에게 모범이 될 수 있는 생활이 가장 훌륭한 교육방법 입니다.

2) 교회의 책임

예수님을 영접한 어린이들을 위해서 목사님, 장로님, 전도사님, 교사들의 책임이 막중합니다. 성경에서 교회의 사역은 예수님을 증거하고 그 교육사역을 위한 센터가 되었던 것입니다.

3) 목사님과 교회 지도자들의 책임

(1) 어린이 새 신자 양육을 위해서 특별한 관심을 갖고 어린이 전

도가 정상적으로 되고 있는지를 보살펴야 합니다.
(2) 교인들이 구원받은 어린이들을 위해서 기도하도록 가르쳐야 합니다. 교회학교의 문제들에 대해서도 기도하도록 하며 특히 어린이 양육이 잘 되어야 교회가 힘이 있음을 깨닫도록 가르쳐야 합니다.
(3) 목사는 분주하더라도 교회학교 시간에 참석하여 기도하며 교사들을 격려해야 합니다.
(4) 목사는 교회학교 교사들을 위한 특별 교육을 시키고 부모님들이 가정에서 어린이 성경공부하는 방법 등을 가르쳐야 합니다.

글라스고우장로교회의 가장 모범적인 목사 죠지 던칸과 샌드포드 교회의 목사인 제임스 필립은 교회학교 설교를 매주일 하였습니다. 두 교회는 장로교회의 모범 교회들입니다.

4) 교사의 책임

(1) 교사는 구원받은 어린이들에 대한 영적 양식을 섭취하도록 특히 지속적이고, 단계적으로 성경을 가르쳐야 합니다.
(2) 교사는 가정 방문과 어린이를 위한 규칙적인 기도와 관심을 항상 지녀야 합니다.
(3) 교사는 예수님을 영접하고 교회 출석하는 어린이 중 부모님들이 믿지 않을 경우에 목사님이나 장로님들과 상의하여 영적인 부모가 교인 중에서 나와서 어린이를 지도하도록 해야 합니다.

(4) 교사는 시간과 노력이 많이 들어도 보람 있는 교사의 일을 자랑으로 삼고 새 신자 어린이들을 가르치는 기쁨과 자랑이 있어야 합니다. 바울은 "너희(어린이)는 우리(교사)의 영광이요 기쁨이니라"(살전 2:20)고 하셨습니다.

(5) 교사는 새 신자 어린이들에게 개인적인 필요를 채워주고 인격적으로 접촉해야 하고, 인격적으로 성장하도록 해야 합니다. 바울은 "너희를 사모하여 하나님의 복음으로만 아니라 우리의 목숨까지 너희에게 주기를 즐겨함은"(살전 2:8) 이라고 하였습니다.

(6) 교사는 가르치는 대로 일관성을 가지고 본을 따르도록 해야 합니다. 이것은 영적성장의 방법들뿐만 아니라 일상적인 삶의 방법에서도 마찬가지입니다. 바울은 "나를 본받는 자 되라"(고전 11:1), "내게 배우고 본 바를 행하라"(빌 4:9)고 하였습니다.

| 제 6 장 |

어린이 전도와 세계선교

1. 한국교회와 선교비전

한국교회의 세계선교는 제일 중요한 사명(mission)이요, 운명(destiny)입니다. 한국교회가 '어린이 교육과 전도'를 통해서 성장해서 세계선교에 주력해야 하며, 그렇지 않으면 교회가 교회일 수 없습니다.[1] 선교는 교회의 본질에 속하는 일이고 선교를 소홀히 하는 것은 교회의 본질을 잃어버리는 것입니다. 전도와 선교 없는 교회는 그 명맥을 유지할 수 없고 전도와 선교 없이 교회의 역사는 지속될 수도 없었습니다. 전도와 선교를 하는 교회는 역동적이며 그 생명력을 이어 가는 선교교육과 훈련이 있었다는 것이 역사의 교훈입니다. 이 역사의 교훈이 교육과 전도와 선교의 필요성과 당위성을 절감하게 합니다.

이제 한국교회가 '어린이 전도와 세계선교'에 대해 냉정히 고찰해 볼 때이며, 선교에 대해 확고하고 타당한 정책을 세워야 하며, 자국

---

1 J. D. Smart, *The Teaching Ministry of the Church* (London: F. Revel, 1898), 9-11.

의 물량중심의 선교, 제국주의적 선교, 공격적 선교를 지양(止揚)해야 합니다. 효과적인 선교를 위해서 교육의 고유한 기능을 바탕으로 하여 선교지의 문화적 특성과 생활양식에 맞추어서 교육 및 선교사역을 개발하고 활용하는데 중점을 두어야 합니다. '어린이 교육과 전도'에 성공하면 한국교회 앞날이 밝을 것이며, 나아가 이들이 성장하여 세계선교의 선봉장이 될 것입니다.

하나님이 각 시대와 상황에 따라서 적합한 민족을 부르시고 사용하십니다. 서구교회의 침체가 자연히 파송 선교사의 현격한 감소를 초래했으나, 그럼에도 세계는 아직도 많은 선교사가 필요한 실정입니다. 근래에 와서 전례 없이 많은 서방 선교기구 지도자들의 한국교회 방문이 잦습니다. 이미 유럽의 선교 상황은 밤 9시가 지났고, 미국의 선교 상황은 오후 2시를 지났으며, 한국의 선교는 오전 7시를 맞이하고 있습니다.

이제 세계선교는 서구 주도의 시대가 서서히 지나가고 비서구 세계의 젊은 교회들, 특히 한국교회로 그 주도권이 이양되고 있습니다. 한국교회가 수치상 세계 제2의 선교사 파송국가가 된 것은 자랑할 만한 일입니다. 이때에 한국교회가 선교를 하지 않으면 매우 중요한 기회를 잃고 말 것입니다. 한국교회가 거시적이고 시시각각 변화하는 선교현장의 상황(context)을 올바로 직시하고 이에 대한 신속하고 정확한 반응을 보여주어야 합니다.

역사상 한국이 세계에 무엇인가를 조금이라도 기여할 수 있는 것이 있다면 바로 세계선교입니다. 비서구인들 중에 중국인들은 중국식당을, 일본인들은 전자상가를, 한국인은 교회를 방방곳곳에 세우고 있습니다. 한국 민족이 언제 역사상 다른 나라와 민족을 실질적으로 도와준 적이 있습니까? 21세기 현재에도 이러한 기대에는 못미치고 있는 것이 사실입니다. 그러나 이제는 세계선교를 통해서 다른 나라를 도울 수 있는 기회가 온 것입니다. 그래서 하나님은 한국교회를 놀랍게 부흥시키셨고 그에 맞는 사명을 주신 것입니다. 최근 우리나라의 선교에 대한 세계교회들의 관심과 기대가 매우 크고 고무적입니다.

한국교회는 세계선교를 위해 그리스도의 지상명령인 세계선교를 우선순위로 인식함으로 그 기대에 부응해야 함은 물론이며, 선교를 함으로 성장하는 교회, 교육함으로 성숙되는 성도들이 되어 교회를 세계 곳곳에 세워야 합니다. 그래서 세계선교의 모범이 되는 교회가 되어야 합니다. 하나님이 한국교회를 통해 그의 선교사역을 주도적으로 이루시기를 원하시며 또한 세계는 우리의 전도와 선교의 손길을 기대하고 있습니다. 이것이 바로 한국교회의 선교의 당위성입니다. 더하여 21세기 선교사역은 계속 제시한 바와 같이 반드시 교육적이어야 합니다. 지식인들에게 지적인 이해에 근거한 교육을 통하여 복음선교의 효과를 얻어야 할 것입니다.

우리는 복음전파 사역인 선교를 효과적으로 수행하기 위해 '어린이 교육과 전도'라는 수단을 사용해야 함을 제시하였습니다. 이제 21세기 글로벌 선교 시대를 맞이한 한국교회는 '어린이 교육과 전도'가 미래의 선교 수단이 되고, 교육의 내용이 선교의 내용이 될 때 선교가 효율적이 될 것입니다.

선교 현장에서는 선교교육과 훈련과정을 제대로 마친 사람, 준비되고 훈련된 선교사를 찾고 기다리고 있습니다. 우리는 현재와 미래의 전도와 선교교육을 통해서 그리스도의 장성한 분량 안에서 하나님의 왕국이 온 세계에 임하게 될 때까지 모든 족속으로 제자를 삼고 가르칠 것을 명령받았습니다(마 28:19-20). 우리 한국교회는 이 지상명령에 순종함으로 주 예수 그리스도가 오실 그날을 역동적으로 준비할 수 있습니다.

2. 한국교회와 세계선교

우리는 일반적으로 전도는 국내에서 복음을 전하며, 선교는 국외에서 복음을 전파하는 것으로 정의합니다. 우리 교회가 '어린이 교육과 전도'에 성공하지 못하면 앞으로 해외선교를 누가 감당하겠습니까? '어린이 교육과 전도'의 성공이 세계선교의 미래를 보장합니다.

2014년 한국에서 해외로 선교활동을 목적으로 파송된 사람은 얼마나 될까요? 한국세계선교협의회(KWMA)의 보고에 따르면 파송된 선교사의 수를 2만 3천여 명으로 추산하며, 세계 173개국에서 선교사역을 하고 있다고 합니다. 이는 미국 다음으로 한국교회가 세계 2위의 선교사 파송국가의 위치에 있다는 것을 보여주는 것입니다. 더 많은 한국 선교사들이 향후 10-15년까지는 지속적으로 해외에 파송될 것으로 보입니다. 미국이 2002년 아프간 전쟁을 개시한 후, 한국교회와 자선단체가 이 지역에 파견한 구호활동 인원이 매년 5백여 명으로 보고되고 있습니다.[2]

한국세계선교협의회 제4차 선교전략회의(NCOWE IV)는 UN 자료를 근거로 하여 Target 2030년까지 필요할 것으로 예상되는 전 세계 선교사 숫자를 약 50만 명이라고 했습니다. 이 수치로 보면 세계 2위의 세계 선교사 파송국가인 우리나라는 50만 명 선교사 중 1/5 인

---

2 한국세계선교총람, 한국세계선교협의회(KWMA)의 2007년의 통계와 2008년 5월 통계 참조.

10만 명의 전문 선교사를 단독으로 파송해야 합니다. 이 파송 수치는 선교한국의 향후 25년의 선교사 파송 플랜에 대한 광범위한 공감대 형성을 통해면 실현될 수 있다고 봅니다.

한국교회가 과거 25년 동안 매년 파송한 선교사 수가 800명인데 앞으로 매년 파송해야 할 선교사 수는 3천 200명입니다. 일반적으로 한국교회의 자연적 선교사 성장의 한계를 3-5만 명으로 볼 때 10만 명의 선교사를 양성하기 위해서는 절대적인 과제가 '어린이 교육과 전도'에 달려 있습니다. 한국교회가 10만 명의 전문성 있는 선교사들을 파송하기 위해서 신학교와 선교단체 및 지역교회의 신앙공동체적 목표를 '어린이 교육과 전도', 즉 성경과 전도학, 선교학에 근거해서 이루어지는 교육선교 훈련이 반드시 필요합니다. 이 선교교육 훈련은 선교사 후보생이 교육을 받은 것을 일컫는 것입니다. 선교교육이 반복되고 안전지침에 대한 내용이 반복이 되어서 감각적으로 반응이 나올 수 있는 상태로 훈련되었을 때 전문 선교사라고 말할 수 있습니다.

히버트(Paul G Hiebert)는 "선교사의 한 세대가 13년이라고 가정한다면 현재 선교교육가들이 어떻게 훈련시키는가에 따라 향후 삼 세대에까지 지대한 영향을 미칠 것이다"라고 했습니다.[3]

오늘날 선교사들이 선교를 떠나기 전에 선교교육을 통해서 세계

---

3 Paul G Hiebert, "Missiological Education for a Global Era," *Missiological Education for the 21st Century* (Maryknoll: Orbis 1996), 34. 건강한 선교사 교육은 성공적 선교현장에 필수 불가결한 요소이다. 그러나 현재 선교사 교육을 책임지는 이들은 1945년 당시에 1992년을 목표로 선교사를 준비시키던 것과 같은 교수방법을 그대로 사용하고 있다. 그때의 상황은 식민주의와 공산주의가 붕괴되면서 전 세계가 급격한 변화를 겪는 가운데 있다. 그 시대에 형성된 진부한 교육과정과 교육방법으로 선교교육이 이루어질 때 하나님 나라의 기반이 상당히 위태롭다는 것은 명약관화한 일이다.

종교현황과 현지에 대한 철저한 종교적, 문화적, 역사적, 사회적 사전지식을 습득하고 훈련해야 합니다. 그렇지 않으면 선교현장에서 문화충격과 심각한 부작용을 피할 수 없습니다.

2013년 통계로 보면 세계인구(65억 226만여 명)의 종교 분포는 이슬람교(21.9%), 무종교(15.01%), 가톨릭(14.88%), 힌두교(14.28%), 개신교(10.91%), 불교(6.47%) 순서입니다. 매일 지구상에서 약 17만 5천 명이 죽고, 예수를 알지 못하는 35만 명의 아이들이 출생합니다. 따라서 파송을 준비하는 선교사는 선교현지에 대한 역사적 배경과 종교, 문화, 풍습은 물론 언어까지 철저하게 사전 교육을 받아야 합니다. 특히 언어와 문화에 있어서 선교현지인과 의사소통이 가능한 정도까지 훈련받고 익혀야 비로소 선교사의 자세를 갖췄다고 볼 수 있습니다.

특히 2007년 7월에 일어났던 아프가니스탄의 텔레반 무장 세력에 의한 샘물교회 선교봉사단의 피랍사건과 배형규, 심성민의 피살사건은 한국교회 선교현장의 실상을 보여 줍니다. 이 탈레반 피랍사건을 계기로 한국교회 선교가 새롭게 거듭나려는 몸부림이 있어야 합니다. 하나님의 교회는 어떤 선교사역에 앞서 늘 자기 성찰의 신앙공동체적 언약교육이 선행되어야 마땅합니다.

한국교회는 예비 어린이 선교사에 대한 사전 교육을 통한 비전을 제시하고, 위기관리를 더욱 분명히 구축해서 선교사들이 선교지 혹은 여행 중에 신상에 치명적인 사건들이 일어나지 않도록 해야 합니다. 예비 선교사들이 정확하게 위험요소에 대하여 훈련되었다면 그 다음 어떻게 해야 되는지에 대한 기술적 문제는 그리 어려운 일이 아닙니다.

1) 선교교육과 장(場) 이해

어린이 선교교육은 선교의 출발점인 장(field) 이해를 포함합니다. 장은 선교현장의 마당, 터전, 자리, 삶의 공간을 말합니다. 개인과 인간 서로와 환경이 서로 얽혀 있는 생의 공간과 숨을 쉬고 관계를 맺는 사회현상의 이해입니다. 장이란 삶의 의미의 영역 전체를 말하며 삶과 삶 사이의 관계이며 새로운 행동의 변화를 촉구하는 생의 공간과 삶의 전 상황을 의미합니다.[4]

선교교육은 프로그램의 계획과 시행에 동참하는 선교현지인의 인격에 대한 자기지식(self-knowledge)과 자기용납(self-acceptance)의 중요성을 파악합니다. 이것은 선교현지인의 개인적 역사, 인격, 성격, 문화, 환경, 개인적 고난과 극복한 점, 장점과 약점 등을 포함하는 삶의 공간을 이해하는 것입니다. 선교현지인이 습득한 기본적인 학습능력을 창조적으로 재구성할 수 있는 적응기술의 중요성의 파악인 것입니다.

교사는 체계적인 선교교육을 위해서 커리큘럼의 구성과 개발, 청소년 프로그램과 캠프사역 등에 관한 커리큘럼의 구성에도 관심을 기울여야 합니다. 각 개인들의 실제적인 삶의 연관성을 이해하고 파악하는 원리와 학습활동의 필요성이 보편적으로 적용되어야 합니다. 교육과 학습의 원리를 현지인의 삶에 구체적으로 적용하고 활용해야 합니다. 이러한 교육의 장 이해를 획득하는 것이 성공적 전도의 출발점이 됩니다.

---

4 Lawrence Little, *Foundation for a Philosophy of Christian Education* (Abingdon Press, 1992), 92-94.

2) 선교교육과 선교훈련

　어린이 선교교육은 선교를 위한 기본 지식의 훈련입니다. 교육은 어린이 선교사를 무장시킵니다. 먼저 성경의 기본 지식을 배우지 않고서는 어떻게 진리 안에서 무장되고 성장 발전할 수 있겠습니까? 선교현장에서 낯선 사람들에게 기독교의 기본 개념을 전달해 주고 사람들이 그 의미를 이해하도록 이끌어 주는 것이 교육입니다. 교회 성장을 위해서 필요한 기초사역인 제자훈련과 양육이 이러한 선교교육의 토대 위에서 이루어져야 합니다.

　선교사역에 대한 반응은 그 총체적인 의미에서 교육과 학습을 포함하는데, 학습이란 하나님의 말씀을 배워 사람들의 영혼이 새롭게 거듭나고, 하나님의 성령이 그들 속에 임재하고 변화하는 과정을 의미합니다. 어린이 선교사가 현지인들이 무엇을 배우고 싶어 하며, 그리스도 안에서 어떻게 배워나갈 수 있을 것인가를 파악하도록 훈련을 하여 무장시켜야 합니다.

　교사는 선교교육을 통해서 하나님의 특별계시인 예수 그리스도의 성육신, 십자가, 부활 그리고 하나님 나라를 알게 해야 합니다. 현지인의 개종 전과 개종할 때, 개종한 이후의 학습 경험들을 포함합니다. 현지인이 하나님 말씀의 신실한 기초교육을 통해 그리고 죄를 깨닫게 하시는 성령의 능력을 통해 예수 그리스도를 주님으로 영접하게 됩니다. 현지인이 개종한 이후에도 제자훈련을 받고 성숙한 신앙공동체의 일원이 되도록 해야 합니다. 이것이 선교교육의 기초사역이고 실천입니다.

　선교교육은 단회적, 일시적인 학습경험이 아니라, 하나님과 그분의 말씀을 배워가는 전 생애를 통한 지속적이고, 반복적인 헌신으로 이끄는 것입니다. 이러한 선교교육의 이론과 실천의 통합을 실생활에 적용하고 섬김과 사역을 통해 현지인들에게 복음을 전파하도록 해야 합니다. 선교교육을 통해 사람들을 믿음에 이르게 하고 믿음 안에서 성숙해 가며, 전도사역을 통해 또 다른 사람들을 섬기도록 인도하는 신앙공동체 형성이 중요합니다.

선교교육을 통해서 교회성장을 추구해야 하며, 숫자적 성장과 영적성장을 동시에 이루어야 합니다. 선교교육이 영적성장을 향한 계속적인 인격형성을 도우며 그리스도의 장성한 분량에 이르게 합니다(엡 4:13).

3) 선교교육과 사회사업

선교교육이 선교사역의 수단입니다. 선교사는 성경공부, 교회개척, 복음전도, 사회사업을 통해서 선교사역을 수행합니다. 선교가 타 문화권 사람에게 그리스도의 복음을 전하는 사역이라면 선교교육은 복음을 듣고 그리스도인이 된 사람을 그리스도 안에서 성숙한 성도가 되게 하는 사역입니다. 이러한 교육사역이 선교사를 통해 열매를 맺기 위해서도 매우 중요한 수단입니다. 선교교육을 통해서 하나님을 알고, 하나님의 백성으로 성장하고, 하나님의 뜻에 순종하고 주어진 소명을 이루어 갈 수 있으나 교육이 결여되면 선교사역이 결코 성공할 수 없습니다.

(1) 교육사업

선교는 서양에서 널리 발달되어 선교사를 통해 제3세계로 확장되었습니다. 서양의 선교적 노력속에 교육은 핵심적 요소가 되어왔고 선교현지의 불신자들을 개종시키는 데 성공적인 수단이 되어 왔습니다. 특히 제3세계에서 교육받을 기회가 없었던 아동과 여성들에게 선교학교(mission school)는 공부할 수 있는 놀라운 기회를 제공했으며, 또한 선교교육이 문화유산과 가치를 차세대에 전달하는 강력한 수단이 되었습니다. 그런 점에서 선교교육이 현지인들을 문화에 적응하게 하는 훌륭한 수단이 되었습니다.

(2) 의료선교

한국교회가 선교역사의 기적이 될 수 있었던 원인이 선교 초기부터 선교사역의 초점을 의료선교에 두었기 때문입니다. 구한말인 19세기 말에 들어온 선교사들의 선교사역은 그들의 종교적 활동과 함께 복음적 차원의 의료선교와 교육사업으로부터 시작하였습니다. 시대의 변화, 근대사회를 향한 한국인의 요청, 전도의 방편 등과 같은 요인이 서로 맞물리면서 선교 본국의 도움을 받아 학교와 병원을 설립하였습니다. 그들은 선교사역의 구체적인 방법으로서 기독교 학교 설립 및 교육, 사랑방 사역, 노방전도를 하였습니다.[5]

선교사들이 직접 전도할 수 없었던 시대에 의료선교 방법만이 선교사역의 전진기지를 확보하는 가장 좋은 방책이었던 것은 이미 여러 선교사역 현장에서 확인된 것이었습니다. 한국의 초기 전도사역 현장에도 이는 잘 입증된 셈입니다.

감리교 선교사 스크랜톤이 "병원은 쟁기로 땅을 갈고, 교육은 씨를 뿌리기 위해 써레로 땅을 고르는 작업을 하였다"라고 하였습니다.[6] 이 말은 한국 초기 선교에서 의료사업과 교육사업의 역할에 대

---

5 한춘기, 『한국교회교육사』 (서울: 대한예수교장로회총회출판부, 2006), 35.
6 Annual Report of the Mission Socity. *Methodist Episopal* (Church North for 1893), 255.

해 적절히 표현한 것입니다. 초기 선교사들이 뿌린 씨앗이 열매 맺어 추수할 날이 올 것이라는 믿음을 결코 잊어본 일이 없었습니다.

한국 초기교회는 19세기 후반부터 외국 선교사들의 전도활동을 통해 의료사업과 더불어 교육사업을 실시하기 시작했습니다. 이것은 한국인들에게 새로운 삶의 대안을 제시하였고, 생활개혁, 정치적 각성, 사회봉사의 기능을 담당하였는데, 학교와 병원을 통한 봉사는 선교적, 역사적, 사회적으로 큰 의미가 있습니다. 병원을 통해서는 병약자, 노령자, 정신박약자, 나병환자, 맹인과 고아 등을 위한 의료선교와 사회사업을 시작한 것이고, 교육사업을 통해서는 모든 아동과 여성 그리고 배우지 못한 어른들까지도 포함하여 의료사역보다 더욱 포괄적이고, 또한 직접 전도의 기회를 갖게 하였습니다.

선교사 알렌(H. Allen)에 의해서 1885년에 광혜원이라는 한국 최초의 근대적 국립병원이 개설되었으며, 감리교 선교사 스크랜톤(M. F. Screnton)은 빈민과 부녀자를 위한 의료 선교 활동을 시작했습니다. 아펜젤러(Apenzeller)는 배재학당을 세웠고, 언더우드(H. G. Underwood)는 경신학교와 연희전문학교를 세웠고, 엘러스(A. J. Ellers)는 정신여학당을 세웠으며, 셔우드(R. Sherwood)는 맹아학교를 세웠습니다.[7]

또 선교사들은 신문명으로 인해 사람들이 정신적 혼란을 겪고 있을 때, 교회조직을 통해 주민을 위한 계몽운동을 펼쳤습니다. 그리고 문맹 퇴치사업과 의식주 생활에 대한 계몽사업을 활발히 전개하면서 생활의 과학화를 도모하여 위생적인 생활을 확대해 나갔습니다. 강물을 그대로 떠먹고 하수도가 노상에 노출되어 전염병의 원인이 되는 식수 문제와 오물 처리, 공중위생 문제에 이르기까지 광범

---

7 김인수, 『한국기독교교회의 역사』 (서울: 장로회신학대학교출판부, 1997), 129-134.

위하게 지적했습니다.

(3) 사회사업

한국교회는 초기부터 가난한 계층에 우선적으로 복음을 전파하는 정책을 확고히 수용하였고 사회사업을 실천하였습니다. 실제로 초기 교회는 가난한 자의 교회, 가난한 자와 함께 하는 교회였습니다. 교회가 들어오기 이전의 한국의 형편은 문맹, 무지, 질병, 미신, 빈곤, 관리들의 가렴주구, 나태, 음주, 흡연 등에서 빚어진 여러 가지 문제와 결혼제도에 대한 문제 등 도덕적 결함이 높아만 갔습니다. 이러한 사회문제에 대하여 교회는 성경이라는 절대적인 표준에 따라 사회악의 여러 요소에 대해 선교교육으로 대처하였습니다.

개화기 한국교회의 사회사업에 대한 선교사 피셔(Fisher)의 견해는 다음과 같습니다.

① 병자와 부상자에 대한 과학적인 치료
② 빈민, 고아 등 사회사업에 대한 지적이고 조직인 보호책
③ 미신과 악령 숭배의 감소
④ 어린이에 대한 존중과 여성에 대한 태도와 처우의 개선
⑤ 조혼과 결혼관습의 개선
⑥ 민주주의 사상, 한국인 자신에 대한 자기 존중과 재인식
⑦ 민주주의 인간관계와 계층차별의 타파
⑧ 사회복지에 대한 봉사와 새로운 관심
⑨ 알코올, 마약, 유독성 약 종류에 대한 계몽

⑩ 한글의 보급과 일반화[8]

한국의 초기교회에서 교육사업과 사회사업이 주로 선교사에 의해 주도되었지만 완전히 서양 문물을 주입하려는 것이 아니라, 당시 한국 사회의 여러 가지 불합리적이고 부적절한 요소들을 개선해 나간 적극적인 선교였습니다.

교육사업과 사회사업은 고도의 기술, 거대자본, 장기투자의 조건이 충족되어야 가능한 어려운 사역입니다. 이렇게 사회사업이 틀림없이 여러 가지 요소가 필요한 어려운 일임에 틀림없으나 씨를 뿌리면 분명히 거두는 사역입니다. 그러므로 선교의 성패는 교육과 봉사에 달려있습니다. 한국의 선교는 교육과 사회사업의 성공으로 보아야 합니다.

---

[8] 민경배, 『대한예수교백년사』 (서울: 대한예수교장로회 총회교육부, 1984), 37.

참고 문헌

김영규 『기독교 교육사』. 서울: CLC, 2005.

신성종. 『신약신학』. 서울: CLC, 1995.

이동규. 『기독교교육의 문제와 해결방안』. 서울: CLC, 2015.

은준관. 『교육신학』. 서울: 대한기독교서회, 1978.

전호진 『전도학』. 서울: 개혁주의신행협회, 2001.

윌리암 바클레이 『고대세계의 교육사상』. 서울: CLC, 2004.

H. 웨스터호프. 『어린이 전도 논총』. 서울: 대한기독교서회, 1978.

엘머 타운스. 『기독교 교육과 전도』. 서울: CLC, 1991.

벤톤 이비. 『기독교 교육 원리』. 서울: CLC, 2003.

커니스겐글 『기독교 교육사』. 서울: CLC, 2008.

Autrey, C. E. *Basic Evangelism*. Grand Rapids: Zondervan, 1959.

Cully, Kendig B. *The Westminster Dictionary of Christian Education*. Louisville, KY: Westminster John Knox Press, 1963.

Dawson, David M. *More Power in Soul Winning*. Grand Rapids: Zondervan Publishing House, 1952.

Fisher, James Earnest. *Democracy and Mission Education in Korea*. Seoul: Younsei University, 1970.

Harley, C. David. *Missionary training: The history of All Nations*

Christian College and its predecessors(1911-1981). Meinema:

Boekencentrum, 2000.

Martin, Alvin. *The Means of world evangelization: Missiological Education.*

Pasadena: William Carey Library, 1974.

Mazibuko, Bongani. *Education in Mission, Mission in Education.*

Frankfurt: Peter Lang, 2007.

Olford, Stephen. *The Secret of Soul-Winnin*g.

Chicago: Moody Press, 1963.

Packer, J. I. *Evangelism and the Sovereignty of God.*

Chicago: Inter-Varsity Press, 1961.

Ragsdale, John. *Protestant Mission Education in Zambia,* 1880-1954.

Selinsgrove:Susquehanna University Press, 1986.

Rice, John R. *Why Our Churches Do Not Win Souls.*

Murfreesboro, Tenn.: Sword of the Lord Publishers, 1966.

Sisemore, John T. *The Ministry of Visitation.*

Nashville: Convention Press, 1954. Chapter 4.

Trumbull, Charles G. *Taking Men Alive.*

Westwood, N.J.: Fleming H. Revell Co., 1960.

Tucker, R. A. *From Jerusalem to Irian Jaya:*

A Biographical History of Christian Missions.

Gand Rapids: Zondervan, 1983.

Whitesell, Faris D. *Great Personal Workers.* Chicago: Moody Press, 1956.

Winter, R. D. and Hawthorne, S. C. eds., *Perspectives on the World*

Christian Movement: A Reader.

Pasadena, CA: William Carey Library Pub, 1992.

"Training for Missions." *Reformed Ecumenical Synod,* 1997.

어린이 교육과 전도
Child Education and Evangelism

1978년 10월 15일 초판 발행
2015년 04월 30일 개정증보판 1쇄

지은이 | 박영호

편 집 | 박상민, 이찬호
디자인 | 고찬송
펴낸곳 | 사)기독교문서선교회
등 록 | 제16-25호(1980. 1. 18)
주 소 | 서울시 서초구 방배로 68
전 화 | 02) 586-8761~3(본사) 031) 942-8761(영업부)
팩 스 | 02) 523-0131(본사) 031) 942-8763(영업부)
홈페이지 | www.clcbook.com
이메일 | clckor@gmail.com
온라인 | 기업은행 073-000308-04-020, 국민은행 043-01-0379-646
　　　　　예금주: 사)기독교문서선교회

ISBN 978-89-341-1455-0 (93230)

* 낙장·파본은 교환해 드립니다.

이 도서의 국립중앙도서관 출판시 도서목록(CIP)은
서지정보유통지원시스템 홈페이지(http://seoji.nl.go.kr)와
국가자료공동목록시스템(http://www.nl.go.kr/kolisnet)에서
이용하실 수 있습니다.
(CIP제어번호: CIP2015011492)